LE TOUR DU MONDE
EN FAMILLE

www.editions-jclattes.fr

Santiago González Zunzundegui

LE TOUR DU MONDE EN FAMILLE

Dix-sept ans sur les mers

Traduit de l'espagnol
par Jean-Pierre Auguin

JC Lattès

Titre de l'édition originale
AVENTURA A TODA VELA
publiée par Editorial Debate

Carte : Françoise Monestier

À nos parents, qui ont su endurer notre « folie ».
À Iñaki Rekondo, qui nous a aidés à la concrétiser.
Aux Cortina Salegui, pour ce qu'ils savent.

« Ceux qui ne comprennent pas que le voilier est un être vivant n'entendront jamais rien à la mer ni aux bateaux. »

Bernard Moitessier

Cap à l'ouest : 6 242 jours de voyage

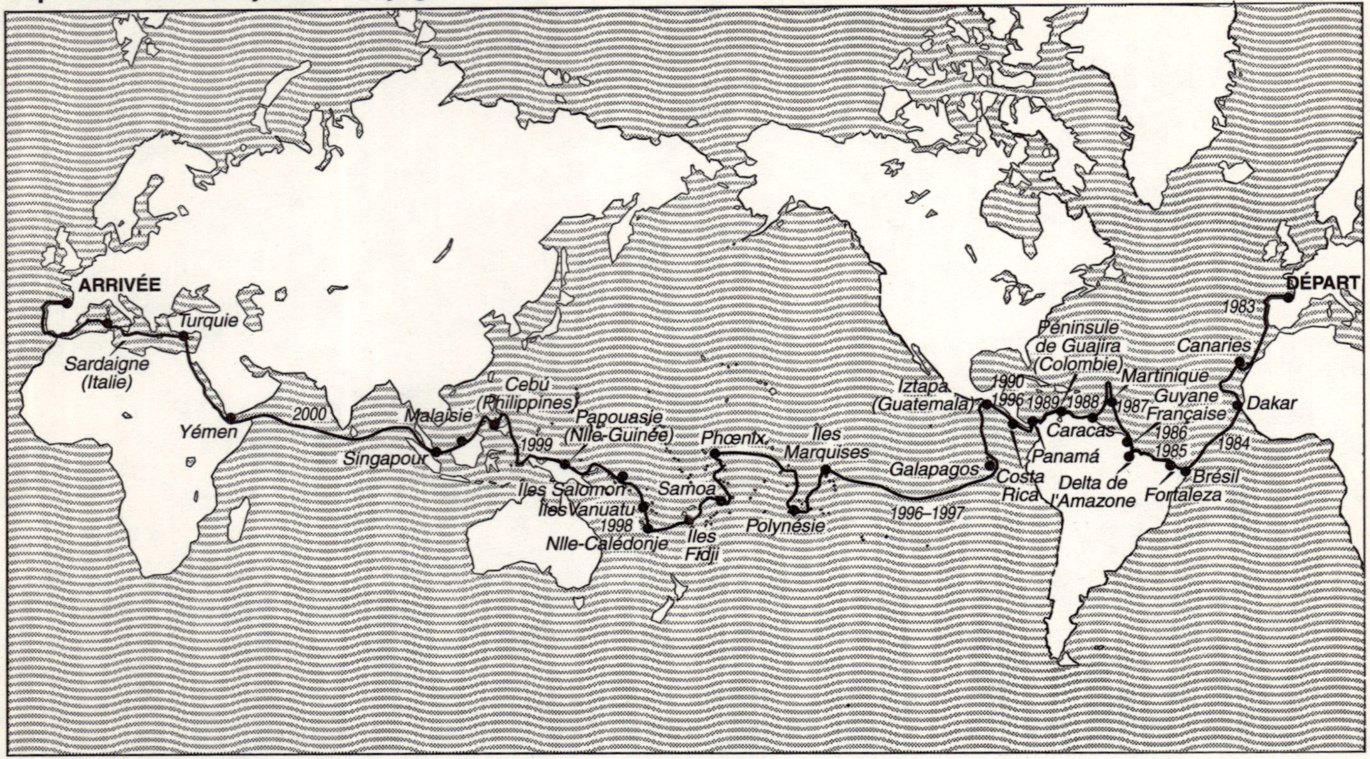

Abeilles tueuses

Une traversée agréable : dans quatre heures nous serions arrivés. Le voilier naviguait vent en poupe, le génois amuré par tribord et la grand-voile bien établie par bâbord. Le vent, de force quatre, autour de vingt-cinq kilomètres à l'heure, propulsait le voilier à une vitesse d'environ six nœuds. La mer ondoyait, moutonneuse, sous l'effet d'un alizé pourtant à peine perceptible.

Nous naviguions parallèlement à la côte, à une dizaine de milles de distance. Bien que le nord-est du Brésil ne possède aucun relief appréciable, il faut naviguer au loin car, près du rivage, il n'y a pas assez de fond. La terre semblait vouloir gagner de plus en plus sur la mer.

Au loin on distinguait les cocotiers qui formaient une ligne ténue sous un ciel bleu où les nuages ressemblaient à des moustaches blanches. De temps à autre un espace interrompait la ligne : c'étaient d'énormes dunes d'une blancheur éclatante. Nous profitions des escales pour y « skier » à l'aide de planches de bois.

— Regarde, une abeille ! m'exclamai-je.

— Elle devait être à bord, au milieu des fleurs, me répondit alors Mayi, ma femme.

— Elle aurait pu mieux choisir son moment car de cet endroit gagner la terre lui prendra du temps.

Mais cette abeille ne venait pas du voilier ; elle y arrivait en compagnie de toutes celles de sa ruche. En un rien de temps elles s'entassèrent sur le cockpit en si grand nombre qu'elles occultèrent le soleil. Elles finirent par se suspendre au balcon de poupe, à deux mètres à peine de là où nous étions assis, et elles formèrent une sorte de bulle de savon de la taille d'un gros ballon de basket, attaché par le haut, qui semblait sur le point de tomber. Nous nous rappelions alors avec terreur ce que racontaient les journaux sur les abeilles tueuses du Brésil, lesquelles, groupées en essaims agressifs, étaient capables en quelques minutes à peine d'ôter la vie à un cheval.

Un mouvement brusque dans le cockpit du voilier, et c'était la riposte immédiate : un groupe d'abeilles kamikases – mourir leur était sans doute bien égal – nous piquaient à quatre ou cinq reprises. Nous étions au bord du néant.

Alors Mayi fit entrer les enfants, avec pour seule arme une bombe de Baygon, dans la cabine du voilier. On ne pouvait leur échapper, impossible de s'éloigner au-delà des douze mètres de long du bateau. Du reste pas question d'abandonner celui-ci pour le laisser aux abeilles...

— S'il nous arrive quelque chose de grave, leur dis-je, vous savez ce qu'il vous reste à faire ; la terre, vous l'avez vers le sud. Vous échouez le voilier sur la plage et vous demandez aux autorités de vous conduire à l'ambassade la plus proche.

Urko et Zigor acquiescèrent d'un signe de tête : ils prenaient l'affaire en main. Dès leur plus jeune âge ils participaient à tout ce qui se faisait et se décidait sur le bateau et, maintenant, les mines préoccupées de leurs parents ne leur laissaient aucun doute quant à la gravité de la situation.

Cernés par le bourdonnement de la ruche, les parents s'habillèrent très, très lentement. On aurait dit des épouvantails. Pour mieux se protéger, ils ajoutèrent à leur accoutrement une couverture qu'ils placèrent au-dessus d'eux comme un wigwam. Malgré tout, de temps à autre une abeille réussissait à se faufiler dans le refuge et, sans que ses habitants aient la moindre possibilité de s'esquiver, elle finissait par piquer l'un ou l'autre, qui se défendait inutilement de l'intruse.

Comme nous nous souvenions de l'avoir vu faire par un apiculteur, nous essayâmes de provoquer une épaisse fumée sous l'essaim, hélas sans résultat à cause du vent. Nous avons alors aspergé l'essaim de gasoil qu'avec une lenteur désespérante nous étions parvenus à extraire du moteur. Mais, contrairement à notre attente, les abeilles furieuses redoublèrent leur attaque.

Nous constatâmes alors avec incrédulité que le youyou que nous avions laissé en remorque, croyant que la traversée serait courte et sans problème, s'enfonçait peu à peu au niveau de la sentine. Il se révélait impossible de le remuer pour l'écoper.

Devant nos yeux impuissants, le petit canot s'emplissait peu à peu de manière irrémédiable. Dans le sillage du voilier flottaient les rames, la dérive et l'écope. Le mât, qui quelques instants auparavant se trouvait encore au fond du canot dans l'attente d'être dressé en position verticale, était également resté en arrière, marquant, à côté des autres, le chemin qu'avait parcouru le JoTaKe. *Tôt ou tard, tout comme n'importe quel objet porté par la mer, il irait s'échouer sur quelque plage perdue. Angoissés, nous ne pouvions détacher notre regard de la corde de remorquage du youyou, nous attendant à la voir céder d'un moment à l'autre. Rempli d'eau, le canot pesait plus d'une tonne.*

Malgré le vent de poupe, avec le youyou en remorque, le voilier se trouvait pratiquement à l'arrêt. En une tentative désespérée, presque suicidaire, j'aspergeai rapidement d'insecticide l'énorme balle, qui mesurait déjà une soixantaine de centimètres de diamètre et environ un mètre de hauteur. Ce fut comme si le ballon avait reçu un coup de pied. Les abeilles du contour le quittèrent furieuses et nous attaquèrent de tous les côtés. Au milieu d'un bourdonnement terrifiant, c'est à peine si nous, les campeurs, avions eu le temps de nous enfermer hermétiquement sous le wigwam.

Au bout de quelques minutes qui nous parurent des heures, quand le ronronnement sembla faiblir, nous osâmes alors regarder à travers les plis de la couverture. Sur le pont du voilier gisaient mortes des centaines, peut-être des mil-

liers d'abeilles, sans compter celles qui avaient été balayées par le vent.

– C'est la solution, dit Mayi, continue de les asperger.

Ce que je fis sans relâche, et une heure plus tard, nous étions enfin débarrassés de cet essaim d'abeilles tueuses qui prétendaient prendre possession d'un nouveau territoire.

Nous sortîmes de la couverture comme d'un sauna, en nage et à bout de nerfs. Nous étions méconnaissables, le visage et les bras enflés. Mais, pour les enfants qui rouvraient le panneau d'écoutille donnant accès à la cabine, nous étions les parents les plus merveilleux du monde ; Urko et Zigor nous embrassèrent, fous de joie. La vie recommençait, le monde souriait à nouveau.

Tout étant désormais en ordre, nous pouvions nous consacrer à la récupération du youyou. Miraculeusement, le cordage qui le reliait au voilier tel un cordon ombilical n'avait pas cédé mais le canot se trouvait entièrement submergé et ne se maintenait à flot que grâce aux ballasts de proue et de poupe.

L'opération n'était pas simple, mais maintenant nous pouvions nous mouvoir en toute liberté. Pour réduire au minimum la faible allure du bateau et approcher le canot bord à bord sans qu'il tire trop, nous avons amené le génois tout en maintenant la grand-voile déployée pour pouvoir gouverner face aux vagues de poupe et manœuvrer le cas échéant, en outre cela servait à amortir le roulis.

Lorsque le canot parvint à la poupe du JoTaKe, *ayant largué la grand-voile, nous avons mis à la cape pour tenter de le rapprocher du flanc du bateau, il était effroyablement lourd. Au dernier moment, je me jetai à l'eau pour renforcer la corde de remorquage au moyen d'un plus gros cordage et, avec la drisse de la grand-voile relayée par un winch, nous avons hissé le canot en observant des arrêts pour qu'il puisse se vider. Une fois l'eau écopée, nous entreprîmes la délicate opération de le monter à bord.*

À chaque coup de roulis, le youyou, suspendu à la drisse depuis le sommet du mât, s'éloignait à deux ou trois mètres du voilier, et en un mouvement de va-et-vient revenait frapper la coque avec une violence accrue. Au dernier coup de roulis, alors qu'il se trouvait presque au niveau du pont, il choqua brutalement contre la rambarde du voilier, la brisant en mille morceaux. Mais, quelques secondes plus tard, une fois la drisse larguée, le youyou reposait enfin sur le pont.

Ainsi, au prix de longs efforts, quelques égratignures et bleus, et tant de piqûres dont nous étions boursouflés, fut tournée cette page désagréable qui aurait pu nous coûter la vie. Jamais nous n'aurions imaginé que ce qui s'annonçait comme un agréable et court voyage de soixante milles ait pu se changer en un horrible cauchemar.

Mais il en allait ainsi de la vie que nous avions choisie des années auparavant, ignorants que nous étions alors de courir un jour de pareils risques.

1.

Changement de vie

Cette histoire débuta à la fabrique de Biscottes Recondo à Irún, un 7 juillet, à la San Fermín, jour où les fous et les téméraires bravent les *toros*. Ce jour-là, avec mon associée, je commençai à concrétiser l'idée que je caressais depuis des années : construire un voilier et vivre autrement, mettant en place les premières planches d'un rêve qui allait voir le jour sous le nom de *JoTaKe*.

Ce premier jour fut suivi de quatre années sans samedis, dimanches, fêtes ni vacances. Je volais du temps aux autres activités. Ces jours volés représentaient des journées de travail de vingt heures. Aux étés passés sous une brûlante serre de plastique, où le catalyseur de résine se mélangeait à la sueur, succédaient des hivers où le manteau de neige couvrait totalement le pont du voilier, et où il fallait chauffer la résine au chalumeau pour parvenir à la catalyser.

Pour obtenir un résultat homogène, il fallut conjuguer habileté manuelle et imagination avec des matériaux les plus divers ; des bois rejetés par la mer démontée sur les rochers du phare de Higuer servirent à construire les membrures ; des chutes d'usine à fabriquer des meubles ; des ferrailles d'une certaine voie ferrée abandonnée, mélangées à du ciment, constituèrent le lest et garnirent la quille ; des planches de contre-plaqué des emballages de machines devinrent des couchettes.

Le moteur fut récupéré d'un camion de livraison accidenté et *navalisé*. Cerise sur le gâteau, deux pins qui avaient grandi dans le voisinage de Peñas de Aya donnèrent naissance aux mâts du voilier, lesquels par la suite supporteraient des voiles fabriquées avec des bâches de camion et nous porteraient, en une première étape, jusqu'au plus grand fleuve du monde, l'Amazone.

Tandis que le voilier parvenait peu à peu à maturité, quelques-uns m'appelaient « le fou qui construit un voilier », d'autres me traitaient d'ignorant, et il y en eut même qui engagèrent des paris sur les chances de flottaison du bateau. Mais finalement, au tout début du printemps de 1983, le résultat de tant d'efforts quitta la fabrique de Biscottes Recondo et fut transféré à Hondarribia, pour y vivre sa propre vie et se bercer pour la première fois dans les bras de la mer Cantabrique.

Inénarrable fut notre satisfaction. Enfin nous le voyions flotter sur ses lignes tracées, rêvées et mûries durant tout ce temps, dessinées, gommées et mille fois redessinées. Le voilier serait notre maison, notre refuge, notre moyen de transport et d'existence dans l'aventure qui se cachait derrière l'horizon. Nous constaterions par la suite que de surcroît il était bien dimensionné, agile et complaisant pour tout ce qu'on exigeait de lui – parfois, trop complaisant – et que, par là même, il formait un bloc d'une solidité à toute épreuve.

Peu à peu nous transportions au voilier le matériel que nous considérions comme nécessaire, en l'adaptant à l'espace réduit dont nous disposions. Tout devait être indispensable, trouver sa place et être fermement fixé.

Construire le voilier avait été dur, mais le plus difficile était encore à faire : larguer les amarres. Avant de prendre pareille décision, très peu de gens perçoivent la toile d'araignée qui les retient captifs ; ils ne voient pas l'infinité de petits fils qui les relient à la société de consommation.

Pour Mayi et moi-même, la toile d'araignée se déchira un beau jour d'été et avec vent favorable. Ayant pris congé de nos proches, nous appareillâmes à l'embouchure de la Bidassoa, mettant le cap sur l'inconnu, avec mille dollars pour tout viatique et deux enfants de huit et neuf ans. Nous avions devant nous la mer, l'aventure, le danger ; derrière nous, nous laissions la famille, la maison, le confort, la sécurité d'une vie où chaque problème trouve solution.

Sur la corniche cantabrique, le vent ne nous fut pas trop favorable ; mais nous n'avons pas perdu courage. Le petit moteur Perkins du camion de livraison nous poussait vers l'ouest.

Durant la navigation, Urko, l'aîné, essayait de leurrer les poissons, rarement avec succès. Et, à l'égal d'un être vivant, le voilier réclamait lui aussi sa part d'attention. Comme pour nous le rappeler, un coude élastique de l'échappement du moteur lâcha, nous contraignant à mouiller l'ancre dans une ravissante crique des Asturies pour réparer.

Mais jusqu'à ce que nous arrivions au club nautique de La Corogne, nous n'en étions encore qu'au prélude de notre adaptation. Là, nous trouvâmes une douzaine de voiliers avec du linge étendu parmi les gréements. L'image montrait qu'il y avait de la vie à bord, même si, dans la plupart des cas, cela ne valait que pour la période estivale. Le lendemain, le *JoTaKe* semblait lui aussi s'être transformé en laverie. Il n'était pas jusqu'au moindre cordage qui ne supportât la part de linge qui lui était dévolue.

C'est en faisant route vers le Portugal, que nous éprouvâmes enfin le plaisir de naviguer à pleines voiles : après avoir doublé le cap Ortegal, nous parcourûmes en une journée cent quatre-vingt milles vent en poupe. En doublant le cap Villano, déjà au cap 180, nous avions conscience d'avoir définitivement décollé de notre terre.

Mais nous, globe-trotters novices, trouvions la côte du Portugal bien désagréable. Le brouillard était si dense qu'il empêchait la navigation côtière sans radar, et bien que les ports soient dotés de puissantes sirènes, il était dur d'être constamment sur ses gardes et d'essayer d'y voir clair alors que nous étions à la merci des brisants.

Au Portugal, nous fûmes bien reçus à Viana do Castelo, un joli et sympathique petit village. En revanche, Lisbonne nous accueillit sur sa barre avec des déferlantes de sept mètres, peu rassurantes. Beaucoup de ces vagues arrivaient presque à franchir la digue et certaines d'entre elles y parvenaient réellement.

La mer était agitée et, en attendant qu'elle nous permette de reprendre le large, nous avons passé notre temps à vagabonder dans les rues de la ville. Quand la houle se calma et que la météo annonça du beau temps, nous avons largué les amarres.

Le soleil avait gagné la bataille contre le brouillard, mais les vagues étaient encore très hautes. C'est ainsi qu'un pétrolier qui entrait au port se retrouva avec ses hélices hors de l'eau ; et du voilier qui nous précédait à une cinquantaine de mètres, c'est tout juste si nous voyions l'extrémité du mât.

Pour la première fois depuis notre départ, il nous fallut porter les harnais de sécurité. Les enfants, attachés comme des petits chiens et rassurés par notre tranquillité apparente, jouaient à se balancer avec la corde qui les unissait au bateau. À midi, un joint torique du gouvernail hydraulique céda par mer grosse et le bateau désemparé partit à la dérive.

Immédiatement, je mis le gouvernail de fortune mais j'étais seul à pouvoir manœuvrer la barre par une telle mer. Personne ne savait combien de temps allait durer cette situation.

Nous avons alors décidé de chercher un port où accoster. L'ayant trouvé, nous avons amarré le bateau au quai avec quatre cordages pour le retenir au mieux. Mais une heure après, nous décidions de repartir, car le voilier remuait tellement que la haute mer était somme toute moins dangereuse.

Appareillant alors vers Figueira da Foz, port le plus proche où nous pensions trouver refuge, à la nuit tombante, nous apercevions les clignotements du phare. La ville ne se trouvait pas très loin, juste derrière le brise-lames, et ses lumières empêchaient de distinguer celles de l'entrée du port.

Tout était très sombre, sous un ciel sans lune. Entre les dernières vagues, nous avons cru entrevoir les lumières de l'entrée. Je calculai la distance : il ne nous restait plus qu'à attendre l'arrivée des trois Maries, ces trois grandes vagues qui se forment périodiquement sur toutes les mers du monde. Au passage de la troisième, nous nous lançâmes en forçant l'allure vers ce qui nous semblait être l'entrée du port. Mais, réalisé dans l'obscurité la plus totale, le calcul était erroné et, bien avant d'avoir gagné notre objectif, la première des trois vagues suivantes nous atteignit, nous souleva et nous porta, surfant sur l'eau, à cinquante mètres du noir goulet ; puis la vague décida de nous abandonner et nous nous retrouvâmes alors par le travers. Ayant recours à toute la puissance dont le petit moteur du camion de livraison était capable, nous parvînmes à redresser le voilier. À ce moment-là, arriva la seconde Marie. Emportés à nouveau dans un rouleau effroyable, sans gouverne possible, la vague nous déposa derrière le brise-lames, sains et saufs, sans une seule égratignure.

Nous nous trouvions dans une anse, devant le port proprement dit. Le calme était total. Soudain, il nous sembla que ce qui venait de se produire n'était qu'un cauchemar. Les enfants, par bonheur, dormaient à poings fermés et n'avaient donc pas vécu cette péripétie.

À l'aide du phare de pont, nous avons cherché l'entrée du port. De l'intérieur, un voilier allemand nous éclaira le passage et nous fit signe de nous mettre bord à bord avec lui. Il y avait trois jours que le port était fermé au trafic, et la veille de notre arrivée, deux bateaux de pêche avaient fait naufrage en essayant d'y entrer. Décidément, quelqu'un semblait veiller sur nous.

Le piston de l'hydraulique réparé, quelques jours plus tard, nous voguions cap au sud. Mais la navigation se compliqua à cause des nombreux filets non signalés, parfois le long de la côte, et, tant bien que mal, il nous fallut les esquiver l'un après l'autre. Pour sa part, le youyou que nous utilisions pour nous rendre à terre se comportait très bien à la voile.

À Sagres, le vent venait du Détroit et soufflait fort. Entre les bateaux qui chassaient sur leurs ancres, il ne nous fallut pas moins de quatre-vingts mètres de chaîne et deux ancres pour maintenir le *JoTaKe* au mouillage.

Le port était en réalité une ravissante baie, bien protégée, entourée de dunes de sable foncé. Nous avons couru tant et plus sur ces dunes, dégringolant leurs pentes jusqu'à l'épuisement pour nous relaxer des tensions qu'avaient provoquées en nous tant d'expériences nouvelles. C'est aussi à Sagres que nous avons dépensé jusqu'au dernier escudo en notre possession car, une fois quitté le Portugal, nous n'en aurions plus l'utilité.

Nous avons profité de l'escale pour monter le *Txotxua* [1], nom duquel nous avions baptisé le pilote automatique que nous avions reçu juste avant d'appareiller. Aidés de ce précieux mécanisme à poulies et leviers, la traversée vers les Canaries nous serait beaucoup plus supportable.

En route vers les îles Fortunées, à la hauteur du détroit de Gibraltar, la zone était très fréquentée : on aurait dit une autoroute de grands bateaux, ce qui imposait une vigilance de tous les instants. À cette fin, j'installai mon matelas dans le cockpit tandis que Mayi partageait son temps entre les besognes ménagères et les cours qu'elle donnait aux enfants dont la principale obligation était d'étudier. La nuit, pendant notre veille, nous contemplions les étoiles qui semblaient dans leur diaphane clarté briller d'un nouvel éclat.

— Avec le vent faible d'aujourd'hui et cette petite brise légère, le voilier file doucement. J'aimerais qu'il en soit toujours ainsi ! s'exclama Mayi.

« *Aujourd'hui, il a commencé à souffler fort* », notai-je sur le journal de bord.

S'ensuivirent trois jours de ciel couvert. Il était impossible de prendre hauteur pour faire le point. Éole soufflait

1. Mousse. (*N.d.T.*)

dru, force 8, à peu près soixante kilomètres/heure. Avec trois ris, nous faisions huit nœuds : vent en poupe et voilure réduite au minimum.

Quatre jours plus tard, nous ne pouvions toujours pas relever notre position. Naviguant à l'estime, nous devions être assez près des Canaries pour mettre la dernière main aux manœuvres d'atterrissage. Avec un petit transistor, nous guidant sur une radio commerciale canarienne, nous nous sommes rendu compte qu'il fallait corriger le cap et naviguer vent debout pour nous diriger sur la Graciosa, au nord de Lanzarote.

Au milieu des vagues qui semblaient vouloir se briser sur le voilier, *Txotxua*, le pilote automatique, maintenait parfaitement le cap.

Il se mit à pleuvoir très fort et la mer peu à peu se calma. Au lever du jour, la pluie diminua et aux environs de 10 heures : terre à l'horizon !

Mayi sauta de joie. C'était sa première longue traversée et nous venions de passer six jours sans voir la terre, durant lesquels, ne pouvant naviguer qu'à l'estime, les petites erreurs s'ajoutant les unes aux autres, nous avions tout faux. De surcroît, le ciel couvert nous avait empêchés de nous servir du sextant.

Nous avons vu tout d'abord un rocher solitaire : le Roque del Este ; puis une ligne sinueuse de hautes montagnes : les volcans de Lanzarote. À mesure que nous nous rapprochions, nous pouvions identifier chaque montagne, chaque village. Mettant ensuite le cap au Sud, sur Arrecife, nous avons mouillé au Muelle de las Bolas.

Les eaux étaient transparentes jusque dans le port même. C'est là que les enfants firent leur première pêche, un poulpe qui se promenait sous le voilier, et qui, pour son malheur, fut invité à visiter la cocotte-minute. Finirent également grillées et arrosées de vin de La Geria, les sacs de sardines que la flotte d'Arrecife pêchait sur la côte d'Afrique et dont on faisait habituellement cadeau à Zigor et Urko.

En compagnie d'un autre yacht battant pavillon espagnol, qui faisait du charter entre les îles, nous avons parcouru les côtes de Lanzarote, paradis pour les plongeurs. D'où nous nous trouvions alors, à l'entrée du chenal de Puerto Naos, il était possible de contempler, depuis le pont du voilier, les poissons qui nageaient à quarante mètres de profondeur.

À Lanzarote, nous avons fait plusieurs escales, profitant des plages de Papagayo pour y pratiquer le nudisme. Les vieux de Playa Blanca, village pittoresque de pêcheurs aux petites maisons blanches en forme de cube, m'aidèrent quand je plongeai pour localiser les restes d'anciens naufrages. C'est là encore que nous nous adonnâmes à une pêche sous-marine intensive, des jours durant, dans la perspective de gagner un argent que nous investirions en caisses de whisky que nous espérions revendre au Brésil à bon prix.

À l'île de Lobos, où pourtant aucun animal de cette espèce ne signala sa présence, nous avons jeté l'ancre pour y passer la nuit à l'abri du vent. En fait de solitude, nous étions servis !

Puis avec des amis, dix-sept au total, nous nous sommes rendus jusqu'au Roque del Este, où nous avons mouillé par soixante-deux mètres de fond, ce qui nous obligea à utiliser dans les deux cent cinquante mètres de cordage. Cet énorme rocher est traversé par un tunnel sous-marin, et je me faisais une joie à la pensée de le parcourir de bout en bout. Malheureusement, y plonger se révéla impossible, tout comme s'y livrer à la pêche sous-marine, car toute la zone était infestée de requins.

Nous avons installé la ligne de fond, lestée de deux kilos de plomb, en appâtant avec des sardines. Le courant était fort et, quand nous avons fini de pêcher, une quantité de poissons frétillaient sur le pont qui fut bientôt couvert de sang, d'écailles et de tripes. L'énorme glacière que nous avions disposée à l'avant, arrimée au grand mât, fut remplie à ras bord, pour l'essentiel, de mérous et autres aiglefins.

À bord, nous avions déjà une mascotte. C'était une colombe, qui avait atterri sur le voilier à Hondarribia et qui avait dû se plaire dans son nouveau nid car elle resta définitivement avec nous. Lorsque le bateau naviguait, elle avait le mal de mer comme n'importe quel marin et, en arrivant à terre, elle faisait deux tours au-dessus du voilier, comme pour s'orienter, puis elle disparaissait jusqu'à la nuit tombante. Tous les matins, aux premières lueurs du jour, elle entrait dans la cabine du capitaine et, à coups de bec, voltigeant de-ci de-là en roucoulant, elle parvenait à le tirer du lit pour qu'il lui donne à manger. Elle volait alors vers l'armoire où l'on gardait les cacahuètes, et attendait qu'on lui donne sa ration.

Les enfants la trouvaient très sympathique. Mais il y avait un inconvénient : elle salissait tout, et sur les cartes de navigation elle dessinait des îles à l'existence incertaine.

Profitant du séjour à Lanzarote, nous avons apporté un certain nombre de modifications à la voilure. La traversée vers les Canaries nous avait servi de banc d'essai, mais il fallait maintenant mettre tout au point en vue du grand saut de la traversée de l'Atlantique. Nous avons caréné au Muelle de las Bolas. Raclettes, spatules, pinceaux, peinture *antifooling*, saleté, réviser toutes les œuvres vives, et beaucoup de sueur : c'est ça, caréner.

Nous avons fait halte à Fuerteventura, où un voilier voisin chassa sur ses ancres et s'engrava. Il n'y avait personne à bord. Nous arrivâmes à le renflouer en le halant avec le *JoTake*. Quand les propriétaires se montrèrent, nous aurions aimé leur entendre dire au moins « merci ».

Mettant le cap sur la Grande Canarie, nous avions peu de vent et beaucoup de mer. Un supplice pour l'équipage et pour la voilure, qui donnait des coups de roulis incontrôlables. La torture prit fin quand le lendemain à midi nous arrivâmes au club nautique de Las Palmas.

Au Puerto de la Luz, le panorama faisait peine à voir. Tous les bateaux avaient la ligne de flottaison marquée au pétrole. Le brut noir, à l'odeur nauséabonde, provenait des citernes d'un pétrolier qui avait subi une avarie. Les dix centimètres d'épaisseur de cette marée noire avaient couvert d'une couche charbonneuse, gluante et écœurante la peinture anti-incrustante juste refaite, les cordages, les canots et tout ce qui était au contact de l'eau. Deux ou trois jours plus tard, on distribua du détergent aux voiliers pour qu'ils fassent peau neuve et reluisent comme avant.

Un jour, nous avons rencontré sur le quai Julio Villar et Pepe Ribes, qui transféraient un voilier à Miami. Au cours de veillées inoubliables passées en leur compagnie, nous avons beaucoup appris de ces vétérans. Julio nous encourageait en disant : « Vous avez déjà fait le plus difficile : larguer les amarres. » Au moment de lever l'ancre, je jouais l'*Agur jaunak* avec le txistu et Julio répondait avec un interminable *irrintzi*, qui se perdit dans l'immensité de l'océan Atlantique.

La traversée vers Tenerife se déroula au milieu d'un intense trafic et par beau temps : une vraie navigation de plaisance. Par périodes parfois assez longues, les dauphins croisaient devant la proue du voilier, exécutant des sauts spectaculaires, comme pour solliciter notre attention. Puis ce fut le tour d'un cachalot qui nous accompagna un bon moment. « Pourvu que cette énorme masse noire ne s'approche pas trop ! » Il finit par disparaître aussi soudainement qu'il était apparu.

À Tenerife, il nous fallut impérativement attendre que le temps s'améliore pour nous lancer dans la traversée de l'Atlantique. Sur les quais, ce n'était que préparatifs pour cette grande traversée qui était notre première aventure transocéanique. Charger des vivres, changer une manille très oxydée, localiser une fuite au réservoir de gasoil et la colmater, réparer une pompe à écoper, et mille autres petits détails qu'il faut prendre en compte avant de larguer les amarres pour une longue traversée, étaient les travaux qui occupaient tout notre temps.

Il nous fallut tout d'abord faire le saut jusqu'à Los Cristianos, au sud, où une autre flotte attendait, elle aussi, le beau temps. De temps à autre, quelqu'un, plus pressé ou plus hardi, se décidait à lever l'ancre. Alors résonnaient en guise d'adieu, les trompes et les sirènes de brume. C'était beau et attristant à la fois.

Jour après jour, le vent du sud-ouest nous empêchait de partir. Mais nous étions bien : il y avait là pas mal de

« fous » comme nous, d'où je déduisis que nous ne devions pas l'être tant que ça. Entre-temps, Urko et Zigor passaient leurs matinées à étudier, ce qu'ils appréciaient modérément comme la plupart des enfants.

Cap sur le Brésil

Il faisait beau. Le vent avait tourné paresseusement vers l'ouest, où il semblait se stabiliser. C'était le moment de partir.

Au début nous pensions nous diriger en ligne droite sur les Caraïbes, qui est la traversée la plus courte et pour cette raison celle que choisit le plus grand nombre. Mais après avoir mûrement réfléchi, étudié les cartes marines, analysé vents et courants, nous décidâmes de mettre le cap au sud, sur le Brésil. Il valait mieux visiter d'abord le Brésil et ensuite les Caraïbes que l'inverse.

Ce jour-là, il y avait beaucoup de mer et peu de vent. La visibilité était extraordinaire, et devant nous quatre des sept plus grandes îles – La Gomera, Hierro, La Palma et Tencrife – s'estompaient peu à peu à l'horizon. Hierro, sans doute la plus paresseuse, fut la dernière à disparaître. Le vent, faible, semblait vouloir prolonger nos adieux à l'ultime point géographique connu.

Sous l'effet du courant, le voilier faisait pas mal d'embardées, ce qui, bien sûr, rallongeait le parcours, mais la résultante de toutes celles-ci allait dans la direction souhaitée. Régler le pilote automatique, surveiller la nuit les lumières qui annonceraient la présence d'autres bateaux, prendre hauteur, calculer la position, tout noter sur le journal de bord, réviser le gréement du voilier, s'assurer que tout fonctionnait correctement, c'est la routine qui peu à peu s'installa à bord. Dans notre échelle de valeurs, le temps avait perdu toute transcendance, chose incompréhensible dans la civilisation moderne.

La nuit, les étoiles brillaient d'un éclat inconnu, elles scintillaient comme si on venait de les astiquer. Durant les longues heures de garde, nous les contemplions sans nous fatiguer et, allongés dans le cockpit, nous les utilisions pour superviser le cap, en prenant comme repère les agrès du voilier. Nous observions l'interminable Voie lactée, ou peut-être la Voie lactée nous observait-elle de là-haut. Nous percevions la respiration des dauphins quand ils nous accompagnaient. Si nous les éclairions avec un fanal, ils sautaient, comme pour nous saluer. Les petits étaient plus hardis, moins timorés et plus espiègles.

D'autres nuits, les vagues semblaient plus grosses que le jour, et assez souvent, les gardes s'éternisaient. L'une d'elles fut particulièrement mouvementée : trois changements de voile au milieu d'une forte houle, et la nuit entière de garde à la barre. Dans ces conditions, il était difficile de bien travailler.

À la lumière du jour, on remettait les pendules à l'heure. Les enfants nous communiquaient leur joie de vivre, ce qui nous aidait à garder le moral. Le soleil brillait, mais il ne chauffait pas trop, il faisait plutôt frais. Et quand les enfants prenaient leur tour de garde au milieu de leurs jeux, Mayi et moi pouvions dormir un peu et récupérer l'énergie nécessaire à nos veilles nocturnes. Le voilier se déplaçait en douceur, paresseusement, au gré des flots.

Puis la mer devint plus forte. Les vagues prirent de la hauteur et le vent avait faibli. La traversée devint désagréable, et les estomacs commencèrent à se sentir incommodés. *Txotxua*, le pilote automatique, souffrit tellement du travail qu'il se voyait obligé d'exécuter que quelques-unes des vis qui le retenaient se desserrèrent. La tête en bas et suspendu à mi-corps, je les resserrai, parvenant même à en changer une qui s'était cassée... mais je n'en pouvais plus et finis par vomir.

Et à la nuit tombante, au moment où les problèmes prennent une tout autre dimension, le galhauban de proue lâcha, mais le génois retint le mât. Il ne fallait pas s'en étonner avec cette mer grosse et si peu de vent. Je mis en place deux drisses à l'avant, et une fois tendues, le mât resta soudé à la coque.

— Une pièce de rechange est tombée à la mer.

— Par quatre mille mètres de fond.

— Elle n'y est peut-être pas encore arrivée.

— Peut-être se trouve-t-elle déjà dans l'estomac de quelque grand requin.

Ainsi s'écoulaient nos journées. Par bonheur la houle nous poussait et le cap, sud-est, était assez ouvert, si bien que nous pouvions sortir immédiatement de la ligne de navigation qui relie Le Cap à l'Europe. Dans ce couloir très fréquenté, il fallait naviguer, de jour comme de nuit, les yeux écarquillés pour esquiver les énormes navires qui l'empruntent constamment.

La grande vague

Il était 10 heures du matin. Après une nuit de garde, tout l'équipage se reposait dans le salon salle à manger du voilier. Encore somnolent, je risquai un œil au-dehors par l'échelle de coupée : mon sixième sens me disait que quelque chose clochait. À une centaine de mètres en arrière, une énorme vague allait nous assaillir.

— Attention, une grosse vague arrive sur nous, dis-je.

Et d'un bond je fus sur le pont. Je m'attachai à la ceinture l'extrémité de l'écoute du génois et je larguai le pilote automatique pour gouverner à la main.

La vague surgit par la poupe.

La proue s'éleva, haut, très haut, pour retomber aussitôt tout en bas.

Il me sembla que la poupe allait passer par-dessus la proue, mais elle garda sa position. Combien de temps ? Nul ne saurait le dire. Pour moi, qui arrivais à grand-peine à rester accroché à la barre du gouvernail, cela dura des siècles.

Le voilier gagna de la vitesse. Vingt nœuds ? Vingt-cinq ? Impossible de le calculer.

Suant comme une cataracte, le sommet écumant de la vague heurta le voilier. La grosse déferlante entra avec fracas par la poupe du *JoTaKe*, balayant tout ce qu'elle trouvait sur son passage. Des millions de bulles crevèrent autour de moi.

De l'air, j'ai besoin d'air, pensais-je, attaché par la ceinture et complètement submergé.

En inversant le mouvement, le navire récupéra la position horizontale, et le calme se rétablit peu à peu.

Je recrachai un jet d'eau salée avant de me relever quasiment groggy.

Nous étions vivants et toujours à flot... mais il s'en était fallu de peu pour que nous coulions à pic !

Un rapide coup d'œil par l'écoutille me confirma qu'à l'intérieur du bateau, tout le monde allait bien, quoique avec de l'eau jusqu'aux genoux.

On ne pouvait pas en dire autant de l'extérieur. L'écoute de la grand-voile s'était rompue, mais la voile elle-même était toujours à sa place. Le générateur éolien s'était envolé et avec lui l'enseigne du voilier ; l'antenne multifréquence de la radio HF naviguait par le fond, et le pire de tout, le safran du gouvernail s'était cassé en deux. Nous étions privés de gouverne.

À l'intérieur, le panorama était chaotique. De nombreux objets flottaient hors de la place qui leur avait été assignée, à cause de l'inhabituelle inclinaison du bateau. Un demi-mètre d'eau au-dessus du plancher, cela signifiait que la pression de la marmite devait être énorme pour avoir réussi à introduire toute cette eau par l'écoutille.

— Il entrait tellement d'eau que je croyais que nous étions en train de couler, me dit Mayi.

Plus tard, j'enregistrai sur le journal de bord notre position à l'arrivée de la vague : latitude 24° 10' Nord, longitude 21° Ouest.

Pour réparer le désastre, le premier travail consista à écoper l'eau embarquée. Deux pompes électriques et les seaux maniés par quatre bras vinrent à bout de cette tâche, la soirée déjà bien avancée. Les enfants aidèrent à repêcher les objets qui flottaient pour les mettre au sec.

Le voilier, sans gouverne, était resté en travers à la lame, ce qui gênait nos mouvements. Plus d'une fois, déséquilibrés par une grosse vague, nous tombions par terre, ou plus exactement, dans l'eau.

À la nuit tombante, épuisés mais soulagés d'avoir mené à bien cette mission, à l'aide de quelques pneus enchaînés et reliés à deux longs cordages attachés aux flancs du voilier nous construisions le premier gouvernail de fortune.

Mais celui-ci ne fonctionnait pas trop bien. Le bateau, toujours ingouvernable, s'en trouvait de surcroît considérablement ralenti, malgré le fait qu'il présentait maintenant la poupe aux vagues, ce qui, quand même, avait le mérite d'atténuer les coups de roulis.

— Essaie de te reposer, dis-je à Mayi. Dcmain, une rude journée nous attend.

Malgré l'épuisement, personne ne ferma l'œil de toute la nuit. Au petit jour, le premier travail consista à démonter le pilote automatique, qui si fidèlement nous avait conduits jusque-là. Clés de serrage en mains, je me laissai glisser par-dessus bord, les jambes fermement retenues par l'équipage, dans le but de retirer les vis qui le fixaient à la poupe du bateau. Il fallait ménager l'espace nécessaire à la mise en place du nouveau gouvernail de fortune.

Celui-ci consistait en un gros madrier fixé avec des crampons et des clous à la partie supérieure du gouvernail primitif, lequel pendait à la poupe, hors de l'eau. On manœuvrait alors avec une relative facilité, ce qui nous permit de nous consacrer à cette tâche jusqu'à la nuit tombée. Mais la tension à laquelle le gouvernail se vit soumis et les coups de mer firent se relâcher, au cours de la nuit, plusieurs attaches, qui se retrouvèrent des milliers de mètres plus bas, englouties par la mer et l'obscurité.

Tout en construisant un nouveau gouvernail, nous placions alors une ancre flottante. Les nouvelles tentatives nous prenaient deux jours de plus, au bout desquels la mer grosse s'était quelque peu calmée. À l'aide d'un tangon d'aluminium, une énorme rame et la table de la salle à manger, le tout agrafé ensemble et serré au moyen de tourniquets de corde, nous confectionnions le gouvernail définitif, qui allait nous conduire jusqu'au port de Dakar, au Sénégal.

Mayi se chargea de hisser tout en haut du mât le fanion réglementaire « D », qui signifie « Je suis en panne de gouvernail ; tenez-vous à distance ». Avec le nouveau timon et un pneu que nous traînions loin derrière nous, nous tenions le cap ; il nous fallait chercher un port pour réparer les avaries.

Nouadhibou était le plus proche.

— Je calcule qu'à cette allure nous arriverons dans trois jours, dis-je.

Ayant initialement prévu de nous rendre directement au Brésil, nous ne disposions d'aucune carte couvrant une zone aussi méridionale de la côte d'Afrique. Les coordonnées du port obtenues sur un atlas, nous mettions aussitôt le cap sur la Mauritanie.

Le lendemain, la méridienne nous situait à cent cinquante milles au nord de Nouadhibou. Par contact radio avec un cargo qui croisait notre route, nous confirmions notre position, que j'avais d'ailleurs bien calculée, en dépit de la poussière du désert qui arrivait jusqu'à nous, et m'empêchait de prendre hauteur de manière satisfaisante. Cela nous mit du baume au cœur et l'appétit revint.

Urko et Zigor ramassaient le matin les poissons volants qui durant la nuit avaient atterri sur le pont. Frits, ils avaient goût de sardines. La mer baissait à mesure que le vent diminuait, et le soleil commençait à cogner fort. Nus sur le pont, nous nous arrosions plusieurs fois par jour avec des seaux d'eau salée pour atténuer la chaleur. Les oiseaux de passage, surtout les hirondelles, nous rendaient visite journellement. Au soir, le vent forçait, ce qui rendait la gouverne encore plus pénible. À mesure que nous nous rapprochions de la terre, du désert du Sahara, les voiles, les cordages et les câbles, tout se couvrait d'une fine poussière rouge.

Une nuit nous nous enfonçâmes dans une forêt de lumières ; de loin on aurait dit une grande ville. L'éclat de ces lumières se reflétait sur les nuages. C'était des chalutiers qui pêchaient sur le banc de Nouadhibou. Mais le courant nous faisait dériver inexorablement vers le sud, et sans gouvernail, il était impossible de naviguer vent debout et très dangereux de s'aventurer au milieu de chalutiers traînant leurs filets. La sonde marquait quatre brasses de profondeur.

Je décidais de poursuivre jusqu'à Dakar, au Sénégal, sa baie immense, telle que nous l'avions vue sur l'atlas, me paraissant plus sûre pour prendre terre. Il y avait toujours aussi peu de fond, dans les cinq mètres, mais de la côte, aucune trace. La poussière rouge du désert annulait toute visibilité.

La nuit du 4 avril, comme toutes les nuits depuis la rupture du gouvernail, nous assurions une garde permanente. Au lever du jour, nous étions descendus préparer le petit déjeuner. À peine Mayi venait-elle de mettre l'eau à bouillir, que nous entendions le bruit des machines d'un gros bateau. À la hâte, nous sommes montés sur le pont, juste à temps pour voir apparaître à une cinquantaine de mètres, surgissant de cette brume pulvérulente, un chalutier coréen, sans nom ni matricule, un énorme bloc de rouille qui nous fonçait dessus.

Nous essayâmes de l'esquiver avec le peu de gouverne dont nous disposions, mais nous avions affaire à un navire beaucoup plus rapide que le nôtre.

Nous avons crié en agitant les bras comme des fous. Quand le choc paraissait inévitable, un marin sur le pont remarqua notre présence et, criant lui aussi, donna l'alarme.

Le bâtiment coréen tenta de nous esquiver au dernier moment pour éviter l'impact frontal, mais trop tard ! il venait de nous accrocher. Il nous traîna sur toute sa longueur. Le bruit de la collision nous fit l'effet d'une bombe.

Pris de peur, les enfants sortirent sur le pont. Sur le chalutier, de nombreux marins agirent de même pour voir ce qui se passait. Le navire fit mine de stopper, puis accéléra sur-le-champ. Et en un rien de temps, avant que quiconque puisse réagir, avalé par la brume poudreuse, il disparut aussi vite qu'il était apparu, laissant derrière lui désolation, avaries et ce relent unique de chalutier coréen.

Je les appelai par radio, et évacuai, en espagnol et en anglais, tout mon répertoire de gros mots sur la généalogie du capitaine de ce bateau. Mais rien de tout cela ne fit revenir le chalutier, lequel, averti qu'il était de la présence d'enfants à bord, ne s'était même pas arrêté pour s'enquérir si nous avions fait naufrage.

Nous avons constaté les dégâts : chandeliers arrachés sur tout le côté, galhauban de proue arraché et brisé, beaupré en morceaux. Le génois se traînait sous l'eau, le long de la quille. Le mât avait, par miracle, été retenu par une drisse, qui heureusement n'était pas attachée à l'endroit où elle aurait dû l'être, et avait fait office de galhauban. Mais le plus grave était la proue ouverte en éventail sur une cinquantaine de centimètres de large sous le pont, arrivant presque jusqu'à la ligne de flottaison, où la déchirure s'arrêtait à cause de l'impact des renforts verticaux extérieurs que le chalutier coréen portait à l'arrière pour protéger sa coque contre le frottement des chaînes du filet.

Mais, malgré tout, nous étions toujours là et n'avions subi aucun dommage personnel.

Nous avons immédiatement commencé les réparations de fortune les plus urgentes. Avec un jeu de poulies nous avons fixé l'étai de proue à la cadène qui supportait le beaupré : maintenant, le mât était prêt à fonctionner. Sans beaupré, le centre de poussée des voiles se trouvait déplacé vers l'arrière, et il fallut prendre deux ris à la grand-voile. Le génois récupéré, la brèche de proue colmatée à l'aide de plastiques, le voilier repartait vers Dakar.

Je construisis une nouvelle antenne dipôle pour la radio, la première reposait au fond de la mer, emportée quelques jours avant par la vague. Avec celle-ci, accrochée à une canne à pêche, nous fûmes captés par un radioamateur de La Gomera, qui, à son tour, téléphona à notre famille pour lui annoncer que tout allait bien mais qu'il y avait un changement de programme et que nous mettions le cap sur Dakar.

Le soleil brillait à nouveau et le vent soufflait dans la voilure appauvrie. La mer était magnifique et le voilier, en dépit des blessures qu'il avait subies, semblait presque aussi pimpant. Comme il ne nous restait désormais plus grand-chose à perdre, nous commentions avec humour que, si nous avions réussi à sortir de ce mauvais pas, cela nous autorisait à continuer jusqu'au bout.

Nous l'avions échappé belle et en étions conscients. Pour célébrer notre victoire, nous avions une bouteille de Rioja et une tablette de turrón qui voyageait cachée dans un coin. Mes derniers relèvements nous situaient à la latitude dix-huit degrés Nord, à deux cent milles au nord de notre nouvelle destination. Eu égard aux circonstances, la position était une information que nous attendions tous avec anxiété. Comme maintenant la longitude était négligeable puisque nous allions vers le sud, je pris la méridienne, et une minute après communiquai à tout le monde la nouvelle latitude. Avec le cap au sud, le soleil radieux (même si c'était exagéré), le vent en poupe, la mer étale, le voilier filant quatre nœuds, nous reprenions la bonne vieille routine. Le bruit du moulinet et le vacarme des enfants brisèrent les silences prolongés de ces derniers jours.

À proximité du désert, les nuits étaient humides et froides. Certaines fois, le vent forçait et il fallait être constamment à la barre ; d'autres fois nous pouvions naviguer gouverne calée. Si les voiles étaient prises de revers, il fallait mettre le moteur en marche pour reprendre le cap, car on ne pouvait compter sur le gouvernail.

Durant la nuit passée à la hauteur du cap Vert, nous caressions l'espoir de repérer un phare, mais la poussière ambiante nous en empêcha.

— Qu'est-ce qu'on voit là-bas, *aitá* ? demandèrent les deux enfants d'une seule voix, en montrant quelque chose à l'horizon.

— Je ne sais pas, on dirait un tronc d'arbre avec des branches, répondis-je. Une rivière l'aura traîné jusque-là. Nous allons nous approcher pour voir ce que c'est.

Le moteur en marche, c'est avec beaucoup de difficulté que nous changions de cap et, à mesure de notre approche, nous allions de découverte en découverte. Il y avait des plastiques sur les branches. Soudain, celles-ci s'animèrent et les plastiques commencèrent à s'agiter. C'était une énorme pirogue, un tronc d'arbre évidé, une sorte de canoë de pêche à bord duquel se trouvaient trois grands Noirs.

Nous les avons embarqués sur le voilier, leur donnant d'abord à boire puis à manger. Ils parlaient français, donc il n'y avait pas de problèmes de communication.

Partis de Dakar, quatre jours plus tôt pour pêcher, ils venaient tout juste de perdre de vue la terre quand ils étaient entrés en collision avec un tronc qui leur cassa l'arbre du moteur hors-bord. Depuis, ils étaient à la dérive. Le courant les entraînait vers le nord-ouest quand ils furent trouvés par le *JoTaKe*, sans doute grâce aux amulettes que ces pêcheurs portaient en breloque.

Le lendemain, à l'heure de prendre la méridienne, nous étions en vue d'une terre. C'était le cap Vert, qui délimite la baie de Dakar. Les naufragés nous donnèrent des informations précises pour arriver dans la baie. Au milieu de vagues gigantesques, habituelles en ces lieux, nous doublions le Point des Almadies. La mer était totalement calme, seulement parcourue par une douce et délicieuse brise.

Les naufragés débarquèrent avec leur pirogue, et embrassèrent la plage en action de grâce. Sur les indications des rescapés, le voilier continua, mettant le cap sur le port de Dakar.

Il faisait noir comme dans la gueule d'un loup : la lune ne devait pas se montrer avant le petit jour. Les enfants dormaient, rêvant probablement d'arriver vite à l'âge adulte, pour avoir le droit de se coucher plus tard. Mayi, à la proue, scrutait l'obscurité. À la barre, en ce qui me concerne, je suivais ses indications.

— Écoute, il y a des gens qui courent sur la plage, me dit Mayi.

— Plage ?

Je donnai un brusque coup de barre et l'embarcation vira paresseusement 180 degrés. Pour à peine quelques mètres, nous venions d'éviter un brise-lames en construction non signalé, abandonné semble-t-il des années auparavant, qui émergeait d'une trentaine de centimètres audessus de l'eau et sur lequel des jeunes faisaient du sport.

Les naufragés avaient oublié de signaler son existence.

Au Sénégal

Notre arrivée à bon port et le neuvième anniversaire de Zigor furent célébrés avec une bouteille de cidre, tellement secouée par la mer qu'elle ne fit même pas plop quand on la déboucha. À l'intérieur du bassin, à l'entrée duquel il y avait une énorme bouée noire sans aucun balisage, étaient ancrés une vingtaine de bateaux. À voir comme ils étaient construits, ils ne pouvaient venir que du Pays basque. Je décidai alors de mettre le voilier bord à bord avec l'un d'eux, nommé *Hendayako Izarra*. Curieusement, le monde est tout petit : à des milliers de kilomètres de leur lieu d'origine, deux bateaux voisins se retrouvaient sans s'être préalablement passé le mot.

À notre première sortie à terre, tout appelait notre attention : la couleur des vêtements ; la haute taille des femmes noires, rehaussée d'artistiques coiffures, et leur port de reines ; la misère des gens ; les mendiants, presque tous lépreux ; la vivacité des conversations ; la profusion de vendeurs ambulants, qui vous assiégeaient comme les mouches, minuscules et abondantes tels les grains de sable de la plage. Tout s'exhibait au milieu d'une foule aux couleurs criardes. Un autre monde !

Parfois, tandis que nous nous promenions sur le quai, les gens se rassemblaient soudain et cessaient de travailler. Les uns s'agenouillaient et regardaient dans la même direction, vers l'est. D'autres cherchaient les tuyaux d'arrosage pour se laver. Tout restait immobile. Les charges de poisson congelé demeuraient suspendues en l'air, à mi-course, se décongelant et dégoulinant d'une eau pestilentielle ; les camions s'arrêtaient au milieu des routes du môle...

C'était l'heure de la prière pour les musulmans. Agenouillés en groupes, ce n'était qu'ablutions, marmonnements, révérences, solennité. Un moment après, la vie, picaresque, reprenait son cours habituel.

L'air aussi restait immobile ; il ne soufflait pas la moindre brise. Même la poussière semblait suspendue dans l'atmosphère. En franche promiscuité, les hommes d'équipage du chalutier voisin se promenaient sur notre pont, et étendaient même leur lessive sur les nombreux cordages de manœuvre du voilier, plus accessibles que ceux de leur bateau. Le gardien du chalutier surveillait également le voilier, ce qui nous exonéra des très nombreux vols que subissaient les autres navires. Durant notre séjour à Dakar, on ne vola jamais sur le bateau, et nous-mêmes, à terre, ne fûmes jamais volés.

Les thoniers se montrèrent tout spécialement empressés et nous aidèrent pour les réparations ainsi qu'à approvisionner notre garde-manger. Adolfo, de l'Institut social de la Marine, nous interviewa pour *La Hoja del Mar*, qui publia aussi les premiers dessins d'Urko et Zigor. Les hommes d'équipage de l'*Irrintzina* nous apprirent à marchander et à acheter moins cher.

S'égosillant devant le microphone de l'enregistreur, les gardiens du port firent office de professeurs de la langue vernaculaire, le *wolof*. En premier, nous allions apprendre, outre les politesses d'usage, à dire *buguma yereyef* – « non, merci beaucoup » – que nous nous voyions obligés de répéter constamment aux vendeurs ambulants.

À l'intérieur des terres, le désert : de la poussière rouge, grenat, beaucoup de poussière. Une palissade. Derrière celle-ci, quatre cases, un hangar et un puits. Leurs habitants, quatre femmes, un homme et d'innombrables gamins tout nus. Dehors, il n'y avait que des chèvres, de la poussière, un soleil brûlant, et encore de la poussière.

Les arbres du désert, les invraisemblables et majestueux baobabs, ont quelque chose d'irréel, et nous rappellent *Le Petit Prince*, de Saint-Exupéry. Le lac Retba, de couleur rose, est indescriptible. D'une salinité analogue à celle de la mer Morte, la forte densité de l'eau ne permet aux baigneurs de s'y enfoncer que jusqu'à la taille.

La vision d'une ville à l'envers, suspendue dans le ciel, nous révéla ce qu'un mirage peut avoir de magique. Au beau milieu du désert, nous étions tombés par hasard sur un village : une cinquantaine de cases. Au centre, un arbre, l'arbre du voyageur, et un puits très profond. À peine avions-nous eu le temps de nous asseoir à l'ombre de l'arbre que nous fûmes invités à déjeuner, suivant les préceptes du Coran, avec une famille : onze personnes adultes, assises par terre autour de l'unique jatte de riz blanc, mains noires qui se mêlent au riz blanc, mains blanches qui se joignent aux noires dans la jatte au centre du cercle.

Avec une singulière maestria, chaque main noire élabore une boule de riz qui finit, la paume ouverte vers le visage et le bout des doigts devant le front, dans la bouche du propriétaire. Pour la plus grande joie des amphitryons, les visiteurs avaient la figure pleine de riz.

Le 1er mai fut un jour mémorable, car le folklore y prenait largement le pas sur les revendications syndicales. Des heures durant, défilèrent devant nous de nombreux groupes de danses folkloriques du Sénégal. Ensuite, accompagnés des amis du Sénégal, nous avons parcouru la baie à bord du voilier, visitant l'île de Gorée, qui en d'autres temps fut le lieu d'entassement d'êtres humains en attente d'être exportés vers l'Amérique comme esclaves.

Les enfants ramenèrent à bord une petite chienne, de quelques jours à peine, qu'ils avaient trouvée sous un hangar du port. Des innombrables races de ses ancêtres, celle qui paraissait prédominer en elle était celle des chiens-loups. Aucun raisonnement, aucun argument ne purent convaincre Urko ni Zigor de la rendre à sa mère. Ils l'appelèrent *Saski*.

La traversée

La saison étant déjà bien avancée, les alizés avaient disparu, remplacés par de longues accalmies suivies de fortes dépressions. Néanmoins, le voilier bien équipé, nous larguions les amarres, cap sur le Brésil.

Au début des grands voyages l'estomac se sent mal à l'aise, il refuse de fonctionner vers le dedans et s'évertue à ne fonctionner que vers le dehors. Je le savais bien. Je savais aussi que ces anomalies ne duraient que les trois premiers jours et qu'ensuite tout rentre dans l'ordre.

Ces premiers jours coïncidaient précisément avec la traversée de la ligne de navigation qui joint l'Afrique du Sud à l'Europe. Pour traverser la route le plus perpendiculairement possible et écourter le temps de séjour sur cette espèce d'autoroute, il fallait mettre le cap à l'ouest. En outre, il fallait veiller constamment, jour et nuit.

Le deuxième jour à 2 heures du matin, Mayi me réveilla :

— Santi, sors ! Je crois qu'un cargo arrive sur nous, dit-elle.

Plusieurs appels radio restèrent lettre morte. Personne ne répondit aux appels réitérés du *JoTaKe*. Nous avons attendu aussi longtemps que la prudence nous le permettait et, en voyant le mur d'acier arriver sur nous sans dévier de sa route, malgré le fait que nous étions prioritaires – en vertu des règles internationales de la navigation –, nous avons décidé de manœuvrer nous-mêmes pour changer de cap. Nous avons largué le pilote automatique, l'écoute de la grand-voile, les retenues et les tangons. Nous avons viré de bord, bordé l'écoute de la grand-voile, l'écoute du génois, répétant ensuite toute la manœuvre à l'inverse, après avoir livré passage au mastodonte, qui poursuivit sa route imperturbable. Selon toute probabilité, il ne s'était même pas rendu compte de la présence du minuscule voilier.

Prendre son tour de garde à la légère, avoir un radar mal réglé, une radio VHF éteinte, étaient autant d'éléments nécessaires pour un bon sinistre.

Les vagues provoquées par le sillage du navire marchand nous ballottèrent un bon moment.

— C'est pour nous secouer les puces, dis-je en regardant la chienne, qui faisait ses premiers pas comme mousse.

29 mai

À midi, nous avons aperçu de grands troupeaux de baleines. Elles vont en direction opposée à la nôtre. Il est impressionnant de voir ces énormes masses jouer, sauter, folâtrer au-dessus de l'eau. Je n'aimerais pas être bousculé par l'une d'elles.

Pour lutter contre la chaleur suffocante, nous nous rafraîchissions avec des seaux d'eau. *Saski* détestait les bains d'eau salée et disparaissait chaque fois qu'elle nous voyait un seau à la main. Voiles, drisses, cordages, tout ce qu'il y avait sur le pont était de couleur rouge grenat, la couleur du désert, la couleur de Dakar et de ses quais. Avec les premières pluies on aurait dit que le voilier saignait. La couleur vert petit pois de l'eau du littoral se transforma peu à peu en un bleu turquoise d'une tonalité soutenue.

Le vent devenait de plus en plus capricieux. Il soufflait peu et changeait constamment de direction. Cette circonstance nous tenait occupés à mettre des tangons, les enlever et régler constamment le pilote automatique.

De nombreux oiseaux, surtout des hirondelles, se posaient sur le *JoTaKe* pour se reposer. Ils entraient dans la cabine et s'installaient entre les livres pour passer la nuit. Ou ils volaient jusque sur la main des enfants lorsque ceux-ci leur montraient quelque insecte.

La routine s'installait : peu de vent, beaucoup de soleil, mer absolument étale et douches à pleins seaux sur le pont.

Les courants sont dessinés comme des fleuves sur la mer au calme plat.

La mer bouillait et la vie bouillonnait autour des courants. Sur leurs bords, somnolaient les requins. Soudain, l'un d'eux entrait dans le courant et en ressortait peu après, une queue de poisson entre les mâchoires. Quelques-uns de ces courants étaient si intenses que, lorsqu'il n'y avait presque plus de vent, nous ne pouvions les traverser sans l'aide du moteur.

Nous pêchions beaucoup : tous les jours nous disposions de poisson frais. Daurades et thons étaient très fréquemment invités à notre table. Les premières nous accompagnaient en formation quand nous naviguions, ourlant le sillage du voilier de leurs lueurs phosphorescentes couleur jaune verdâtre. Les poissons volants sautaient de toutes parts, d'une vague à l'autre. De loin en loin, quelque requin s'approchait pour voir de quoi il retournait.

Le calme plat se poursuivait. Pas le moindre souffle d'air. Parfois nous nous baignions, nus, dans une mer d'un bleu turquoise irréel et, un jour, au harpon, j'eus la chance de prendre un thon sous le voilier. Même les dauphins venaient fouiner quand le bateau était immobile. Nous étant mis en devoir de nettoyer la coque pour la débarrasser d'une sorte de pouces-pieds, au cours de l'opération, une spatule glissa et tomba à l'eau. Elle étincelait sous le soleil. Grâce à l'incroyable transparence de l'eau, un long moment après, des profondeurs marines nous parvenaient toujours ses reflets.

Mais, à ces calmes désespérants allaient succéder les bourrasques torrentielles, que nous accueillions toujours avec joie pour nous « doucher » à l'eau douce. À mesure que nous nous approchions de l'équateur, l'Étoile polaire commençait peu à peu à disparaître sous l'horizon.

Un jour, vers six heures du soir et à une distance indéterminée, nous avions aperçu, droit devant nous, quelque chose d'anormal.

— Dis-moi, ce machin obscur, tu crois que c'est un front ? avait demandé Mayi.

— Trop noir et très concentré, lui avais-je alors objecté.

— On dirait un champignon atomique.

— Ça ne me plaît pas du tout.

— C'est bizarre !

Puis cela évolua très vite, le doute n'était plus permis : c'était bel et bien une tornade.

Forçant le régime du moteur, nous avons changé de cap pour nous éloigner le plus rapidement possible. Tout en réduisant la grand-voile à sa plus simple expression, sans oublier de vérifier tout ce qui était susceptible d'être déplacé, nous observions, hypnotisés, la formation de cette colonne tourbillonnante qui montait de la surface des eaux jusqu'aux nuages. Le chapeau de l'énorme champignon, gorgé d'eau de mer, était spectaculaire. Un moment nous avons cru la rencontre inévitable, mais le petit moteur, comme toujours, s'est bien comporté.

Puis ce fut de nouveau le calme plat. Les voiles pendaient, flasques, tandis que la colonne d'eau tourbillonnante n'était qu'à quelques encablures de la poupe du voilier. On aurait dit qu'au passage, elle s'était emparée de l'air que nous respirions. L'eau de mer était en ébullition et le ciel se teignait d'une couleur cuivrée.

Tout d'un coup, une violente rafale fit gîter le voilier comme jamais auparavant, nous aurions presque pu chavirer. La mer, tel un aérosol, dispersait à l'envi son écume qui recouvrait tout d'une blanche mousseline. À quatre pattes sur le pont alors que le vent hurlait, je m'approchai de l'étai de proue pour amener le petit foc, que le coup de vent avait lacéré. Quand le vent est fort, les gouttes de pluie font très mal, c'est comme si elles vous transperçaient.

Toutes voiles carguées, le bateau donnait toujours de la gîte. C'est alors que nous avons lancé le moteur pour virer de bord. Le *JoTaKe* se redressa. Le vent soufflait à soixante nœuds, mais nous avions eu plus de cent cinquante. Une demi-heure après, comme si de rien n'était, la mer était redevenue complètement calme.

À partir du huitième parallèle nord, les périodes de calme ont alterné avec les bourrasques. Après chaque coup de vent, les cieux s'ouvraient et il pleuvait des cordes.

Pour gagner le sud-est, il nous fallut rester de longues nuits à la barre, car nous devions profiter de la moindre brise mais aussi de l'impétuosité d'Éole. Nous apprenions ainsi à connaître la force de la bourrasque, avant qu'elle n'arrive, en lisant directement la surface de la mer.

13 juin

Situation : latitude, 4° 50' Nord ; longitude, 22° 05' Ouest.

La Croix du Sud se précise peu à peu à mesure que nous nous approchons de l'équateur.

Bourrasques et pluie, encore et encore. Mais le climat est agréable, il fait presque chaud et c'est très supportable.

14 juin

Bonne brise. Nous avons récupéré vers le sud-ouest ce que les courants nous avaient pris en nous portant vers le nord.

Urko a pêché une jolie femelle de daurade. Six kilos.

Les calmes plats succèdent aux bourrasques, durant lesquelles les pelures d'orange que nous jetons à la mer nous accompagnent des jours et des jours.

Nous étions entourés de dauphins, il y en avait des centaines. Nous nous baignions avec eux, mais les animaux se maintenaient toujours à deux ou trois mètres de distance. Il fallut bien y renoncer, quand un beau jour surgit des profondeurs abyssales un énorme requin tigre, au corps zébré de jaune et de noir, qui avait flairé les intrus. Doutant de ses bonnes intentions, d'un bond, nous avions regagné le bord sans presque utiliser l'échelle.

Les espadons nous donnaient du fil à retordre pour les monter à bord. Les daurades elles-mêmes défendaient leur vie avec vigueur mais différemment. D'un superbe jaune verdâtre, de leur vivant, elles passaient à un bleu moucheté, pour tourner au gris argenté lorsqu'elles rendaient l'âme. Le poisson que nous ne pouvions pas consommer frais était salé pour les jours où on ne pêchait rien.

Après vingt jours sans avoir rencontré âme qui vive, nous avons croisé au milieu de l'Océan un beau transatlantique, dont les passagers nous contemplèrent avec étonnement. Leur plus petit canot de sauvetage était plus grand que notre voilier. Contact radio établi, le capitaine diffusa notre conversation à l'aide d'un puissant mégaphone jusqu'au dernier recoin de l'énorme bâtiment. Ils étaient trois cents passagers à bord, qui venaient de Rio de Janeiro et rentraient à Miami.

16 juin

> *Bonne navigation.*
>
> *Il nous reste deux cent trente milles pour atteindre Fernando de Noronha (les îles de l'État de Pernambouc). Vent en poupe. J'ai mis les deux spinnakers. Avec toute cette toile, on dirait que le voilier a grandi et qu'il va s'envoler. Houle d'un mètre. Moyenne de cinq nœuds. Deux jours déjà que nous ne pêchons rien.*

Le 21 juin, nous arrivions pour la première fois à l'équateur terrestre. Les enfants s'amusèrent comme des fous à chercher la limite de séparation des deux hémisphères. Fusées, pétards et cidre bouché aidèrent à célébrer notre premier passage de la ligne.

De nouveau le calme plat. Le courant nous entraînait derechef vers l'hémisphère Nord, ce qui nous fut confirmé en prenant la hauteur de Bellatrix et Castor.

Et à minuit.

— Santi, réveille-toi.

— Quoi ? répondis-je, endormi.

— Presse-toi, il y a du boulot !

L'oreille exercée de Mayi avait capté le premier souffle de vent. Et le voilier, impétueux comme jamais, recommença de plus belle à sillonner les mers. Deux cents milles en vingt-quatre heures. Le lendemain, le vent était toujours aussi fort. Force sept. Nous étions restés seize jours à faire du surplace, si bien que nous étions prêts à profiter du moindre souffle.

24 juin. 4 heures du matin. Mayi monta sur le pont me relever de ma garde commencée à minuit. Elle me trouva scrutant l'obscurité.

— Deux heures déjà que j'aurais dû te relever. Pourquoi ne pas m'avoir réveillée ?

— Je ne sais pas ce qui se passe, regarde là-bas.

J'étais resté deux heures dans la même position, essayant d'y comprendre quelque chose. Mayi fixa les yeux dans la direction que je lui indiquais. Soudain elle se rendit compte de la présence d'un mur noir, ou plus exactement, qu'il n'y avait même pas de mur, qu'il n'y avait rien. C'était l'absence de tout au milieu de l'obscurité d'une nuit sans lune.

À certains moments, il nous semblait que nous allions le heurter. Braquant sur lui le phare de pont à plusieurs reprises, nous obtenions toujours le même résultat : la lumière disparaissait à l'intérieur du mur, et avec elle disparaissaient aussi et les étoiles et la mer. Nous avions tenté plusieurs fois de nous approcher, mais nous reculions aussitôt car nous n'osions pas le toucher. Parfois le mur avait l'air tout proche, pour s'éloigner à nouveau.

L'écume blanche de la proue, que nous avions éclairée avec la lanterne, disparaissait, comme happée par un abîme sans fond. Une ligne droite coupait le ciel en deux ; étoilé du côté du voilier, de l'autre, absence, obscurité, vide. Comme l'être et le non-être. Impossible de comprendre ce que nous étions en train de voir. Illusion d'optique ? une nouvelle dimension ? un univers parallèle ? le néant ? nous demandions-nous. Peut-être ne s'agissait-il que d'une illusion d'optique, mais Mayi et moi-même soutiendrons toujours que ce fut quelque chose de réel, trop réel, trop intense pour qu'on puisse l'oublier, trop réel pour ne pas être vrai.

27 juin. J'ai passé toute la journée le sextant à la main.

Sept prises de hauteur confirmaient que nous arriverions à terre cette nuit-là. Au bout de trente-trois jours de traversée, nous étions tous impatients. Les jours avaient traîné en longueur et maintenant, nous ne désirions qu'une seule chose : qu'il fasse nuit.

Et la nuit arriva, enfin. Aux alentours de 21 h 45, nous étions en vue du phare du cap Calcanhar, à Pernambouc, Brésil. Compte tenu du nombre d'éclats, aucune erreur possible, il s'agissait bien de lui. Ça sentait les algues, ça sentait la terre. Ce fut une sensation unique. La chienne, à la proue, le museau en l'air et la queue pointée vers le ciel, confirmait la présence d'une terre. L'odeur d'algues et de coquillages se faisait de plus en plus forte. Nous étions sur le qui-vive.

À l'approche de la terre, le vent réduisit sa force à sa plus simple expression. La carte signalait la présence de hauts fonds, et la sonde marquait huit brasses. Il était trop risqué d'essayer de prendre terre à cet endroit. Cette fois nous disposions de suffisamment de cartes de la zone. Pour certaines d'entre elles, des photocopies des originaux qu'un autre voilier nous avait prêtés aux Canaries ; quant aux autres, un armateur nous en avait fait cadeau à Dakar. Nous décidions alors d'appareiller vers Fortaleza, dans l'État de Ceará, où l'entrée paraissait facile. Le vent nous était favorable.

Il était fantastique de contempler, durant la traversée nocturne, le spectacle des plates-formes marines de forage pétrolier. Il y avait énormément de trafic entre celles-ci et le continent. Au lever du jour, s'offrirent à nos yeux d'immenses dunes de sable blanc et des cocotiers, sous lesquels se réfugiaient des huttes de paille pour s'abriter d'un soleil implacable. Ce fut là notre première vision du Brésil.

D'entre les vagues surgissait de temps en temps une tache blanche.

— On dirait une voile, tout là-bas, déclara Urko.

— Je dirais plutôt que c'est une planche à voile, fit remarquer Zigor.

— Ce n'est pas possible, nous sommes très loin de la côte, protestai-je.

Nous nous en approchions peu à peu, ou plutôt, c'était elle qui s'approchait très rapidement de nous.

— Encore plus surprenant, ajouta Mayi. On dirait bien que quelqu'un y est assis sur une chaise.

— J'ai bien peur que tant de jours de mer nous aient fait perdre la jugeote, souligna l'un de nous.

L'image devenait plus nette à mesure que la distance se raccourcissait. La voile n'était pas de la même coupe que celles qu'on connaissait, quoique très ressemblante, et elle était confectionnée avec des sacs de raphia. La planche était un radeau fait de troncs d'arbres, avec une espèce de chaise au milieu. Une *jangada*.

Le radeau arriva sur nous à grande vitesse, et ses trois hommes d'équipage nous saluèrent en criant à tue-tête. Curieux ils firent trois fois le tour du voilier.

Nous étions ébahis de les voir tourner de cette manière autour du *JoTaKe*, qui naviguait toutes voiles dehors. Les gens de la *jangada* humectaient les voiles avec une boîte oblongue pourvue d'un manche, tandis que l'un d'eux, à la proue, manœuvrait un foc de taille réduite qui servait en même temps à retenir le mât. Nous avons bavardé un moment, et peu après, ils bordèrent les écoutes pour repartir comme s'ils avaient le diable aux trousses.

— On croirait qu'en partant, ils nous ont cloués sur place ; on ne bouge presque plus ! m'exclamai-je.

À mesure que nous approchions de Fortaleza et de la côte, le nombre de *jangadas* augmentait. Quelques-unes étaient plus modernes : de grandes caisses de contreplaqué bourrées de polystyrène, peu esthétiques, mais plus pratiques et d'un moindre entretien.

Trois jours après avoir reconnu Cap Calcanhar, nous doublions la pointe Mucuripe, au moment où y rentraient et en sortaient des dizaines de *jangadas* de toutes tailles qui, comme chaque jour, se rendaient sur leur lieu de pêche. Cinq cents ans en arrière, un jour du mois de janvier, l'Espagnol Vicente Yáñez Pinzón touchait, lui aussi, la terre du Brésil, à cette même pointe qu'il appela Cap Consolation. Sans doute avait-il pu lui-même contempler un spectacle très semblable à celui qui s'offrait à nos yeux.

Ayant évité de justesse les mâts de plusieurs naufrages qui émergeaient de la baie, nous étions maintenant au mouillage devant le club nautique de Fortaleza. Nous étions un 30 juin. Après deux mille milles et trente-six jours de navigation, gavés d'aventures et d'enseignements, nous avions jeté l'ancre en Amérique du Sud. Il y avait une semaine que nous avions épuisé notre provision de légumes et nous mourions d'envie de dévorer une salade de laitue et de tomates.

2.

Amérique du Sud : Brésil

Dès que nous avons mouillé l'ancre, nous fûmes rejoints par trois youyous. Nous eûmes alors confirmation des liens de camaraderie qui unissent les marins. Ceux de l'*Abana*, des Marseillais, se mirent bord à bord avec nous. Ceux du *Coala* et du *Paprica*, des Français et des Allemands, proposèrent de nous aider dans toute la mesure du possible, et surtout d'échanger des renseignements sur les bateaux, les démarches administratives, etc. Attention aux voleurs ! était la consigne qui passait entre tous les voiliers.

Les autorités maritimes furent des plus aimables et leur conseil fut également celui de nous prévenir contre les vols.

— Vous n'avez pas d'armes à bord ? Eh bien, procurez-vous-en une au plus vite, car vous risquez d'en avoir besoin, nous recommanda-t-on à la capitainerie du port.

Sur l'*Abana*, il y avait un chien qui avait été recueilli sur le port de Los Cristianos, aux Canaries. C'était leur meilleure arme.

Un beau matin :

— Santi, c'est toi qui as ramassé le linge étendu ? demanda Mayi.

— Non.

— Celui qui était étendu à la poupe a disparu.

— Hier soir les chiens ont aboyé et je suis sorti sur

le pont, mais j'ai seulement vu une *jangada* qui s'éloignait à la rame. Les chiens n'ont aboyé que lorsqu'ils ont eu pris le linge. Et dire que nous, nous dormions !

Les gens faisaient preuve, à notre égard, d'une grande amabilité ; ils donnaient tout ce qu'ils avaient. Ils vivaient au jour le jour. Et quand ils avaient besoin de quelque chose, ils le prenaient là où ils savaient le trouver.

Après tant de jours d'isolement sur la mer, nous étions réellement enchantés de les saluer et d'être de leur part l'objet de tant d'attentions. La carène grouillait de vie. Pouces-pieds, moules et algues avaient pris possession de la coque, mais pour la bonne marche du voilier, ce n'était pas une circonstance favorable. Au crépuscule, spectaculaire en cette partie du monde, nous avions coutume de nous joindre aux autres équipages, et nous buvions de la *cachaça* [1] tout en nous racontant les aventures et mésaventures passées et nous parlions ensemble de nos projets.

Le 15 août était jour férié à Fortaleza. L'après-midi, nous sommes allés à la Praia do Futuro, où les gens du peuple rendaient hommage à la Vierge. La plage s'étendait sur plusieurs kilomètres, et sur toute sa longueur on célèbre cette fête selon des rites singuliers, mélange de rites chrétiens, de rites locaux et de rites vaudou hérités de leurs ancêtres africains.

Chaque confrérie observait le rituel à sa guise, tous ses membres vêtus de blanc ou de violet, avec de grands parements de fines dentelles. Des creux ménagés dans le sable abritaient leurs autels, comportant des douzaines de cierges qui restaient allumés malgré le vent qui soufflait en rafales. Il y avait des vierges, si peinturlurées qu'elles évoquaient exactement le contraire ; des démons ornés de leurs traditionnels appendices frontaux, et toute la hiérarchie imaginable de saints et de moins saints, tout cela rehaussé de cornes de vache et de quantités de bouquets de fleurs de plastique qui rivalisaient de mauvais goût. Pour achever le tableau, des chants et de la musique, rythmés de tambours, timbales, triangles et n'importe

1. Rhum de canne à sucre. (*N.d.T.*)

quel instrument de percussion imaginable. Et, au milieu de tout cela, le vent qui sifflait entre les arbustes et les buissons de la plage.

Quelques-uns d'entre eux chantaient et dansaient, tandis que d'autres, les yeux révulsés, entraient en transe, la bouche écumante et secoués de violents tremblements, à peine retenus par quelques bras charitables. Alors le supérieur de la confrérie leur touchait le front de la paume de sa main et marmonnait des formules magiques totalement inintelligibles, qui les faisaient revenir à eux. Ensuite, ils se passaient les mains de haut en bas sur tout le corps, comme pour se libérer des esprits malins. La réunion prenait fin en jetant à la mer la statue grandeur nature d'un saint de carton pâte.

Nous autres étions les seuls touristes sur la plage, et à l'évidence, pour certains, nous n'étions pas les bienvenus.

En rentrant, nous traversâmes des bidonvilles aux maisons d'argile et de paille, où des enfants aux ventres énormes se vautraient dans la boue en compagnie de porcs pleins de parasites et de chiens squelettiques. Dans une énorme mare au milieu de la rue, trois enfants folâtraient avec de l'eau jusqu'aux genoux. Un individu se présenta qui, après avoir chassé les cochons de couleur noire, lança son filet et le ramena avec une poignée de petits poissons. Sur ces entrefaites arrivèrent deux femmes, chacune d'elles avec une jarre en terre, qu'elles emplirent d'eau de la mare pour repartir en les portant sur leur tête.

Sur la plage, le spectacle était similaire. Jouxtant le yacht-club de Fortaleza, les restes de plusieurs naufrages que la mer avait rejetés sur le rivage étaient utilisés comme résidences principales par quelques familles. Des policiers fortement armés protégeaient le club des déguenillés qui, au risque de recevoir une balle en échange, saisissaient la moindre occasion pour voler. Mouiller un yacht devant leurs yeux était une provocation insupportable qui justifiait presque les vols commis sur les voiliers.

Les alizés formaient des vagues déferlantes sur la plage, où le courant est toujours d'est en ouest. Bien qu'à tout moment on pût en voir quelques-unes à l'horizon, les *jangadas* rentraient tôt de la pêche, et il y en avait toujours une, sans doute plus pressée, qui, rentrée bien avant les autres, reposait à même la plage, couchée sur le flanc, l'étrave tournée vers l'alizé. Les noms bibliques abondaient sur les poupes de ces embarcations, qui, béquillées sur le côté et allongées sur le sable, séchaient leurs ventres au soleil comme des vacancières.

Les déferlantes exigeaient des *jangadeiros* une grande habileté pour éviter de se mettre en travers. Toutefois il pouvait arriver que l'une d'elles chavire, le mât brisé et la voile déchirée. Mais ses hommes d'équipage ne semblaient pas se formaliser outre mesure de ce contretemps et ne changeaient pas pour autant leurs habitudes. Aidés séance tenante par les acheteurs, parents, amis et badauds qui les attendaient sur la plage, ils échouaient le radeau en le traînant sur des rondins. Coiffés de chapeaux de paille, qu'ils avaient peints en blanc avec une peinture industrielle, les jambes couvertes de furoncles mal cicatrisés et une débordante joie de vivre, ils vendaient en un tournemain le poisson qui, suite au chavirement, était resté éparpillé sur la plage.

Le style de vie de ces gens était très différent de celui auquel l'équipage du *JoTaKe* était accoutumé. C'était une vie rude, certes, mais peu stressante. Ces gens vivaient au jour le jour, n'ayant d'autre souci que celui de se nourrir aujourd'hui, sans se préoccuper du lendemain. Une vie débordante de musique et de joie !

Sur la plage nous avions mis le voilier en cale sèche parmi les *jangadas* afin de le caréner. Après cela, il était comme neuf. Au moment de le remettre à l'eau, le réducteur du moteur nous chanta une tout autre chanson. Un bruit bizarre s'était installé dans ses tripes. Je le démontai. Mauvaise nouvelle : un roulement s'était cassé et avait provoqué une panne plus grave : l'arbre lui aussi était cassé. J'avais besoin d'un tour pour pouvoir aligner la soudure, ce qui nous fit parcourir tous les garages des alentours du port à sa recherche ; on nous en demandait initialement 400 000 cruzeiros, mais après marchandage, nous l'avons obtenu pour 13 500.

Comme sur le marché pullulaient les cafards, nous mettions un soin particulier à ce qu'ils ne parviennent pas, via les cartons de nos achats, à s'embarquer avec nous. Une fois installés à bord, il serait certainement très difficile, sinon impossible, de les éliminer. Cependant, *Saski*, qui dernièrement leur avait livré une guerre sans merci avec ses redoutables crocs, profita de notre absence pour nous fausser compagnie. Nos recherches pour la retrouver s'étant révélées infructueuses, il ne nous restait plus qu'à lui souhaiter bonne chance dans sa nouvelle vie.

Le long de la côte, les plages étaient immanquablement merveilleuses. Nos rétines faisaient ample provision d'images : cocotiers aux troncs élancés couronnés de feuilles effilées d'un vert si reluisant qu'on pouvait les croire cirées ; cabanes, rustiques à souhait, aux murs de branches entrelacées couvertes d'argile et de paille ; femmes assises sur le seuil, brodant ou ajourant quelque napperon ; palmiers chargés de noix de coco ; lacs profonds, d'eau douce, au milieu des dunes, où nous nous baignions au terme de longues promenades. Cumbuco, Paracumbuco, Paracurú, localités aux noms exotiques, restaient dans le sillage du voilier et parmi nos meilleurs souvenirs. Lago Inha, baie mal protégée, où la plupart du temps nous débarquions trempés, traîtreusement assaillis par une vague, et même une fois avec le dinghy comme chapeau. Mundaú, grande bourgade de cinq cents habitants et sa baie où nous étions arrivés derrière un langoustier en nous faufilant entre les coraux. Et les enfants, les *garotos*, qui nous recevaient toujours au milieu d'un grand vacarme, et nous escortaient ensuite durant toute la journée sans nous abandonner un seul instant. À côté d'eux, nous apercevions des fillettes de treize ans à peine qui montraient des ventres volumineux de femmes enceintes ou avaient leur enfant dans les bras. La chaleur aussi mûrit les gens.

Pour la première fois en plusieurs années, nous allions dormir sur la terre ferme, dans une cabane bâtie sur une grande dune de sable doré. De cet endroit nous surveillions le voilier, ce qui n'était pas réellement nécessaire puisque tout le village surveillait le *JoTaKe*.

Aux premières lueurs du jour, les hommes halaient leur *jangada* jusqu'à la barre qu'ils franchissaient pour y attendre tous leurs camarades et se rendre de conserve sur leurs lieux de pêche. Tel était le spectacle multicolore et unique que nous contemplions journellement du haut de la dune.

Les enfants du village nous apportèrent un nouveau fruit.

— *Olha, isto é um cajú.* « Regarde, c'est un cajou. »

Le cajou, d'une couleur rouge ou jaune, provient d'un arbre qui affectionne particulièrement les terrains sablonneux. Très savoureux malgré son goût légèrement amer, son jus, une fois fermenté, rappelle un peu le cidre. La pulpe renferme une noix, également comestible.

On nous invita un jour à une promenade en *jangada*. Il fallait d'abord franchir la barre en poussant le radeau pour obtenir la calaison nécessaire, ce qui fait qu'avant même d'embarquer nous étions trempés. Puis, les vagues le balayaient de la proue à la poupe, mais l'eau glissait entre les troncs comme entre les doigts de la main. Tout de suite, nous filions quatorze nœuds, avec des pointes de dix-huit nœuds ou plus. Ça ressemblait davantage à une planche à voile qu'à une lourde embarcation. Courir des bordées vent debout était une entreprise périlleuse qui requérait la participation de tout l'équipage. Pour ce faire, on mettait en panne, on larguait l'écoute de la grand-voile qu'on ramenait contre cette dernière. À la suite de quoi, les pêcheurs larguaient le galhauban avec le petit foc, soulevaient le mât à la force de leurs poignets, changeaient de place le pied du mât, en lui donnant l'inclinaison souhaitée selon l'intensité du vent, et ils remettaient en place le galhauban de proue. Ils déroulaient la grand-voile et la bordaient, ils rebordaient les deux haubans volants, et de nouveau nous naviguions à toute vitesse.

Au retour, nous atterrissions sur la plage montés sur la croupe d'une vague. Au préalable nous avions ôté la dérive et le gouvernail. Finalement l'embarcation était halée en la faisant glisser sur des rondins, pour la tenir hors d'atteinte de la marée.

En allant vers Jericocoará, l'eau était très trouble. À une dizaine de milles de la côte, le voilier fut drossé contre un récif submergé. Freiné dans son allure, il s'en était néanmoins tiré sans dommage. Aussitôt, nous courions une bordée, puis raidissant la grand-voile et le génois, nous prenions le large, parvenant ainsi à esquiver d'autres coraux.

À mesure que nous naviguions vers l'ouest, les *jangadas* étaient remplacées par des canoës gréés du même type de voilure. La côte était monotone. Des kilomètres de dunes, juste interrompus par des plantations de cocotiers. Pendant la journée il était difficile de reconnaître un phare, car il pouvait aussi bien ressembler à une antenne de télévision qu'à un cocotier peint en blanc derrière une maison. La nuit, habituellement aucun ne fonctionnait.

Naviguant à l'estime, nous devions être sur le point d'arriver, mais aucun indice ne permettait de l'affirmer. À la nuit tombante, nous apercevions un monticule surmonté d'une baraque. Nous plaçant dans la direction opposée au vent, nous mouillions l'ancre, évitant de justesse un corail qu'à la dernière seconde nous avions pressenti dans l'obscurité.

Au lever du jour, passant la tête par le panneau d'écoutille, je me rendis compte que nous avions jeté l'ancre en face d'un village. Serrote, c'était son nom, nous accueillit, comme à l'accoutumée, avec une ribambelle d'enfants. Les maisons étaient faites d'un agglomérat de roseaux, de terre et de paille, et ce qui apparaissait derrière leurs portes était du même acabit. Comme pour préserver le jour du mariage, on trouvait toujours, bien en vue, la photographie du couple, habillé de vêtements totalement hors de propos en pareil lieu. Les cadres étaient d'une solennelle couleur noire. Des peintures de sacrés-cœurs et de vierges, encadrés de rouge ou de bleu, complétaient la scène. Aux murs étaient accrochés des hamacs que l'on dépliait le soir venu, quand ce n'était pas, dans un souci évident d'exhibition, des casseroles ou autres ustensiles culinaires en inox. Toutes les portes et fenêtres étaient grandes ouvertes. Sans doute n'y avait-il pas de délinquance à Serrote.

Il y avait trois mois que le phare ne fonctionnait pas, c'est pour cela que nous ne l'avions pas vu en arrivant. Il n'y avait plus de gaz et le bateau qui devait le livrer se faisait attendre.

Entre Serrote et Camocín, la côte que nous longions était absolument ravissante. Au mouillage à l'entrée de la barre de Camocín se trouvait un grand bateau de pêche. Bravant les déferlantes, nous donnions fond à côté de lui pour nous renseigner auprès de son équipage sur les caractéristiques de l'entrée. Sur un youyou qui disparaissait entre les vagues, trois pêcheurs, et parmi eux le capitaine, accostèrent notre voilier.

Ils nous apprirent que le chenal était étroit, à peine vingt mètres de large, mais qu'à marée haute, en le connaissant bien, il n'y avait pas de problème. L'un des pêcheurs se proposa pour rester avec nous et nous servir de pilote. Poussés par des vagues énormes, nous embouquions le chenal, tandis que la mer déferlait des deux côtés du récif. Derrière un virage, un autre ; et à mesure que la mer diminuait, le courant du fleuve augmentait. Les maisons du village étaient alignées tout le long de la rive droite de son estuaire. L'ancre tomba sur la plage, à un jet de pierre des maisons.

La présence du voilier tira le village de sa torpeur. En une demi-heure, tous ses habitants s'entassaient à proximité du *JoTaKe* et la plus haute autorité, qui tenait également l'auberge de l'endroit, nous invita chez lui. De mémoire de villageois, nous étions le premier yacht à y jeter l'ancre.

Quelques jours plus tard, nous remontions le fleuve et ses cinq nœuds de courant. Au terme de leur journée de labeur, les canoës le remontaient à la voile, sans dérive : tandis qu'un des pêcheurs tenait la barre, un autre, les pieds appuyés sur le bordage, le corps penché en dehors du canoë, faisait contrepoids. À peine venions-nous de dépasser un *trapiche*, sorte de débarcadère construit avec des troncs, après trois kilomètres de tours et de contours, entourés de toutes parts par la forêt, que le débit diminua et le lit du fleuve se rétrécit.

Nous nous reposions du voyage amarrés au tronc des cocotiers, tuant des moustiques à discrétion, quand Mayi me dit :

— Je crois qu'on touche le fond.

Puis la marée continua à descendre, inclinant le voilier vingt degrés. Après toute la nuit passée dans cette position, le courant finit par nous redresser.

Raimundo La Sera vint le lendemain, avec une partie de son innombrable progéniture, nous inviter à ramasser du cajou. À l'intérieur des terres, ce n'était que dunes de sable jaune et cabanes éparpillées tout autour. Le sentier que nous suivions avait le sable plus dur, et il était bordé d'arbustes rampants insensibles à l'agression des rayons du soleil et à la sécheresse. Les anacardiers étaient très certainement centenaires, sinon millénaires. Leurs branches, aux invraisemblables formes gothiques, montaient dans le ciel, en volutes chargées de fruits exotiques aux vives couleurs.

Au milieu d'une nuée de moustiques voraces, cette nuit-là, abreuvés de *mocororo*, le jus de cajou non fermenté, nous dînions de *carangueijos*, énormes crabes qui se nourrissent de feuilles de manglier et vivent enterrés dans la vase. Quittant le lendemain matin cet endroit tranquille, presque oublié de Dieu, nous descendîmes jusqu'à l'embouchure du fleuve pour jeter l'ancre sur la rive opposée, à environ deux kilomètres du village.

Une nuit que nous avions monté notre tente sur la plage, occupés à griller des saucisses sur les braises du feu de camp, une voix nous salua dans l'obscurité :

— *Boa noite :* « Bonne nuit. »

Ce à quoi nous répondîmes :

— *Boa tambêm para vocês*. « De même pour vous. »

C'étaient des vachers d'un ranch voisin, qui mettaient pied à terre pour venir nous saluer.

Au début avec des mots timides, puis s'enhardissant à mesure que le temps passait et que disparaissaient les barrières, s'engagea une conversation animée. Les notions de la distance et du temps qu'il faut pour la parcourir étaient quelque chose de difficile à comprendre pour ces gens dont le point de repère le plus éloigné n'était qu'à quelques heures de cheval. Celui qui semblait être le plus âgé était allé une fois, il y avait très longtemps, à Fortaleza, la capitale de l'État de Ceará.

— Et le soleil qui nous éclaire ici est-il le même dans votre pays ? demandaient-ils.

Il fut difficile de leur expliquer que la terre est ronde et que le même soleil se promène sur tous les continents.

— Et comment faites-vous pour faire traverser les vaches d'un côté à l'autre du fleuve ? demanda Zigor.

— Avec le bateau.

Mais ils ne s'y prenaient pas du tout comme nous l'imaginions. Une fois à l'eau, les vaches étaient arrimées par les cornes à la proue de l'embarcation et tirées jusqu'à l'autre rive, une de chaque côté, la tête hors de l'eau pour éviter qu'elles ne se noient.

Désirant prendre congé des villageois, nous avons emmené cinquante personnes à bord pour les promener en amont du fleuve. C'est alors que la soudure faite à Fortaleza lâcha, et nous nous sommes retrouvés comme avant, sans réducteur et, par conséquent, sans moteur. Le tourneur le plus proche étant à Parnaíba, capitale de l'État de Piauí, je décidai d'y aller à la voile pour effectuer la réparation.

Cette fois le voilier devait franchir la barre sans pilote du cru pour le guider, ce qui nous obligea à observer, plusieurs jours durant, le parcours qu'empruntaient les canoës : deux minutes jusqu'à la pierre blanche à 30°, redresser le cap à 0°, se maintenir trois minutes dans la même direction, tomber au 340° et en deux minutes regagner le 360° pour avoir le chemin libre.

La sortie se déroula dans les meilleures conditions, et nous naviguâmes délicieusement, vent en poupe, puis ce fut l'épisode des abeilles. Après une nuit passée au débarcadère de Luis Correia, alors en construction, le lendemain, à marée haute, nous entamions la remontée du fleuve Parnaíba, qui se changeait à cet endroit en un canal long et étroit, pour arriver à un hameau d'une centaine de maisons, toutes couvertes de chaume, à l'exception de l'église et du dispensaire.

Sans plus attendre, je démontai la pièce et me rendis à quarante kilomètres dans l'arrière-pays pour la faire réparer. Le lendemain matin, elle était prête. En fin d'après-midi, après remontage, le moteur se remettait à fonctionner.

La plupart des hommes du village travaillaient pour l'entreprise Cobrazil, qui construisait le nouveau port. Mettant à profit le fait que nous étions amarrés tout à côté de l'atelier de sciage, nous avons effectué quelques réparations de maintenance sur le voilier et quelques modifications. Sur l'enclume de l'entreprise, je forgeai deux ancres du type Bruce, qui à l'usage se révélèrent excellentes. C'était, à la longue, un travail épuisant, et surtout déshydratant, car la forge, au-dedans comme au-dehors, était une vraie fournaise.

Douglas Mourlain, jovial petit entrepreneur du lieu, m'invita à la chasse aux *pijijes*, des canards sauvages, sur des rizières marécageuses qui se trouvaient à trois cents kilomètres à l'intérieur des terres.

Arrivés là-bas, une fois les appelants disposés sur une grande lagune, il ne nous restait plus qu'à attendre les volées de canards. Au crépuscule, les singes piaillaient à qui mieux mieux. La nuit, des millions de mouches d'un vert phosphorescent illuminaient la forêt, verte également, de leurs clignotements, ce qui conférait au décor une apparence irréelle.

Dans l'un des villages voisins on célébrait les fêtes avec beaucoup de tapage, si bien que nous avons attendu toute la nuit en vain qu'un canard égaré ou sourd nous rende visite. En revanche, les crocodiles étaient bien là, essayant à plusieurs reprises de s'envoyer les appelants. L'un d'eux s'étant montré particulièrement opiniâtre, je décidai de tenter ma chance et de lui donner la chasse. Prenant place près de l'appelant, et armé d'un épieu que je tenais en l'air, j'attendis. Dix minutes ne s'étaient pas écoulées qu'il apparut, à la nage, très lentement, c'est à peine si on le voyait se mouvoir. Totalement submergé, seuls les yeux et la pointe du museau surnageaient à la surface de l'eau. Au dernier mètre il sembla hésiter, mais l'appétit l'emportant sur la prudence, il entra dans le rayon d'action du gourdin qui lui tomba sur la tête avec la rapidité de l'éclair. Foudroyé. Le saisissant par la queue, je le tirai à terre.

Tout en restant à l'affût, nous posions des filets pour pêcher. L'eau nous arrivant à la poitrine, de temps à autre nous levions le dispositif et recueillions le poisson pris dans la nasse. À un moment donné, un piranha rouge accroché aux mailles arracha d'un seul coup de dent le bout de l'index de Douglas. Contrairement aux idées reçues, les piranhas du cru n'attaquent que s'ils sont excités par l'odeur du sang ou prisonniers ; pour une fois, c'était le cas. Les piranhas frits constituent un mets délicat, encore faut-il bien les frire, à cause des arêtes qu'ils ont à profusion.

Sur le quai en construction, je dépeçais le crocodile à coups de machette, gardant pour moi la queue et la peau. Pendant ce temps, les travailleurs de l'entreprise se disputaient les autres morceaux... La queue, d'une chair noire et fibreuse, est d'une saveur comparable à celle de la langouste. Les côtelettes grillées ont goût de poulet.

Mais ils n'eurent pas lieu de se battre le jour où nous avons ramené une *jibóia* de huit mètres de long, l'anaconda ou boa des eaux, dont la chair est blanche et savoureuse. Chaque morceau de quatre centimètres pesait un kilo, et tout le monde eut sa part. Le plus dur fut de la dépouiller, mais une couple de *caboclos*, les Indiens qui vivent en ville, nous aidèrent dans cette tâche.

Le repas fut arrosé de jus de *maracujá* et, comme accompagnement, il y avait de grandes bananes, de couleur rouge et de section carrée, coupées en tranches puis frites.

Les fêtes patronales de Parnaíba nous instruisirent sur les différentes races de vaches zébus : les brahmanes, les indobrazil, les rouges... Toutes dotées de grandes oreilles pendantes, les mâles, d'énormes bosses sur le garrot... Les vachers les prenaient au lasso montés sur des chevaux très hauts, et montraient leur adresse en traçant au-dessus de leur tête de grands cercles avec ledit lasso. Il y avait là aussi une foule de gens qui s'étonnaient de la couleur blanche des porcs, qu'ils voyaient pour la première fois. Ceux de là-bas sont noirs.

Presque toutes les maisons, construites avec des roseaux, de l'argile et des palmes, arboraient leur propre antenne de télévision. Quant aux employés de Cobrazil, ils étaient comme des enfants devant leurs nouveaux jouets : la compagnie venait de leur construire deux antennes dipôles pour les *walky-talkies* et ils pouvaient de leurs bureaux communiquer directement avec le chantier du port.

Le samedi soir nous sommes allés à l'église catholique, située à environ deux cents mètres du quai. Le prêtre, petit et grassouillet, bavard et au teint rosé, réprimandait un mauvais plaisant qui avait arrosé les hosties de piment piquant. La semaine précédente, quelqu'un avait remplacé le vin blanc de la consécration par de l'essence. Le curé ne mentionna pas si cela avait impliqué un grave problème pour les théologiens et les docteurs de l'Église, ou si ce fut simplement un mauvais quart d'heure imputable à un odorat déficient.

Mayi, excellente cuisinière, s'adaptait aux produits culinaires de base qu'elle pouvait trouver. Tantôt elle préparait du crocodile accompagné de carottes, d'oignons, de poivrons et de lait de coco ; tantôt elle le préparait frit à l'ail ; le lendemain, elle faisait une omelette de patates douces, car la pomme de terre était hors de prix.

Nous aimions tout, sauf le *bagre*. Un jour que nous étions partis pêcher, le courant était si fort qu'il emporta notre filet au large. Le retour fut difficile, vent debout et par mer houleuse, mais la pêche avait été excellente. Zigor était resté dans le youyou pour remonter le filet à bord à mesure que nous démaillions le poisson. Le dinghy était si fortement secoué que l'enfant perdit l'équilibre et tomba, les mains appuyées sur le filet. Un *bagre* l'attendait, l'arête dorsale levée. L'arête entra par la paume de la main, la lui traversa entre le majeur et l'annulaire. Avec de grands ciseaux, je découpai le poisson pour dégager le champ et m'apprêtai, sous anesthésie locale, à lui extirper, par le dos de la main, l'arête en forme de pointes de flèche. Sur ces entrefaites arriva le responsable de Cobrazil, qui nous conseilla de conduire l'enfant à l'infirmerie. L'épine de *bagre* se présente sous la forme de multiples pointes de flèche, et elle ne peut être extraite que du côté opposé à celui par lequel elle a pénétré. Le médecin pratiqua une incision démesurément importante sur le dos de la main et il extirpa l'arête qui contenait une mucosité la rendant extrêmement douloureuse. Si jusque-là personne n'affichait un goût très prononcé pour ce poisson, à partir de ce moment, tout l'équipage du voilier lui voua une haine implacable.

Envahis par les moustiques, nous ne pouvions pas fermer l'œil car il nous fallait nous battre pour chaque centimètre carré de notre peau. Jusqu'à l'achat de spirales à la poudre de pyrèthre qui les chassaient. À compter de ce jour, au risque de sentir le boucanier, nous dormîmes tranquilles. Pour leur part, les avaries recommencèrent leurs facéties. *Ritchi*, le compas du cockpit, le plus cher du catalogue quand nous l'avions acheté, commença à perdre du liquide. Sa coupole de métacrylate n'avait pas supporté les rayons ultraviolets de l'équateur et, alors que j'essayais de resserrer la rondelle qui le retenait, il se brisa par la faute de la néfaste combinaison d'aluminium et d'acier inoxydable dont elle était faite. Il fallut lui substituer le compas de rechange, qui marquait quinze degrés de différence. Sans parler du vieil émetteur de radio Somerkamp, qui, ces derniers temps, avait essayé de donner le meilleur de lui-même, mais c'est à peine si le manteau vert qui couvrait la forêt avait laissé passer ses signaux.

Finalement, le 24 décembre, après avoir discuté toute la sainte journée le paiement d'impôts imaginaires que la capitainerie de Parnaíba nous réclamait, nous mîmes le cap sur l'Amazone, vent en poupe – force cinq –, mer moutonneuse, étale.

Les nuits de traversée nous contemplions les étoiles,

dont nous connaissions les noms. Affalés dans le cockpit, nous émergions de temps à autre de notre demi-sommeil pour scruter l'horizon : les lumières d'aspect innocent aperçues au loin peuvent, en moins de vingt minutes, se révéler être celles d'un monstrueux cargo nous fonçant dessus.

— Va donc te coucher !

— Non, vas-y toi-même !

— C'est moi qui te l'ai dit le premier !

Affalés tous les deux dans le cockpit, entêtés que nous étions, de vrais enfants, nous assurions une garde décontractée.

Urko passait sa journée à parler portugais, ou plus exactement moitié portugais moitié espagnol : en *portuñol*, comme disaient les Brésiliens. Il boudait depuis qu'un requin lui avait volé l'unique calmar en plastique qui nous restait. Ce n'était certes pas la première fois. Un autre leurre disparut dans la gueule d'un autre requin, qui parvint même à couper un câble d'acier inoxydable de trois millimètres de diamètre. Être privé de poisson était déjà assez ennuyeux comme ça, mais en plus, se faire taxer les leurres...

Le jour des Saints-Innocents, le ciel se couvrit. Le vent était de force deux, et la radio était muette. Nous avions passé la journée à épier le soleil, et ce n'est guère qu'à la nuit tombante qu'il consentit à se montrer, ce qui me permit de prendre plusieurs hauteurs. Nous naviguions à bonne allure : l'arc-en-ciel, souvent, se formait à la proue du voilier, ce qui indiquait huit ou dix nœuds Selon mes calculs, nous arriverions le lendemain à hauteur du phare de Salinópolis, qui marque l'entrée sud de l'Amazone.

Urko mit en place son meilleur leurre et s'en alla jouer dans la cabine. Dix minutes plus tard le moulinet sonna, indiquant une prise. Urko sortit en courant de la cabine, satisfait de l'efficacité du nouveau leurre. À côté de la ligne, se trouvait Zigor, qui se fendait la pêche. C'était une blague, c'était le jour des Innocents.

Vers les 22 heures, dans la nuit noire, le hauban de

tribord céda. À la lumière des lanternes, nous vérifiâmes rapidement l'état du reste du gréement. Il semblait bien fonctionner, sauf que le mât fortement secoué menaçait de fracasser les autres agrès. Munis d'un palan à poulies doubles, nous avons tenté d'amener la grand-voile pour monter en nous accrochant à elle, mais comme il arrive toujours dans ce genre de situation, la voile s'emmêlait quelque part et ne voulait pas descendre.

Alors nous avons mis le moteur en marche. Les enfants se réveillèrent et montèrent sur le pont pour aider. La grand-voile finit par descendre, à la suite de quoi le mât commença à cogner très violemment. Il fallait, coûte que coûte, le caler ; mais monter au mât impliquait une surcharge qui lui donnerait encore plus de ballant et le briserait à coup sûr.

En de telles circonstances, celui qui grimperait poser le palan risquait de perdre la vie : un coup de roulis pouvait l'éjecter et le faire disparaître à tout jamais dans cette immensité glauque.

Le palan double dans une main et la lanterne dans la bouche, je grimpai le long du mât lisse jusqu'à la barre de hune, endurant ses secousses de forcené. Mais, une fois en haut, la manille ne voulut pas s'emboîter au bon endroit. Le mât cognait toujours, de plus en plus à cause de la surcharge que représentait mon corps accroché à son extrémité.

À la troisième tentative, la manille assura le palan sous la barre de hune, et je me laissai finalement glisser le long du mât jusqu'au pont, où j'atterris les bras et les jambes tout écorchés. Le palan relié à la cadène, nous tendîmes fortement le câble. Le mât à nouveau solidement fixé cessa de se mouvoir.

Bien que, par précaution, nous ayons navigué toute la nuit avec le génois pour toute voilure, nous arrivions au phare de Salinópolis avec trois heures d'avance sur l'horaire prévu. Un fort courant nous poussait vers l'ouest, vers la bouche sud de l'Amazone.

Comme avec ciel couvert, il n'est pas possible de naviguer au sextant, nous changeâmes de cap pour nous rapprocher peu à peu de la côte. Nous étions maintenant en vue de la terre, que nous bordions en nous repérant sur les accidents géographiques importants, que nous comparions avec ceux qui apparaissaient sur la photocopie que nous possédions d'une carte nautique de la zone.

— Regarde ça, quelles drôles de vagues !

— Oui, on dirait un courant.

— Mais si c'était un courant... À vrai dire, je ne sais pas.

— On le traverse ?

Mayi n'eut pas le temps de répondre. Ça y était, nous venions de nous échouer sur un banc de sable. Et nous étions à dix-huit kilomètres de la côte.

Le moteur rugit, et le voilier, serpentant au-dessus du banc de sable, récupéra assez de tirant d'eau pour libérer sa quille.

Nous devions maintenant nous trouver à proximité de l'embouchure du plus long fleuve du monde, un fleuve de plus de sept mille cinq cents kilomètres de long, le fleuve au débit le plus abondant de la planète, le gigantesque Amazone. Tout le long de son parcours, il draine une étendue équivalente à l'Amérique du Nord tout entière. Compte tenu de la quantité d'alluvions qu'il dépose annuellement, chaque année pourraient surgir de nouveaux Pays-Bas.

Comme un petit ruisseau, il naît des crues du lac Vilafro, dans le haut Pérou, où on l'appelle Apurimac. À mesure qu'il descend, il reçoit, peu à peu, l'apport de milliers de rivières, beaucoup d'entre elles provenant de la neige des Andes. Serpentant toujours, il grossit sans cesse sur six mille kilomètres, avant d'atteindre les confins de la forêt amazonienne, où on commence à l'appeler Ucayali. Encore mille six cents kilomètres durant lesquels il traverse la forêt immense et inconnue, donnant la vie à une infinité d'êtres qui habitent dans cette jungle tropicale, où il y a des gens qui vivent encore à l'âge de pierre. En atteignant Iquitos, encore en territoire péruvien, il commence à s'appeler Solimoes. Il poursuit sa route, de plus en plus large, de plus en plus abondant, jusqu'à Manaus, encore à mille sept cents kilomètres de la mer, et c'est là qu'il commence à s'appeler l'Amazone.

À certains endroits, le petit ruisseau du Vilafro a déjà cent trente kilomètres de large. Et à son embouchure, que très bientôt nous allions remonter, il atteint les quatre cent cinquante kilomètres de large entre les deux langues, séparées par l'énorme delta du Marajó.

En moyenne, la vitesse de ces eaux est de six nœuds, quinze à la saison des pluies, lorsque durant l'été austral le soleil se déplace vers le sud et provoque l'apport des eaux qui proviennent de la fonte des neiges andines. À cette époque de l'année, le fleuve déborde de son lit en traversant la forêt, et crée une mer intérieure plus vaste que la Méditerranée. Les eaux déracinent des arbres gigantesques, qui pèsent des tonnes, et les charrient tout contre une masse incroyable de sous-bois qui forme d'énormes îles flottantes, de plusieurs kilomètres de long, qui descendent le fleuve à la vitesse du courant.

L'Amazone. À la limite de l'incroyable

Il commençait à faire nuit et nous venions juste d'apercevoir les phares, sur la rive droite de l'embouchure de l'Amazone, où à leur tour se jettent le Pará, le Tocantins et des milliers de fleuves plus petits. J'effectuai deux relèvements, l'un sur le phare du cap Espadarte et l'autre sur le phare situé sur une petite île du fleuve. L'autre rive est à trois cents kilomètres plus au nord.

En une minute une très forte bourrasque se déchaîna. Tout le monde courut se réfugier dans la cabine. La visibilité était nulle : la proue du voilier avait disparu sous ce déluge. Le compas était notre seul point de repère ; du reste, on ne voyait plus rien. Quelques minutes encore, qui me parurent une éternité ! La pluie me faisait mal, comme des grêlons qui s'écrasaient sur la peau.

Mayi sortit la veste de mon ciré.

— As-tu besoin de mon aide ? demanda-t-elle en soulevant le panneau d'écoutille.

— Non, ça va.

À la minute suivante, l'eau se mit à bouillonner et les vagues balayaient le pont en tous sens. Le courant nous tirait à hue et la bourrasque à dia. Nous ne nous étions jamais vu malmener de la sorte. Et par-dessus le marché, la nuit s'annonçait proche.

Les relèvements, effectués juste avant que l'enfer se déchaîne sur nous, ne nous servaient pas à grand-chose. Le vent disparu, le voilier fut violemment entraîné vers l'intérieur, sans gouverne possible, à une vitesse qui dépassait les douze nœuds. À perte de vue dans cette obscurité, une eau bourbeuse agitée de forts tourbillons.

Nous examinions les cartes de navigation. La zone était entourée d'une ligne de points : des bancs de sable. Soudain, nous touchâmes le fond. Moteur en marche, nous avons essayé de faire demi-tour, mais même avec le moteur lancé à fond, impossible. Le courant diminuant, nous avons fini malgré tout par y parvenir. Contents d'en être sortis indemnes, nous avons réussi à jeter l'ancre, cette fois à bonne profondeur, du premier coup. Sans pour autant relâcher notre vigilance, nous allions, cette nuit-là, pouvoir prendre un repos bien gagné.

Quand il fit jour, le ciel était couvert et on avait l'impression d'être dans une piscine. Nous étions maintenant à marée basse et la terre nous entourait de toutes parts, formant une espèce de mare fangeuse qui nous laissait néanmoins un tirant d'eau suffisant sous la quille du voilier. Le dinghy mis à l'eau, la sonde indiqua que nous avions mouillé au plus profond... Mais il fallut encore attendre la marée basse pour nous tirer enfin de ce mauvais pas. La mer monta, le courant s'amplifia considérablement, et peu à peu, nous étions à nouveau à flot.

Pour la première fois, la sonde perdait le fond. L'eau était si épaisse que le signal était absorbé avant même d'avoir touché. Une fois hors de la piscine, où nous avions dû attendre la marée haute, vent en poupe de force trois, nous parvînmes péniblement à vaincre le jusant. En dix heures de navigation, nous avions à peine parcouru treize milles.

La végétation était impénétrable. Des arbres de cinquante mètres de haut flanquaient la rive toute proche. Au centre, quantité d'îles à la végétation exubérante.

Les embarcations de cette zone rappelaient celles qui autrefois naviguaient sur le Tage, au Portugal, et tout aussi jolies. Des bateaux plats, en forme de gondoles, un seul mât, très incliné vers la proue, et plusieurs focs et voiles triangulaires sur des espars à la proue et à la poupe. On hissait une voile latine suspendue au mât. Le bout-dehors de proue portait six petites voiles pour compenser la poussée de la grand-voile latine. Plusieurs d'entre elles, toutes plus magnifiques les unes que les autres, croisèrent notre route, avant notre arrivée à Belém do Pará.

À la nuit tombante, nous avons pris terre pour jeter l'ancre sur un affluent, près de l'île Colares. À l'inverse de ce qui se fait en mer, mieux vaut rechercher le rivage pour s'y abriter, car la navigation nocturne, en plus du risque d'échouage, présente un autre danger, et non des moindres : les troncs d'arbres charriés par le courant. Quand nous naviguions, il y avait toujours une vigie postée à la proue. Les enfants eux-mêmes avaient à cœur de me signaler les troncs à la dérive.

31 décembre. Suite à quelques enlisements inévitables, nous étions quand même arrivés à Mosqueiro où nous avons mouillé l'ancre pour y passer la nuit face à la plage. Feux d'artifice et chansons se mêlaient au carillonnement des cloches pour célébrer le passage à l'an nouveau. Les dauphins roses, que nous voyions pour la première fois, se joignirent eux aussi aux réjouissances. Ne manquèrent pas non plus de s'y inviter, tout indésirables qu'ils étaient, les innombrables moustiques. Toute cette exubérance, portée à son paroxysme, nous apportait la preuve que la civilisation avait encore de beaux jours devant elle.

1989. Le 1er janvier, avec un fort courant contraire, nous réalisions la traversée jusqu'à Belém en trois heures. Nous laissions par tribord, parmi tant d'autres, des îles aux noms aussi curieux que Tatuoca, Mirios, Ilha das Onças.

L'État de Pará embrasse toute une grande partie de l'Amazone. Sa capitale, Belém, est entourée par le rio Guamá, sur les rives duquel est installé le yacht-club, ce qui obligeait à contourner la ville pour y accéder. Rien que pour le spectacle, le détour en valait la peine. Une infinité d'embarcations de tous acabits, de la plus petite à la plus grande, étaient échouées ou enlisées dans les bourbiers, où elles coexistaient avec des montagnes d'ordures pestilentielles, aux alentours du marché de Veropeso, que le fleuve, dans ses va-et-vient, se chargerait de nettoyer. Quelques-uns de ces navires, galions ventrus, étaient remplis à ras bord de poterie multicolore ; d'autres de légumes encore inconnus de nous, marins qui arrivions d'un autre monde.

Maintenant nous longions la ville, assiégée de bateaux et pirogues de toute espèce qui naviguaient en tous sens sur le fleuve. Les uns, à deux niveaux, transportaient passagers et marchandises ; d'autres n'étaient que des troncs d'arbres évidés qui n'avaient jamais connu la peinture.

Cachés derrière un coude, comme s'ils détonnaient dans cet ensemble, apparurent trois voiliers ancrés à cent mètres du bord. L'un appartenait au club ; l'autre à un Français rentré au pays deux ans auparavant et qui n'était pas revenu. Le troisième était un grand ketch hollandais en Fibrociment, arrivé depuis peu.

Nous étions au mouillage depuis moins d'une heure quand se présenta la première bourrasque, avec de la pluie et un vent du diable. Les voiliers, dont il fallait augmenter la touée à cause du fort courant, semblaient désemparés, comme pris de folie subite. Par moments nous nous demandions si le *JoTaKe* n'avait pas chassé sur son ancre. Avec le vent de poupe, qui surpassait parfois la force du courant, il partait à la dérive, ce qui nous le faisait croire. Les voiliers choquaient à qui mieux mieux les uns contre les autres. Quand le courant changeait, on aurait dit qu'on avait changé de mouillage, tellement on avait filé la chaîne.

Disséminés dans les rues de Belém, il y avait des marchands ambulants qui vendaient toutes sortes de jus de fruits exotiques, qui s'appelaient *açaí, graviola, taperebá, cupuaçú, murici*, et mille autres que nous ne connaissions pas. La plupart des avenues étaient plantées de manguiers luxuriants, nommés *mangueiras*. Les gamins du quartier faisaient tomber les fruits avec des bâtons, des pierres et avec tout ce qu'ils avaient sous la main. Il faisait une chaleur terrible et une humidité de sauna qui moisissait tout.

Le marché de Veropeso était d'une saleté épouvantable. Le sol, couvert de matière végétale et animale en putréfaction, puait à cause des nombreuses flaques laissées par la pluie. Pour ce qui est du nettoyage, c'est très volontiers que s'en chargeaient les bandes de vautours, omniprésentes. Derrière l'édifice principal, il y avait un vrai labyrinthe de baraques en bois, couvertes de bâches ou de plastiques, qui occupaient les espaces vides et formaient un tout compact, bien protégé de la pluie, où l'on vendait tout ce qu'on pouvait imaginer : flacons d'huiles essentielles, têtes de singes naturalisées, statues polychromes de saints, outils primitifs, breuvages prétendument aphrodisiaques, cornes d'animaux, bougies de toutes les couleurs, de toutes les tailles et de toutes les formes, oiseaux empaillés, bouts de ficelle, vierges aux couleurs criardes, poudre de couleuvre, tabac à chiquer noir tordu en torons, douteux antidotes contre n'importe quel poison, animaux fabriqués en caoutchouc vierge non vulcanisé... Dans ce dédale inextricable de ruelles, on pouvait, à coup sûr, trouver son bonheur.

Le Musée Goeldi nous renseigna sur la forêt et ses dures conditions de vie. Les outils de travail des Indiens, fabriqués avec des produits locaux, étaient un bon exemple de la compénétration entre l'homme et la forêt.

Dans la cabine du voilier, le thermomètre marquait quarante-trois degrés centigrades quand le vent changea de direction. Il commença à souffler de la terre, de la décharge toute proche. Et avec le vent arrivèrent des millions de mouches... Nous n'en avions jamais vu un tel rassemblement ; et le pire était qu'elles étaient venues dans l'intention de s'installer. À notre étonnement, elles se montraient réfractaires aux insecticides les plus efficaces. Pour en venir à bout, il n'y avait que l'émouchoir. Il nous fallut les supporter trois jours durant, en attendant qu'elles meurent de vieillesse et finissent au tapis sur le plancher du voilier.

La force du courant s'intensifia énormément avec la pleine lune.

Une nuit, à 2 heures du matin, des coups frappés contre la coque nous réveillèrent. C'était l'un des hommes du voilier hollandais, qui venait demander de l'aide. Leur bateau était parti à la dérive et s'était encastré sous la proue trapézoïdale d'une énorme gabare qui transportait des camions chargés de marchandises à Manaus, à des milliers de kilomètres en amont du fleuve.

Les montées et descentes successives du courant avaient emmêlé les deux lignes de mouillage, réalisées à la sauve-qui-peut, du *JoTaKe*. À moitié endormis encore à cette heure matinale, dans une totale obscurité et à la lueur d'une lanterne, nous commencions à les démêler, tandis que le voilier de Fibrociment s'écrasait de plus en plus sous la proue de la gabare sous l'effet d'un jusant qui dépassait les six nœuds. Par bonheur, la proue du hollandais pointait vers le fleuve. Finalement, après avoir rompu plusieurs cordages en soie de trente millimètres, et avec un très fort courant de travers, nous réussissions, à grand-peine et au bout de plusieurs tentatives infructueuses, à arracher la proie des griffes de la gabare, qui à cause du jusant l'écrasait de plus en plus. Un cri de joie surgit alors de l'équipage du voilier hollandais, qui, se voyant libre, mit le moteur en marche et, le pont légèrement endommagé, jeta l'ancre au milieu du fleuve.

Le *JoTaKe* affourchait de nouveau, sur ses deux ancres. Alors que, sous la lune qui se montrait au milieu de gros nuages, nous nous remettions de l'effort accompli, assis dans le cockpit et suant à grosses gouttes, une monstrueuse silhouette sombre apparut à nos yeux stupéfaits. Elle semblait glisser vers l'aval en rampant, le long de la rive, comme un serpent. La silhouette traînait avec elle le voilier du *Club de Iates do Belém do Pará*. Maintenant que nous la voyions de plus près, il s'agissait d'une *jangada*, une file de plus de cent mètres de troncs d'arbres, attachés à l'aide de lianes, l'ensemble formant un radeau. C'était le système utilisé par les scieurs de long pour transporter les troncs jusqu'aux scieries, à la faveur du courant. Une petite embarcation à moteur, à la tête du convoi, sert à maintenir le cap. Mais, à ce moment-là, le courant était si fort qu'elle ne put manœuvrer et le radeau de plus de cent mètres de long fut abandonné à son sort pour venir s'encastrer dans la proue de la gabare, à l'endroit même d'où, quelques minutes avant, nous avions tiré le voilier hollandais. Si nous y avions mis dix minutes de plus, le sauvetage eût été impossible.

En randonnée à travers la Selva

Profitant du changement de marée, nous avons largué les amarres au soir tombant et laissé Belém derrière nous. L'embouchure de l'Amazone est souvent considérée comme une unité, mais la réalité est tout autre. Des milliers de fleuves et d'arroyos au débit abondant se déversent les uns dans les autres et forment à cet endroit-là un labyrinthe d'îles marécageuses au milieu d'une forêt impénétrable. Nous étions parvenus à calquer les cartes signalant quelques-uns des passages que nous trouvions les plus difficiles. D'un livre nous avions fait trois photocopies en réduction de quelques autres cartes, car le jeu complet coûtait la bagatelle de vingt-six mille cruzeiros, à cette époque-là une fortune. Par la suite, nous essaierions de déchiffrer les photocopies à la loupe. Nantis de ce minimum d'information, nous allions nous enfoncer dans la forêt la plus grande au monde.

Au début, nous avons décidé de suivre une embarcation locale, mais, à mesure que la nuit tombait et que le fleuve tournait tant et plus, l'opération se révéla de plus en plus difficile, jusqu'à ce que nous arrivions à un petit village, appelé Barcarena, où nous nous sommes mis à couple avec une péniche. Comme le *trapiche*, débarcadère construit avec des troncs de cocotiers, était très petit, il nous fallut, après avoir accosté, démarrer à plusieurs reprises au cours de la nuit pour céder la place aux barges qui arrivaient chargées de marchandises. Le lendemain, au moment où le courant nous était le plus favorable, nous appareillions à nouveau pour remonter le fleuve.

Chaque fois que nous arrivions à une bifurcation, le doute s'emparait de nous et nous n'étions plus très sûrs des fleuves que nous avions dépassés. Beaucoup avaient leur entrée obstruée et cachée par quantité de branchages, et d'autres étaient de fausses pistes. Nous étant décidés pour l'un d'eux, après une heure de navigation, nous rencontrions un Indien qui pêchait de sa pirogue amarrée tout près de la berge.

— *Como é que vai, rapaz ? Boa pesca ?* « Comment ça va, mon vieux ? La pêche est bonne ? »

— *Tudo bem, tenho boa pesca*, « Tout va bien, j'ai du bon poisson ».

Après les prolégomènes d'usage, nous lui avions demandé :

— C'est bien par là qu'on passe pour atteindre le fleuve Pará ?

— Assurément, répondit-il avec aplomb.

Nous naviguions maintenant à moteur, et à la nuit tombante je me pris à penser que quelque chose clochait, l'itinéraire suivi nous emmenait dans la direction opposée à celle qu'indiquait la carte photocopiée.

Nous avons alors rencontré un second canoë avec un jeune Indien. Lui ayant formulé la même demande, sa réponse acheva de nous déconcerter, nous n'avions pas emprunté le bon embranchement.

Après mûre réflexion, nous ne pouvions nous en prendre qu'à nous-mêmes. En demandant « c'est bien par là ? » nous pouvions nous attendre à ce que le premier Indien nous réponde évasivement « oui ». En revanche, lorsque nous avions, la seconde fois, posé la question différemment « par où ? », le jeune Indien ne pouvait pas faire autrement que de nous donner la vraie réponse.

Nous avions reçu une bonne leçon, dont par la suite nous tirerions le meilleur profit.

À la nuit tombante, nous avons laissé derrière nous l'île Carnapijó et débouché sur la baie qu'on appelle de Marajó, dont les bancs de sable avaient provoqué nombre de naufrages, ce qu'attestaient les mâts qui surnageaient à fleur d'eau et qui pointaient toujours vers le ciel. Il fallait faire attention.

Nous avons mouillé à l'embouchure du rio Atuá, près d'un groupe de palafittes de quatre mètres de haut. Le long de tous ces petits fleuves qui se jettent dans l'Amazone, nous devions rencontrer bon nombre de palafittes, pour la plupart abandonnés, tous pourvus de leur hectare de forêt, brûlé et débroussaillé pour le rendre cultivable.

Nous pénétrions dans la forêt et dormions toute la nuit drapés dans un silence presque magique, nous faisant une joie d'être réveillés par le chant des oiseaux. À 5 heures du matin, alors que le jour avait à peine fini de se lever, nous avons entendu, partagés entre l'étonnement et la perplexité, une puissante sono qui nous laissa ahuris. C'était la parole de Dieu, diffusée depuis Bonaire, aux Antilles néerlandaises. Les habitants d'un village voisin n'avaient pas trouvé mieux, pour nous souhaiter la bienvenue, que de nous offrir ce qu'ils possédaient de meilleur. Nous avons bavardé avec eux un long moment et, après avoir soigné le nombril infecté d'un nouveau-né, nous sommes repartis.

Nous essayions toujours de profiter au maximum des courants diurnes, de plus en plus difficiles à calculer à mesure que nous nous éloignions de la principale embouchure du fleuve. Nous traversions de nombreux bancs de sable, tantôt sûrs de nous, tantôt en comptant sur notre chance. Si par mégarde nous nous échouions, nous nous en sortions toujours avec l'aide du moteur. Heureusement pour lui, il était refroidi grâce à un circuit fermé pourvu extérieurement d'un unique tuyau permettant l'échange de chaleur. Il ne pouvait en être autrement, car sur certains fleuves, l'eau était un chocolat si dense qu'il aurait obstrué n'importe quel conduit.

Eu égard à l'étroitesse des canaux que nous empruntions, la plupart du temps il nous fallait naviguer à moteur, mais la moindre petite brise nous permettait de déployer les voiles pour lui faire prendre un repos bien mérité. Pour que le mât du voilier puisse passer, il fallait souvent grimper tout en haut et attaquer à coups de machette la voûte de verdure qui couvrait les canaux. Certains d'entre eux étaient si étroits que, avec vingt mètres de profondeur sous la quille, le bateau passait en frôlant les branches qui poussaient sur leurs berges, dont, par ailleurs, l'extraordinaire verticalité nous facilitait la tâche.

Tout le long du fleuve, au passage du voilier, les perruches et les perroquets menaient grand tapage. D'un beau vert émeraude et immobiles jusqu'au dernier moment, ils étaient invisibles mais, par leurs criailleries, ils dénotaient, infailliblement, leur présence. Les toucans, avec leurs énormes becs, nous ébahissaient. Urko et Zigor s'amusaient à faire des cartons avec la *filibustera*, fusil que l'on charge par le canon, construit avec un bout de tuyau, et toujours utilisé, dans le nord du Brésil, pour chasser.

Nous étions de plus en plus confrontés à d'immenses îles flottantes constituées de troncs, de branches, de jacinthes d'eau et sous-bois de tous acabits, dont la superficie pouvait, pour beaucoup d'entre elles, atteindre des dizaines de kilomètres carrés. Leur densité et leur flottabilité étaient telles qu'on pouvait tranquillement s'y promener. Certaines possédaient même leur propre faune. Parfois, il était impossible de distinguer une île authentique d'une île flottante.

En chemin, nous trouvions beaucoup d'anciennes scieries désaffectées. Les arbres d'une certaine valeur marchande étaient devenus de plus en plus rares au bord du fleuve, et ce manque de matière première avait provoqué l'abandon de toute la machinerie. Les maisons sur pilotis et les canoës disparurent peu à peu, et la forêt s'épaissit tout à l'entour. Mucuruçu, Itaboca, Oiá, Onças, Arará, étaient les noms exotiques de quelques-unes des îles que notre voilier laissait dans son sillage.

À l'heure de jeter l'ancre, il nous fallait désormais respecter tout un cérémonial : à la lumière du jour, choisir son endroit, à l'écart de la route suivie par les îles flottantes, et plus de quatre mètres d'eau sous la quille, pour éluder la *pororoca*. Nous évitions également de nous situer sous de grandes branches, car les animaux de la forêt pouvaient en se laissant glisser le long de celles-ci, atterrir sur le pont du *JoTaKe*.

Nous approchions du détroit de Breves. Nous naviguions au moteur, et à la nuit tombante, n'ayant pas encore trouvé d'endroit assez sûr pour y faire halte jusqu'au lendemain, nous choisîmes de nous amarrer, près de la berge, aux branches d'un très gros tronc qui surplombait le fleuve, tout en imprégnant les cordages de kérosène afin d'empêcher les animaux d'emprunter cette voie pour accéder à bord.

Le voilier supporta stoïquement le très fort courant jusqu'à la nuit tombée. Soudain, se leva un vent d'une force inouïe, qui lui faisait courir un réel danger. Au même moment, très loin, dans l'obscurité, nous distinguâmes deux petites lumières. Larguant les amarres, nous nous sommes immédiatement dirigés vers elles. Il faisait nuit noire, mais confiants dans notre bonne étoile, nous espérions ne pas faire de mauvaises rencontres, tronc d'arbre à la dérive ou quelque branche sournoise qui se prendrait dans l'hélice.

Nous arrivâmes bientôt, sans anicroche, à un petit embarcadère de troncs de cocotier, où nous accostâmes après en avoir demandé la permission. C'était la scierie de l'île Sirí, située juste à l'entrée de l'un des plus profonds détroits qui donnent accès à la partie nord de l'Amazone. Le jour se levait, et perruches et perroquets faisaient chorus avec les coqs de la scierie. À midi nous étions arrivés à Breves, qui donne son nom au détroit.

Le village forme un curieux ensemble. Entièrement constitué de palafittes, ses rues sont des couloirs faits de troncs et de planches. Les habitants l'appellent la Petite

Venise. De toute évidence, aucun d'entre eux n'a vu la vraie, l'authentique Venise ; sinon, ils n'oseraient pas l'appeler ainsi.

Nous avons navigué à travers le détroit jusqu'à l'embranchement qui nous permettait de nous séparer du canal principal et de pénétrer plus profondément dans la forêt par le Furo dos Macacos[1]. Sur la carte en notre possession, on pouvait lire, à la loupe, la mise en garde suivante : « La navigation, en empruntant le Furo dos Macacos, n'est autorisée que durant les heures diurnes. » Nul besoin d'en rajouter, reçu cinq sur cinq.

L'île Comorida marque la bifurcation du canal que suit le trafic fluvial en direction de l'île Urutaí vers celui qui nous mènerait jusqu'à l'île Xarapuçú. Nous remontions le fleuve quand un canoë nous rejoignit, avec une femme et deux enfants, qui, sans dire mot, attachèrent le canoë au voilier et montèrent à bord. Par la suite, des canoës avec des Indiens armés de vieux fusils, ou d'arcs et de flèches, allaient faire de même. Peu à peu, nous nous sommes accoutumés à cette espèce de *bateau-stop*, qui dispensait les Indiens de ramer lors des longs trajets.

À mesure que nous nous éloignions de la route des bateaux, les gens devenaient plus craintifs, plus fuyants. Ils nous regardaient arriver, mais quand nous nous approchions, ils s'enfermaient dans leurs maisons et nous épiaient derrière leurs fenêtres entrebâillées. Sur les pirogues des Indiens, Urko et Zigor apprirent, pour leur plus grande joie, à ramer et à gouverner simultanément, d'un seul geste.

En vue de l'île Comorida, nous avons aperçu, près d'une cabane, un embarcadère construit avec des troncs d'arbres, et après avoir demandé la permission d'accoster, nous y amarrâmes le voilier. Ses occupants, un couple avec huit enfants, l'aîné âgé de douze ans, nous offrirent du jus d'açaí. En remerciement, nous leur avons fait goûter une miche tout juste sortie du four.

La jungle se faisait de plus en plus inexpugnable.

1. Trouée des Singes. (*N.d.T.*)

Maintenant les arbres étaient plus grands que ceux de l'entrée du fleuve. Des exemplaires gigantesques, de cinquante ou soixante mètres de haut, dont les cimes touffues constituent une première voûte de feuillage entrelacé, au-dessous de laquelle il y en a encore, trois ou quatre de plus, que forment, à leur tour, les cimes d'arbres appartenant à des espèces plus petites, adaptées à la pénombre. Avec une telle quantité d'arbres aux ramages si touffus, l'ensemble apparaît comme un bloc qui ne laisse pas filtrer la lumière solaire.

Sous ces luxuriantes voûtes, surgit le sous-bois le plus inexpugnable et polymorphe qui existe, formé d'arbustes et de plantes herbacées, de fougères arborescentes et d'un grand nombre de lianes qui grimpent le long des arbres à la recherche de la lumière, sautent de branche en branche et de cime en cime, constituant de cette manière un réseau de végétation infranchissable. Sur les branches de ces arbres prospèrent des millions de plantes parasites, au nombre desquelles figurent des mousses, des fougères et de merveilleuses orchidées.

Tout cet ensemble convertit la jungle amazonienne en un maquis inextricable, où les jours se succèdent au milieu d'une semi-obscurité identique, le soleil n'y pénétrant que sous la forme d'une clarté imprécise. Quand une averse vient se substituer à la sempiternelle bruine, le bruit de l'eau frappant la cime des arbres est perçu à des kilomètres et annonce l'arrivée de la pluie.

Nous, l'équipage du *JoTaKe*, n'aimions guère avancer au moteur, car, tout silencieux qu'il fût, il nous privait du plaisir d'entendre les bruits de la forêt. Mais pouvait-il en être autrement dans cet enchevêtrement de tunnels, sans le moindre souffle de vent et, parfois à contre-courant ?

Ayant franchi le Furo Rapariga, nous sommes arrivés chez Raimundo Lasera, que nous avions connu au détroit de Breves. La tribu dont il était le chef tenait, en tout et pour tout, à une quinzaine de huttes et une centaine d'Indiens. Toute la population masculine du hameau, adolescents compris, travaillait à la scierie de Raimundo.

Celle-ci fonctionnait grâce à un moteur diesel que six personnes faisaient démarrer en tirant, tous ensemble, la courroie de transmission, qui servait en outre à entraîner la scie à ruban. La manière de travailler était très différente de toutes celles que nous avions vues jusque-là.

Avec les arbres, que leur procuraient les indigènes de bourgades plus éloignées, les Indiens qui travaillaient à la scierie jouaient, riaient, chevauchaient les troncs qui flottaient sur le fleuve, s'amusaient comme des enfants, et à la fin de la journée les troncs étaient coupés. Sans se soucier le moins du monde du temps qu'ils y consacraient. Si la pluie se calmait, la bruine prenait aussitôt sa place. Quelquefois, la bruine se mêlait à la buée qu'elle-même produisait en s'évaporant ; en définitive, un vrai sauna.

Comme le moteur de la pirogue de Raimundo sollicitait un repos bien mérité, nous partîmes ce jour-là avec le voilier en amont du ruisseau chercher une *jangada* pour la scierie. Lentement au début, puis à allure normale, le *JoTaKe* n'eut pas de problème majeur à remorquer au retour cent mètres de troncs reliés entre eux par des lianes. Un autre jour, nous avons chargé sur le voilier six tonnes de bois, débité en planches, entassé sur le pont à une hauteur d'un mètre et demi, ce qui empêchait toute vision vers l'avant du bateau depuis la barre du gouvernail. Un Indien, posté à la proue, indiquait par signes l'itinéraire à suivre. Mais, jusqu'au choc, personne, pas même la vigie, n'avait soupçonné la présence d'un tronc de cocotier à demi submergé. L'inertie provoquée par une telle charge, fit que le voilier, même moteur arrêté, continua à traîner, sur son flanc, le tronc d'avant en arrière, celui-ci finissant par briser les supports du gouvernail. Désormais privé de gouverne, le voilier fut drossé à la berge sans autre dommage, l'épais matelas de végétation ayant considérablement amorti l'impact. Le safran remis en place avec des cordes et du fil de fer, nous reprenions la route en direction de l'entrepôt, but final de notre voyage.

Les patrons de l'entrepôt étaient trois frères nord-américains qui exportaient du bois vers leur pays. Tous les deux ans ils se relayaient à la tête de l'établissement : deux ans de forêt, deux ans de vacances et deux ans au magasin de vente, en Amérique du Nord. Le couple qui présidait alors, sur place, aux destinées de l'entreprise fut agréablement surpris de nous voir. Jamais aucun voilier n'avait honoré de sa visite ce coin perdu. Nous avons bavardé de longues heures et, la nuit tombée, nous sommes repartis vers la scierie. Le voyage de retour dura deux heures de plus qu'à l'aller : par cette nuit d'encre, nous fendions l'obscurité en nous aidant du fanal de proue, souvent à contre-courant dans ces tunnels de verdure qui sillonnaient notre route.

Dès potron-minet, des coups frappés contre la coque nous réveillèrent. C'étaient des Indiens du hameau, qui remorquaient de leur canoë un très long tronc d'arbre avec des flotteurs végétaux. Le tronc, d'un bois très dur appelé *araracanga*, était un nouveau mât pour le *JoTaKe*. Un cadeau du chef de la tribu.

Nous avons amené le voilier sous un énorme manguier et suspendu un palan à l'une des plus grosses branches. Ayant largué le gréement, nous avons retiré le pin de Piñas de Aya, qui loyalement nous avait conduits jusqu'à l'Amazone. Nous éprouvions un sentiment trouble, un peu comme Judas, mais il fallait saisir cette splendide occasion.

En pleine manœuvre, ça m'avait pris tout d'un coup, je me suis jeté dans le fleuve du haut du manguier, à une dizaine de mètres de hauteur.

— Qu'est-ce qui t'arrive ?

— *Formigas do fogo*, répondis-je sans cesser de me gratter les chevilles.

Juste à la fourche de l'arbre où j'avais posé le pied, il y avait une fourmilière de ces petits insectes à la morsure particulièrement douloureuse.

Nous avions continuellement la visite des Indiens des bourgades des alentours, en quête de médicaments et de soins. Le frère de Raimundo Lasera, Manuel, qui habitait le village voisin, avait été piqué à deux reprises, quelques jours auparavant, à la cheville par une raie alors qu'il pêchait au lancer sur le fleuve. L'infection avait gagné la hanche, et la jambe, toute violette, avait doublé de volume.

— Il est urgent de lui injecter des antibiotiques, dis-je.

Il se tordait de douleur à même le sol de la cabane, mais n'acceptait pas de se faire soigner ; c'était sans doute la première fois qu'on allait lui faire une piqûre.

— Eh bien, s'il n'en veut pas maintenant, il faudra, d'ici deux jours, envisager l'amputation, ou alors, avec cette infection, il faut s'attendre au pire. Le dispensaire le plus proche est à plus de deux jours de navigation.

Après moult atermoiements, les supplications de sa mère, assorties de mon funeste pronostic, eurent raison de son entêtement. Au bout de cette longue journée, il se laissa fléchir et, à la nuit tombante, subissait, pour la première fois de sa vie, l'agression physique de la seringue. Une semaine après, bourrée d'antibiotiques, la blessure désenflait et son état s'améliorait de jour en jour. Quinze jours plus tard, Manuel put commencer à marcher. Nous étions désormais libres de poursuivre notre randonnée.

De ce côté du *furo*, il n'y avait pas de grands moustiques, mais de petits visiteurs, tout juste arrivaient-ils au demi-millimètre, presque invisibles à première vue, qui piquaient plus énergiquement que ceux d'une taille plus respectable.

Il pleuvait tant et plus. Durant les mois passés sur l'Amazone, le meilleur temps que nous ayons eu fut une timide réverbération, comme si l'astre du jour avait raté son entrée en scène. Alors, toute la forêt s'embuait de vapeur d'eau, ce qui empêchait toute visibilité.

Sans qu'il soit nécessaire d'utiliser l'eau de Javel, le linge une fois lavé resplendissait de propreté et de blancheur, alors que nous le lavions dans l'eau boueuse sur laquelle nous naviguions. Nous ne nous alimentions pas uniquement de lentilles, de pois chiches et de haricots, qui s'étaient d'ailleurs conservés en parfait état, sans charançons, car, suivant une vieille tradition, nous avions mis une feuille de figuier à l'intérieur de chaque bocal ; nous vivions aussi de la chasse et de la pêche. Au mouillage entre l'île São Salvador et la Ilha dos Cavalos, nous avions chassé un cerf, dont ce jour-là nous n'avions mangé qu'un cuissot. Le reste, une fois salé, fut mis en conserve.

Les Indiens ne connaissaient pas le filet. Leur technique consistait à barrer les ruisseaux en crue par une sorte d'écluse ; quand la marée baissait, ils n'avaient plus qu'à venir chercher le poisson. Eux-mêmes laissaient l'eau du fleuve se décanter dans des bidons de fer-blanc avant de la boire. En ce qui nous concerne, nous buvions de l'eau de pluie, que nous recueillions à l'aide de chéneaux placés sur le toit de la cabine. Comme il pleuvait tous les jours, nous avions monté au-dessus du cockpit un auvent semblable à celui des Indiens, en forme de tunnel, qui nous permit de naviguer sans nous mouiller tout en augmentant la surface de récupération de l'eau destinée à notre consommation. Prenant exemple sur les Indiens, l'ouvrage fut réalisé avec des lianes appelées *pau-arco*, très faciles à poser et d'une résistance à toute épreuve.

Le canal s'était élargi, nous croisâmes une énorme gabare, poussée par un remorqueur accouplé à la poupe du radeau. Elle transportait quinze trailers chargés à ras bord de marchandises à destination de Manaus ou d'Iquitos. Ces gabares étaient la cible quasiment incontournable des pirates du fleuve ; au cours des deux semaines précédentes, trois d'entre elles avaient disparu sans laisser de trace, comme englouties par la forêt.

Nous étions maintenant amarrés à un quai, où on nous avait assuré que nous pouvions faire le plein de gasoil, pour épuiser nos derniers cruzeiros. L'endroit se trouva être une conserverie de palmito, nom sous lequel on désigne là-bas la partie la plus tendre du palmier, la moelle. À première vue, on pourrait penser que c'est un crime, écologiquement parlant, que d'abattre un palmier pour n'en utiliser qu'une aussi faible partie ; mais la réalité est tout autre, car eu égard à sa grande fécondité, le palmier repousse en un rien de temps, et quelques mois après, on recommence. L'aspect du palmito, quoique d'un goût différent, rappelle celui d'un poireau ou d'une asperge géante. Les ouvriers de l'usine sélectionnaient les plus belles pièces, les étalonnaient, les mettaient en boîte et les stérilisaient à l'aide d'un autoclave, certes primitif mais d'une grande ingéniosité.

Au petit jour, le vent avait fraîchi. Ayant observé que la houle – la *maresia* – que les indigènes annonçaient, se réduisait à des vagues d'un mètre, nous hissâmes les voiles pour étrenner le nouveau mât. Nous le baptisâmes avec un vin de Rioja, jalousement gardé dans la cale du voilier pour les grandes occasions.

Nous naviguions davantage à vue de nez que suivant les annotations de la carte. Sur le fleuve, les cotes varient constamment : d'une semaine à l'autre, un profond canal est devenu péninsule. Par conséquent, on ne sait jamais, quoi qu'en dise la carte, si on est sur les sondes ; si la profondeur signalée était de deux brasses sous la quille, on pouvait être sûr qu'il y en avait quatorze, et vice et versa. Ce qui obligeait l'Institut hydrographique à modifier les cartes du fleuve tous les trois mois.

Surprise ! : nous avions à bord un passager clandestin. Il ne pouvait s'agir d'un rat domestique parce qu'il faisait trop de bruit, et aussi beaucoup de temps avait passé depuis notre dernier amarrage à un *trapiche*. Quoi qu'il en soit, il devait être arrivé à la nage et sans doute était-il monté par la chaîne. Il était sûrement très agile pour y avoir réussi. Aux environs de minuit, l'animal était pris au piège. Il s'agissait d'une sarigue, un rongeur aux dents énormes et affilées, on aurait dit un gros rat couleur gris anthracite, quoique avec un museau plus allongé et une tête plus grande. Excellent nageur et plongeur, pour remonter les courants il se sert de sa queue glabre comme d'une rame.

Naviguer sur l'Amazone, sur sa plus grande largeur,

se révélait beaucoup plus facile que sur les canaux. On risquait moins d'y rencontrer des troncs à la dérive. On pouvait donc mettre à la voile pour bénéficier, en outre, des courants et des contre-courants.

Il nous arrivait assez fréquemment de troquer du tabac contre des bananes et de la venaison avec les Indiens qui s'approchaient sur leurs pirogues. Si le courant n'était pas favorable à la navigation, nous nous consacrions à l'entretien du voilier. Nous suiffions les câbles d'acier galvanisé avec de la graisse des tatous que nous capturions. Quand le vent tombait, nous profitions du fort courant pour naviguer, ou plus exactement pour nous laisser tirer par lui à la vitesse de cinq ou six nœuds. Au crépuscule, pour ne pas être surpris par la *pororoca*, nous affourchions là où nous trouvions quatre brasses sous la quille. Les berges les plus proches étaient alors si éloignées qu'on ne les voyait même pas.

Nous mouillions avec soixante mètres de chaîne de dix millimètres et vingt autres de corde de soie d'un pouce. Au début de la marée, le courant était de quatre nœuds. Entre le flot et le jusant, la force du courant pouvait, en une seule heure, atteindre les dix nœuds, ce qui rendait potentiellement dangereux les troncs charriés par le fleuve à cette vitesse-là. L'un d'eux pouvait nous heurter et provoquer une avarie.

Il arrivait de temps à autre qu'une île flottante s'accroche à la chaîne d'ancrage, il fallait alors la couper en deux à la machette pour qu'elle continue son parcours de chaque côté du voilier. L'une quelconque de ces îles pouvait faire déraper la meilleure des ancres, et le voilier finirait par l'accompagner dans sa course, tronc parmi la centaine d'autres troncs qui la composent.

Depuis toujours, les bateaux constituent le gagne-pain, le moyen de transport, l'église, le garde-manger et la maison des Indiens amazoniens. En aval du fleuve, sur le delta, des voiliers pouvant atteindre les vingt mètres de long, proue et poupe rigoureusement identiques, et la carène en forme de V prononcé, modelée de main de maître à l'herminette, utilisent encore la majestueuse voilure des anciennes embarcations portugaises du Tage. On trouve à portée de la main toutes les essences de bois précieux : les unes légères, comme le balsa ; d'autres dures et massives, comme l'*araracanga* ; d'autres encore comme le *pau-ferro* qui, mis à l'eau, coule à pic. En revanche, à mesure qu'on se dirige vers l'amont, les embarcations se transforment peu à peu en *iates* pouvant atteindre les quarante mètres de long ; les coques sont celles d'anciens cargos à voile, ou leurs fidèles répliques, ventrus, construits sur deux niveaux, et équipés d'énormes moteurs diesels. Quelques-uns arborent encore une partie de leur gréement originel, qu'ils utilisent comme portemanteau pour le chargement et le déchargement des marchandises. Sur les détroits de Obidos et Santarém on voit des canoës de vingt mètres ou plus, pourvus de passerelle et faits de troncs évidés au jugé, d'une parfaite symétrie, quelques-uns d'entre eux dotés d'un moteur diesel. Les plus petits sont équipés de pagaies très larges, faisant à la fois office de gouvernail.

Nous garderons le souvenir de ces canoës chargés à ras bord, toute la famille disputant sa place aux porcs, aux poules et aux chiens, tous à l'abri d'immenses parapluies noirs. Plus impressionnant, s'il était possible, les canoës des mordus de football se déplaçant en files interminables d'un village à l'autre, accompagnés de leurs orchestres ; ou encore les longues processions de canoës, conduites par les statues des vierges ou des saints qu'ils vénéraient.

Quelques jours plus tard, nous levions l'ancre à 3 heures, heure locale – selon la montre du bord – et nous naviguions depuis un long moment parallèlement à l'île de Jurupari, indécis, ne sachant que faire car, en approche comme au large, la sonde marquait constamment deux brasses. Vent en poupe, génois établi et grand-voile solidement retenue du côté opposé, pour le cas où le vent tournerait.

La sonde descendit à deux mètres. Soudain, le voilier fut secoué : nous venions de toucher le fond. Moteur en marche, voiles bordées pour augmenter le tirant, nous changions de cap pour essayer de nous en sortir. Quelques petits à-coups suffirent à nous libérer de la gangue de vase qui nous retenait captifs, cap sur le bras principal, du côté nord de l'Amazone. Très loin, à environ deux milles, on distinguait une des bouées qui balisaient le cours principal, passage obligé vers Manaus.

— Regarde, on dirait une barrière de vase, là droit devant nous, me signala Mayi. Au même moment, la quille du voilier s'embourbait à nouveau.

Il fallait faire demi-tour, essayer de retrouver le chemin par lequel nous étions arrivés. Le moteur rugissait, mais le voilier restait immobile. Comme toujours dans ces cas-là, nous étions à marée haute.

Aucune des sondes ne coïncidait avec ce que les cartes signalaient. Le canal, pour lequel la carte indiquait une profondeur de huit brasses, était en réalité sans issue. Sur la rive, à quelque deux kilomètres, nous avons distingué alors une colonne de fumée. Je sautai dans le canot et, à la rame, j'y accostai bientôt pour qu'on m'indique comment sortir de l'impasse.

En arrivant, je tirai le canot à terre, mais à ma vue les gens coururent s'enfermer dans leurs cabanes. Je frappais à plusieurs portes jusqu'à ce que de l'une d'elles sorte un Indien qui baragouinait quelque peu le portugais. Tandis que j'essayais d'obtenir de lui l'information souhaitée, les gens s'attroupaient peu à peu autour de moi. L'instant d'après, la glace était brisée, et les enfants me tiraient les poils des jambes. Ils ne pouvaient croire qu'il y ait des poils sur cette partie du corps.

— La lune est à son dernier quartier et les marées diminuent, donc la *pororoca* n'est pas à craindre.

J'en déduisais que c'était tout le contraire.

— À la marée montante, tu pourras traverser la barrière de sable sans aucun problème, m'affirmaient-ils.

À mon retour au voilier, nous parvînmes tout juste, à marée haute, à gagner une brasse en faisant glisser la quille sur la vase sablonneuse, ce qui n'était en rien rassurant. Même en suivant les indications des indigènes, le fond nous freinait encore et encore, nous étions désespérés. Nous avions épuisé toutes les manœuvres que nous connaissions, et cette fois nous étions définitivement prisonniers. La marée se reprenait à baisser, ce qui ne coïncidait pas du tout avec nos prévisions. Mais nous commencions à nous habituer aux mensonges de ce fleuve.

Imprimant à l'ancre de proue un mouvement de balancier, je réussis à la lancer à environ deux mètres, la laissant tomber libre de sa chaîne, qui descendait à plomb. Il y avait une chance pour qu'une fois arrêté, le voilier puisse rester appuyé sur son plat, ce qui nous imposait de ramasser tout ce qui pourrait tomber au moment où le bateau pencherait. Ensuite, il n'y eut plus qu'à attendre le jusant, et tout le monde alla se coucher.

Réveillés à 2 heures du matin, nous constatâmes que le voilier était totalement au sec et parfaitement vertical. Muni d'une lanterne, et non sans une certaine méfiance, je descendis pour examiner la situation. Le sol, de sable compact, supportait sans broncher le poids du voilier. J'effectuais plusieurs parcours en ligne droite vers le fleuve, et, chaque fois que j'arrivais à l'eau, j'en signalais la position à Mayi avec la lanterne pour qu'elle en prenne note. Au plus court, il y avait cent quarante mètres de sable compact.

Au lever du jour, l'eau était encore très loin, ce qui permettait de juger au mieux de notre situation. Nous nous trouvions au beau milieu d'une plage de sable noir, volcanique, arrivé de la lointaine cordillère des Andes, à plus de six mille kilomètres de là. Pour stabiliser le voilier, j'engageai deux ancres, l'une après l'autre, que j'avais chargées sur mes épaules pour les emmener au plus loin, en traînant la chaîne sur le sable. La marée monta tout d'un coup, à une vitesse vertigineuse, avec un courant d'une force incroyable.

À 13 heures locales, le voilier se mit timidement à sautiller, finissant par s'arracher au sol, et j'en profitai pour retendre au maximum la chaîne d'ancrage. Cahin-caha, centimètre par centimètre, nous avons progressé pour nous retrouver bientôt en eau profonde. Nous avancions à contre-courant, si bien qu'il nous fallut planter une perche dans le sable, sur le côté, comme point de repère pour voir si effectivement nous avancions ou si c'étaient les ancres du mouillage qui se rapprochaient de nous. Après avoir sué sang et eau deux heures durant, tout cela pour réussir à avancer de cinquante mètres vers le fleuve, je me laissai tomber, exténué, sur le pont du voilier.

Nous avons profité de la marée basse pour aller à la chasse sur l'île la plus proche, couverte d'une végétation extrêmement abondante. Nous avons rapporté une *jutía*, appelée aussi agouti, une espèce de petit kangourou, un rongeur de la taille d'un grand lapin. En sauce, comme Mayi s'ingénia à nous le préparer, il pourrait aisément passer pour du lièvre. Au cours de la soirée, nous avons replacé les ancres le plus loin possible, pour pouvoir les tirer à marée haute. Quand la mer monta, avec la quille cahotant sur le sol et le voilier vibrant jusqu'à la pointe du mât, nous sommes parvenus péniblement à gagner encore une cinquantaine de mètres. Mais pour nous libérer totalement, il nous restait encore, au bas mot, une quarantaine de mètres à parcourir. Il nous fallut amarrer le gouvernail au balcon de poupe ; les cahots du voilier le sortaient de ses gonds lorsqu'il cognait contre le sol. D'ailleurs, en de telles circonstances, il ne nous servait à rien.

La pororoca

Le lendemain, nous avons constaté que la marée avait laissé autour du *JoTaKe* douze énormes troncs, qui à coup sûr étaient tombés d'un cargo, car nombre d'entre eux portaient encore leurs chaînes d'amarrage et, dans leur totalité, des plaques de plastique avec le numéro d'identification. Cette nuit-là, alors que nul ne s'y attendait, la quille du voilier se mit à racler le sable dur. Ce qui me valut deux heures exténuantes à tourner la manivelle du winch pour le tirer de sa fâcheuse posture. Les enfants, réveillés par le vacarme, nous aidèrent de leur mieux.

— Détache-moi ce cordage..., défais-moi cette coque..., passe-moi cette pointe...

Le métier entrait, ils se sentaient partie intégrante de l'équipe.

Pied à pied, avec un effort presque surhumain, le voilier progressait vers des eaux plus profondes.

— Encore un peu.

— Un petit peu plus encore.

— Rends-toi compte, cette fois, on a gagné dix centimètres !

Encore une heure d'un travail acharné, et le *JoTaKe*, après être resté échoué trois longues journées, se reprenait à naviguer. Un quadruple cri de joie jaillit tout à la fois de nos poitrines.

Le gouvernail fut remis en place. La penture d'en bas, la plus longue, fut la première à réintégrer son logement ; puis ce fut le tour de celle du milieu, et ensuite, la plus courte, celle d'en haut. Au moteur nous décrivions de grands cercles pour récupérer les ancres, profondément clouées dans le sable. Nous franchissions une nouvelle barrière, au travers des vagues, mais cette fois sans problème, avec un tirant d'eau heureusement supérieur à celui du piège auquel nous venions d'échapper.

Vers l'amont, la houle s'amplifiait considérablement, avec des vagues d'un mètre et demi aux crêtes chargées d'écume arrivant en ordre serré. Leur couleur marron foncé ne disait rien qui vaille. Tout à coup, surgie du néant, fondit sur nous une déferlante de plus de deux mètres, qui nous souleva en l'air, par la proue, nous fit pivoter 180°, nous faisant faire volte-face.

Étant quand même parvenus à redresser le cap, nous nous sommes dirigés, encore sous le coup de l'émotion, vers le centre du canal. Le courant s'était subitement inversé pour repartir vers l'amont du fleuve. À la minute précédente, il nous traînait à quatre nœuds en direction de l'embouchure, et maintenant nous étions propulsés en sens contraire à une vitesse dépassant les huit nœuds. C'était à se taper la tête contre les murs !

On appelait ça, la *pororoca*. À mesure que le flot monte à l'embouchure du fleuve, il se forme un bouchon qui empêche les eaux de s'évacuer. Il arrive un moment où le niveau du fleuve dépasse, pour ainsi dire, la cote d'alerte, ce qui a pour effet d'inverser brutalement le sens du courant. La vague ainsi créée submerge tout ce qu'elle trouve sur son passage, causant chaque année la perte de nombreuses vies humaines.

J'appris par la suite que ce mouvement d'humeur correspondait à une petite marée. À certains endroits et à certaines dates, la vague pouvait atteindre les huit mètres de haut, et elle dévastait tout. Les Indiens nous conseillaient également, si nous voulions nous protéger de la *pororoca*, de ne mouiller l'ancre qu'à des endroits affichant une profondeur supérieure à quatre mètres.

Les jours suivants, le courant se montrait favorable pour remonter le fleuve l'après-midi, alors nous tâchions de profiter aussi de la matinée pour naviguer à contre-courant. La brise soufflait à peine mais le voilier forçait l'allure, toutes voiles dehors. En revanche le courant était d'une brutalité inouïe : chaque fois que nous pouvions nous repérer, nous constations qu'il nous entraînait vers l'embouchure. Parfois nous nous approchions de la rive en quête de courants contraires, mais rarement avec succès.

Certaines nuits nous étions réveillés en sursaut lors du changement de marée ; d'autres, nous les passions autour d'un feu de camp, à bavarder avec les Indiens jusqu'au petit matin. Des colonnes de fumée sur la berge du fleuve nous indiquaient que des tribus y étaient établies, presque toujours à titre temporaire. Les Indiens brûlent un hectare de forêt, et l'espace de deux ou trois récoltes, y plantent leurs tubercules. Jusqu'à ce que les pluies torrentielles balaient le peu de terre déjà bien appauvrie qui leur restait encore, les forçant à émigrer ailleurs.

Quelque temps plus tard, après les inévitables

embûches, d'où, grâce au moteur, nous nous tirions toujours, nous arrivions en vue de l'embouchure du rio Xingú. À cette altitude, il était presque impossible de deviner où se trouvaient les bancs de sable. Sur le cours inférieur du fleuve, on pouvait déjouer ces pièges au vu de certaines particularités topographiques, mais ici, même la sonde se révélait totalement inefficace. Almeirin, Prahina et Monte Alegre possédaient les réserves indiennes les plus importantes que nous ayons vues en faisant route vers Santarém, où les courants marins arrivent très affaiblis. Mais il valait mieux ne pas nous approcher du centre ville car nous y aurions risqué un contrôle de la police fédérale et notre visa était archipérimé.

Et ainsi, poursuivant, contre vents et marées, notre petit bonhomme de chemin, constamment à l'affût des arbres entraînés par le courant, et en profitant au maximum de l'incroyable vigueur de cette jungle exubérante, nous remontions peu à peu ce colosse, l'Amazone, le plus grand fleuve au monde.

Nous commencions à trouver le paysage bien monotone : les villages indiens se succédaient, toujours les mêmes, les canoës adeptes du bateau-stop, l'affluence pédestre là où les canoës n'arrivaient plus, les journées de chasse avec les Indiens les plus ouverts, désireux d'apprendre à suivre le gibier à la trace, à reconnaître l'état d'un animal au vu de ses excréments, et, jour après jour, la sempiternelle pluie.

Nous accusions déjà la fatigue d'une navigation aussi harassante ; la pluie commençait à nous ramollir les os. Excédés de tant de pluie, nous considérions que c'était le moment de redescendre le fleuve, retrouver le soleil et sécher les os moisis de notre équipage.

Contrairement à ce que nous avions fait jusqu'alors, nous profitions désormais du courant généré par la décrue du fleuve. Il s'écoulait des jours entiers sans que nous voyions une seule de ses rives, et pas même, à certaines occasions, une seule de ses îles, et pourtant, il nous appartenait de rester sur le qui-vive, pour déjouer l'apparition de bancs de sable, surtout lorsque nous essayions de trouver des contre-courants, ces zones alluviales représentant un réel danger pour la navigation. Il faut également tenir compte, à certains endroits, des sautes d'humeur du courant, qui, à peine perceptible, peut atteindre, en un rien de temps, une vitesse qui dépasse les dix nœuds, sans parler des vagues qu'il déplace, petites mais pas moins désagréables pour autant.

Il nous arrivait parfois de faire halte aux abords d'un gigantesque tronc d'arbre. Nous l'accostions comme un quai, et ses branches feuillues faisaient office de bouclier pour nous protéger d'autres troncs à la dérive. Avant que le courant ne s'inverse, nous quittions ce havre protecteur pour ne pas revenir sur nos pas, et nous mettions à la recherche d'un lieu propice pour y mouiller l'ancre. Quand nous étions bloqués par le courant, nous profitions de l'occasion pour remonter les affluents et cueillir des fruits, chasser et jouir de la nature sous sa forme la plus primitive. Parfois claire comme jaillie de la roche, l'eau pouvait également prendre une couleur café du plus bel effet. Au bord des rivières, presque partout s'offraient à portée de la main des citrons de la grosseur des oranges de Valencia.

À certains endroits il fallait franchir à gué des marais infestés de moustiques et de sangsues ; contre ces deux fléaux, le meilleur remède était encore la cigarette. La fumée faisait fuir les moustiques et, une fois sortis des marais, la braise de la cigarette servait à brûler, pour nous en débarrasser, les sangsues qui, au passage, s'étaient collées à nous. Je n'avais jamais fumé, les circonstances m'y obligèrent, ce fut un cas de force majeure.

De très bonne heure, alors que nous prenions le petit déjeuner sous le roof ménagé au-dessus du cockpit, nous écoutions avec ferveur la symphonie de la forêt, interprétée par des milliers de perruches, perroquets et guacamayos[1]. D'autres bruits nous parvenaient, comme des

1. Aras. (*N.d.T.*)

barrissements d'éléphants africains qui, nous l'avions su par la suite, étaient les cris des macaques à longue queue, ceux que les Brésiliens appellent *guribas*. Il y en a des noirs et des blancs.

Il y a beaucoup d'arbres à caoutchouc, avec leurs cassolettes de terre cuite placées au-dessous des incisions pratiquées dans l'écorce. On aurait dit un jardin, sans fleurs mais avec des allées tracées au cordeau, les Indiens y passant souvent pour recueillir le caoutchouc vierge des arbres qu'ils saignaient.

Je sautai à terre en quête de deux bambous pour allonger les tangons. Peu après je revenais à bord en criant :

— Regardez, voilà notre dîner.

Au fond du canot, se tortillait encore, décapité, un serpent anaconda de quatre mètres : nous avions à manger pour plusieurs jours.

Tandis que la radio annonçait que le carnaval touchait à sa fin, le *JoTaKe* était mis au radoub, en amont de la rivière, sur une petite plage de boue et de sable noirs, pour la remise en état du gueulard. Depuis quelques jours, le moteur faisait un drôle de bruit.

Nous les adultes étions en train d'effectuer les réparations quand Urko et Zigor, glissant sur cette patinoire, s'étalèrent de tout leur long. Le corps maculé de boue noire, ils étaient méconnaissables. Sans savoir pourquoi (peut-être cette couleur peu engageante des eaux), nous les dissuadions de se baigner et, à grand renfort de seaux d'eau, leur redonnions figure humaine. Avec la marée montante, nous avions la visite d'un Indien qui s'identifia comme étant le commissaire du fleuve, chargé de l'état civil de ce district. Il nous recommanda de ne nous baigner sous aucun prétexte, à cause des piranhas du lieu, particulièrement agressifs. De retour sur le bras principal de l'Amazone, nous y étions accueillis par les dauphins roses, lesquels, à la différence de leurs frères marins, maintiennent leur orifice respiratoire hors de l'eau durant plus d'une seconde.

Maintenant, nous nous retrouvions en face de Macapá, où nous nous étions ensablés des semaines auparavant, en remontant le fleuve. Sa situation sur la ligne de l'équateur, latitude 0° pour la navigation au sextant, imposait une remise à jour de nos coordonnées, puisque nous allions bientôt changer de parallèle. De la pluie, encore de la pluie, jour après l'autre. Nous regrettions la plage, le soleil, les récifs...

Nous avions prévu de jeter l'ancre sur un autre affluent, l'Espíritu Santo, mais changement de programme, en raison d'une violente *pororoca*. Chaque année, de nombreuses vies humaines en font les frais, et la carte répertoriait l'endroit comme très dangereux. Revenant sur nos pas, nous avons mouillé près de l'île Caviana.

À la nuit tombante, nous fûmes frôlés par un arbre gigantesque de plus de trois mètres de diamètre avec branches et racines, qui par bonheur ne nous toucha pas. Le lendemain, je constatais que nous avions dérivé sur plus de cent mètres. Je me mis en devoir de remonter l'ancre, mais en pure peine, elle avait dû crocher sur une souche, ou allez savoir ! J'essayais alors avec le winch, mais la proue du voilier s'enfonçait de plus en plus et l'ancre ne voulait toujours rien entendre. Peut-être qu'avec le moteur, en tournant autour : bernique ! Au dernier moment, le winch rendit l'âme. Je récupérai la portion de chaîne que j'avais réussi à ramener perpendiculairement à la proue. À l'aide de la scie à métaux, j'en sectionnai un maillon, avec pour conséquence la perte de l'ancre et de quelques mètres de chaîne, mais il était trop risqué de s'immerger dans ces eaux inconnues et noires. Il pouvait bien y avoir des piranhas ou, pire encore, des crocodiles ou des *candirús*, ces tout petits poissons, d'à peine cinq millimètres de long et dont l'épaisseur n'arrive pas au millimètre, qui s'introduisent dans les orifices de l'organisme, anus, vulve ou pénis, et une fois dedans, s'y fixent au moyen de crochets microscopiques, comparables à ceux des filets à calmars. Ils résistent à tous les poisons et, pour les extraire, il faut obligatoirement avoir recours à la chirurgie. Au Musée Goeldi, à Belém do Pará, sont exposées des pièces triangulaires de porcelaine, concaves, dont les Indiennes se sanglaient pour protéger leurs parties génitales contre ce minuscule petit poisson de rien du tout, selon l'endroit où elles se baignaient.

À mesure qu'on descendait le fleuve, le nombre de vampires augmentait, ce qui dissuadait de dormir à la belle étoile parce que, comme on nous l'avait dit, en plantant leurs crocs ces bestioles inoculent une salive anesthésique et anticoagulante qui a la propriété, des heures après le départ du vampire, repu du sang de sa victime, de la laisser totalement exsangue. L'année précédente deux *caboclos* [1] en avaient fait à jamais la triste expérience alors qu'ils cuvaient leur *cachaça* à même la berge. Les enfants capturèrent plusieurs de ces chauves-souris au filet, qu'ils libérèrent après avoir examiné minutieusement leur denture.

Soudain, durant dix courtes minutes, nous avons contemplé médusés le soleil, qui faisait une brève apparition lors d'une des rares éclaircies. C'était la seconde fois que nous le voyions depuis que, des mois en arrière, nous avions pénétré dans la forêt amazonienne. Sur ces entrefaites, nous avons eu droit à un spectacle sanglant : pour passer le bétail d'une rive à l'autre, les vachers sacrifiaient une vieille vache ; lui ayant infligé de grandes estafilades, ils la poussaient dans la rivière. La bête savait ce qui l'attendait, et ne voulait pas y entrer. Dès qu'elle tomba à l'eau, celle-ci se mit à bouillir, tellement il y avait de piranhas accourus à l'odeur du sang. Au même moment, trois cents mètres en amont, cinq cents têtes de bétail gagnaient l'autre rive à la nage, indemnes.

Tout en me demandant à quoi cela pouvait bien lui servir de savoir l'heure, je fis cadeau à un Indien de la boutique qui le regardait avec convoitise, d'un stylo-bille avec une petite montre incorporée, acheté aux Canaries. On nous apprit alors que de nouveaux actes de piraterie

1. « Cuivre » : indien brésilien. (*N.d.T.*)

avaient été perpétrés sur le fleuve. Cette fois c'était une barge qui transportait deux cents tonnes de café et mille autres marchandises qui avait disparu sans laisser la moindre trace.

Nous laissions derrière nous Jurupari et Caviana, où nous avons chassé un grand *armadillo*[1] que nous avons mangé en ragoût, cuisiné dans sa propre carapace. Par suite de nos fréquents mouillages sous les arbres, le pont du *JoTaKe* était le lieu de promenade de toutes sortes de bestioles. Il y avait des fourmis de plus d'un centimètre. Une couleuvre verte très jolie, et même un énorme crapaud avaient voulu y élire domicile.

Nous jetâmes l'ancre sur le rio Canivete, dont l'entrée est particulièrement étroite. Des troncs d'arbres jalonnaient la berge et plus loin, quelques cabanes. En arrivant à terre, Mayi échangea des bananes et du cupuaçú contre du tabac. Le lendemain en nous levant, nous étions assiégés de canoës qui voulaient troquer des fruits contre du tabac.

Des journées entières de ciel couvert, de mauvaise visibilité, il pleuvassait et c'est à peine si on percevait un souffle de brise. Pour continuer d'avancer, nous nous laissions entraîner par le jusant. Plus nous approchions de la sortie et plus la houle s'intensifiait, plus cela perturbait la tranquillité des choses laissées çà et là sur le voilier. Celles qui n'étaient pas à leur place tombaient irrémédiablement par terre.

À 17 heures locales, nous enfilâmes droit sur le phare de l'île Curuá, la dernière qu'on puisse visiter à marée haute. Il nous restait encore à esquiver les bancs de sable, invisibles en temps normal. En sondant constamment, et en prenant soin de ne pas dévier du canal, nous avons progressé vers l'extérieur du fleuve.

Le soir venu, nous avons mouillé sur quatre brasses, à proximité d'un banc de sable. Le voilier était horriblement secoué, mais le courant s'était inversé et il était impossible

1. Tatou. (*N.d.T.*)

de le remonter. Le lendemain matin, après une nuit très mouvementée, nous avons constaté qu'il n'avait pas dérivé, l'épieu que nous avions planté sur le côté la veille était toujours à la même place. En attendant que la marée commence à baisser et change de sens, nous raccommodâmes un accroc à la voile du génois et la remplaçâmes par une voile plus lourde. Nous pensions y passer la nuit, mais le voilier était si secoué que, contre toute règle, nous décidâmes de naviguer de nuit en profitant du jusant.

Déjà deux jours sans pouvoir calculer notre position, et il n'était plus possible de naviguer à l'estime. Les courants étaient d'une égale intensité en amont comme en aval, impossible de prendre la hauteur d'aucun astre, et il y avait belle lurette que les repères terriens s'étaient évanouis. Sans cesser de surveiller les troncs à la dérive et constamment attentifs à la sonde, la nuit du quatrième jour, nous avons aperçu un grand navire marchand, et près de lui les feux verts clignotants de la bouée d'atterrissage de la bouche nord de l'Amazone.

Bien que la bouée soit ancrée à cent kilomètres au large, nous constatâmes qu'autour d'elle il n'y avait que deux mètres d'eau sous la quille. Nous étions au bord du canal, mais nous savions que plus avant nous pourrions naviguer sans problèmes de fond. Au lever du jour, nous avons changé de cap, cette fois vers le nord, nous éloignant de la bouche de ce surprenant Amazone.

Il plut toute la journée sans discontinuer, et en fin de soirée :

— *Aitá*, viens vite ! Le soleil !

Je courus chercher le sextant. Au bout d'une longue attente, le soleil se laissa voir juste le temps nécessaire de prendre sa hauteur. En latitude, nous nous trouvions face au cap Orange, renommé pour ses courants d'une rare impétuosité qui, en raison de la faible profondeur, apparaissent lors des marées de syzygie.

— Hé, il y a plein d'eau dans la sentine !

— Je vais regarder les prises d'eau, les tuyaux d'évacuation, le W.-C...

— Attends, on dirait de l'eau douce, dit Mayi après y avoir trempé un doigt et l'avoir goûtée.

— Bon, c'est normal, nous sommes encore sous l'influence de l'embouchure.

Mais, chose bizarre, l'eau ne montait pas de niveau, ce qui indiquait qu'il n'y avait pas communication avec l'extérieur, du moins en permanence.

— Regarde-moi ça, on en a fait de belles !

L'ancre, arrimée dans la sentine, s'était libérée, brisant net le tuyau qui reliait les deux réservoirs d'eau. Toute l'eau douce du voilier s'était répandue dans la sentine ; et elle était imbuvable parce qu'elle s'était mélangée aux suintements d'huile du carter et au gasoil du moteur. Tout juste s'il nous restait quinze litres d'eau dans deux petits bidons.

3.

De la Guyane aux Caraïbes

Nous étions à la frontière entre le Brésil et la Guyane française, dont le chef-lieu, Cayenne, était à trois jours de navigation. Le problème ainsi posé n'était pas excessivement grave : il pleuvrait souvent, et dans la pire des hypothèses, nous aurions toujours la ressource de relâcher à Amapá, Calçoene ou Casiporé ; sans parler de l'Oyapock, à la hauteur duquel nous étions arrivés. Ces rares clairières mises à part, le reste de la forêt était un mur vert inextricable.

Nous naviguions vent debout avec des vagues qui déferlaient en plusieurs directions. Au cours de la nuit, nous avons mis le cap sur la terre, avec toutes les précautions requises en pareil cas, et au petit jour, nous avons constaté que la côte offrait toujours le même aspect de mangrove. En fonction de quoi, il valait mieux la suivre plus au large pour gagner en profondeur.

La couleur de l'eau tournait au vert bouteille à mesure que nous nous éloignions du rivage. Mais l'eau du fleuve, de couleur marron, ne se mêlait pas à l'eau de la mer, de plus forte densité, provoquant ainsi, en surface, la formation de courants aux tonalités très diverses.

Avec le jour, le soleil se laissa voir ostensiblement. Les deux prises de hauteur, au sextant, corroboraient la justesse de notre position calculée à l'estime. En poursuivant à la même vitesse, nous arriverions à Cayenne dans la nuit. La soirée se terminait, et le ciel nuageux reflétait avec une grande netteté l'éclat des lumières de la ville. Nous y serions bientôt.

Mais une forte bourrasque faillit tout compromettre. Plus aucune visibilité et plus de trois heures qu'il n'arrêtait pas de pleuvoir, si bien que, estimant avoir dépassé Cayenne, nous avons viré cent quatre-vingts degrés. La sonde marquait très peu de fond. Tout en épiant le ciel en quête du moindre signe de la présence humaine, nous avons décrit une route parallèle en bordant la terre au plus près, jusqu'au moment où nous avons localisé enfin les bouées signalant l'entrée de la rivière Mahury, par laquelle on accède au port commercial de Cayenne. Par intermittence, à la faveur des accalmies, on voyait par bâbord, se découper sur l'horizon, les îlets du Père, de la Mère, des Mamelles et l'île de Malingre.

Ayant localisé la bouée verte à l'entrée du port de pêche, nous la laissions par tribord pour nous diriger vers celui-ci mais, pour avoir accosté sans doute trop près de l'embouquement, nous touchâmes le fond. Nous étions habitués à ce type de situation et, faisant aussitôt demi-tour, au moteur, nous sommes repartis. Puisqu'il n'y avait pas suffisamment d'eau pour passer la bouée par bâbord, nous allions essayer par tribord. À la suite de quoi nous avons appris que, la semaine précédente, la Guyane française avait quitté le système européen de signalisation pour adopter celui en usage aux Amériques.

La Guyane française a une superficie équivalente au tiers du territoire de la France métropolitaine, mais le nombre d'habitants n'est que de quatre-vingt-quinze mille. Soixante-quinze pour cent de ceux-ci vivent sur la frange côtière, qui compte l'unique route dont dispose le département ; l'un des tronçons – vingt-trois kilomètres à travers des marécages – fut construit, en soixante ans, par les bagnards de Saint-Laurent du Maroni. Le reste du territoire est couvert de forêts impénétrables, où les chercheurs d'or ont aménagé des pistes de ravitaillement seulement accessibles par les fleuves ou par la voie des airs, avec de petits avions.

La bruine ayant cessé, nous apercevions dans l'obscurité les voiliers au mouillage sur le fleuve La Compté. Il était 4 heures du matin, la nuit serait courte !

Au point du jour, dès notre réveil, nous avons jeté un coup d'œil par l'écoutille, à la découverte du nouveau paysage et des nouveaux voisins. Parmi les voiliers à l'ancre, nous en avons reconnu quelques-uns, déjà rencontrés sur d'autres mers. Tous étaient tournés vers l'amont, car le fleuve se vidait et le courant était assez fort.

— Alors, comme ça, vous arrivez de l'Amazone ?

— Vous y êtes restés longtemps ?

Manifestement, nous faisions des envieux.

Les amis nous assaillaient de leurs questions au sujet de la navigation sur le fleuve le plus grand et le plus monstrueux du monde. Pour notre part, sans nouvelles écrites des nôtres depuis de longs mois, nous dévorions les dix lettres de proches, parents ou amis, qui nous attendaient poste restante.

Les gens de l'*Abana*, que nous avions connus lors de notre escale à Fortaleza, s'offrirent à nous servir de guides et nous baladèrent dans les rues de Cayenne à bord de leur 2 CV Citroën. Le chef-lieu de l'île est un quadrillage de rues bordées de vieilles maisons aux toits de tôle oxydée et aux murs de bois – les mieux conservées d'entre elles peintes de couleurs vives. Elles disposent toutes de vastes auvents et d'amples porches, conçus de manière à y rendre la chaleur plus supportable, où des gens de race noire ou métisse, à califourchon sur des fauteuils à bascule, passent le plus clair de leur temps à s'éventer.

Les bruits qui couraient au sujet des possibilités d'emploi étaient des plus prometteurs.

— Mon job t'intéresserait ? me demanda Didier, un médecin qui posait des menuiseries d'aluminium dans un bloc de maisons en construction. On vient de me proposer un boulot comme toubib à l'hôpital. Alors, si tu veux, je peux te présenter demain à mon patron.

Le mouillage constitue une communauté de travailleurs au sein de laquelle tous se connaissent et s'entraident ; pour cette raison, à deux jours de notre arrivée, j'avais déjà trouvé du travail. Nous étions en Guyane, avec trente dollars en poche et un bagage de millionnaire en expériences acquises dans le domaine de la navigation fluviale la plus difficile au monde.

Le samedi suivant, nous nous mettions à la recherche d'un collège où pourraient étudier les enfants. Un vrai parcours du combattant ! Urko et Zigor, ne sachant pas le français, devaient d'abord suivre un cours d'adaptation en compagnie de Hmongs, Vietnamiens, Bonis, Indiens, Haïtiens et créoles. Mais le directeur de l'école se rendit finalement à nos arguments. L'acquisition de la matière des différentes disciplines (ils avaient déjà atteint en ce domaine un niveau bien supérieur à celui de leurs condisciples du même âge) n'était pas ce qui nous intéressait au premier chef, et nous donnions la préférence aux relations humaines qu'ils noueraient avec les autres enfants. Le lundi d'après, ils étaient admis au collège.

De cinquante à soixante voiliers, français pour la plupart, constituaient ladite communauté, constamment renouvelée, ce qui permettait de disposer, bon an mal an, d'une main-d'œuvre itinérante, hautement qualifiée et, de surcroît, peu revendicative. Pour ma part, je changeais de travail à ma guise, suivant les salaires qui m'étaient proposés. C'est ainsi que, tour à tour, je déchargeais des containers, fabriquais des meubles de bureau, montais des rayonnages dans des magasins, faisais des soudures dans une centrale thermique et à la base de lancement de satellites de Kourou, réparais des machines pour les chercheurs d'or dans la forêt, entretenais des installations d'air conditionné... Et entre-temps, je réparais des chalutiers vénézuéliens qui pêchaient dans les eaux guyanaises (en échange de quoi, ils nous approvisionnaient en gasoil et en poisson), et je cousais des cordages et des voiles, besogne dans laquelle Mayi, en plus de ses obligations de maîtresse de maison, me secondait. Nos finances s'en trouvaient peu à peu renflouées.

Il faisait une chaleur torride. Le soleil tombait à plomb, nous n'étions pas pour rien à 5° de latitude Nord. Il pleuvait souvent, et sous l'effet de la chaleur ambiante l'eau se changeait immédiatement en vapeur ; un vrai sauna ! Pour certains c'était l'Éden, pour d'autres, l'Enfer Vert ; selon que vous étiez de passage ou que vous y viviez par obligation.

En son milieu, le fond du fleuve est indéfinissable, une espèce de magma liquide où l'ancre du voilier peut s'en donner à cœur joie, qui se solidifie légèrement vers les berges et, plus en profondeur, forme des sables mouvants qui interdisent tout mouvement. La marée descendante les laisse à découvert. Pour cette raison, embarquer ou débarquer s'avérait souvent très problématique. Le seul et unique moyen d'atteindre le voilier en partant du quai était le youyou, qu'il fallait faire glisser sur la vase en faisant levier à l'aide d'une rame avec comme point d'appui le tableau arrière. Toute autre méthode de propulsion était par avance vouée à l'échec.

Un soir, je revenais chargé de paquets, et à la suite d'un faux pas, j'étais tombé dans les sables mouvants. J'eus la chance inouïe de pouvoir m'accrocher in extremis au rebord d'un canoë qui se trouvait là. Millimètre par millimètre, je réussis peu à peu à me dégager le torse de cette boue insatiable et à appuyer mon estomac sur le rebord du canoë. Mais, même dans cette position, j'étais loin d'être tiré d'affaire. Mobilisant toutes mes forces, j'opérai alors un rétablissement pour tenter de libérer le reste du corps. En forçant, une paire de côtes flottantes firent *crac*. Épuisé par cet effort surhumain, j'étais sur le point de me trouver mal ; surmontant ma douleur du mieux que je le pouvais, je parvins à m'extirper des sables mouvants, puis je demeurai étendu un long moment à plat ventre pour reprendre le peu de force qui me restait.

Ce fleuve, couleur de chocolat épais, est par ailleurs doté d'une faune extrêmement riche. Lors des grandes marées, nous disposions, à la poupe du voilier, un filet en forme d'entonnoir et nous faisions ample récolte de crevettes géantes. En seulement quatre sorties, nous arrivions à plus de dix kilos, que nous partagions avec tous nos amis. Le surplus était mis en conserve.

Alors qu'elle était en train de jouer avec d'autres

enfants sur le voilier, Alice, une petite de trois ans, fille d'Henry et de Dominique, deux médecins très appréciés au sein de notre communauté, tombée à l'eau sans que personne s'en rende compte, se noyait. Les enfants du voilier voisin remarquèrent que quelque chose de bizarre se passait dans cette eau vaseuse du fond du fleuve, et donnèrent l'alerte. Avec le youyou on repêcha immédiatement le corps inanimé de la fillette, mais on ne put rien faire pour la sauver. En dépit de la rapidité d'intervention des parents, ni les sentiments ni les connaissances médicales ne purent ramener leur fillette à la vie.

Le lendemain, nous étions tous présents au cimetière de Cayenne pour exprimer notre douleur et notre sympathie aux malheureux parents.

En compagnie de Regi et Lily, nos amis hollandais, nous empruntions souvent l'unique route – quatre-vingts kilomètres de piste infernale – entre Cayenne et Regina.

— Qu'est-ce donc que ces bestioles ? questionnaient les enfants.

— Des paresseux, répondait le Hollandais.

— Pourquoi est-ce qu'on les appelle comme ça ?

— Je te l'expliquerai au retour.

Et au retour, six heures plus tard, les animaux étaient toujours à la même place, sur la même branche, et presque dans la même posture.

À l'ombre des pénitenciers

À la faveur d'un long week-end, nous mettions le cap sur les îles du Salut, dont le nom est une référence paradoxale à leur véritable destination : servir de lieu de détention pour les condamnés réputés dangereux, et dont la seule présence suffisait à les rendre indésirables en métropole. Surpeuplées d'agoutis friands de noix de coco, elles furent le cadre des aventures qu'Henry Charrière relate dans son roman *Papillon*.

En arrivant, nous avons jeté l'ancre à l'île Royale, derrière la digue. Tout près de là, un hôtel avait été aménagé à l'intérieur de l'un des établissements pénitentiaires.

À l'île de Saint-Joseph, où nous nous rendîmes en canot, une rampe en béton facilitait les débarquements. À l'origine, elle servait à réceptionner les prisonniers qui y étaient affectés. À l'une de ses extrémités s'élevait le lugubre édifice réservé aux « inco », les incorrigibles.

Saint-Joseph est la plus grande des trois îles, et celle qui dispose des pavillons carcéraux les plus vastes. La Légion y envoyait toujours quelques compagnies pour débarrasser les chemins des noix de coco et des cocotiers, mais en pure perte car, très peu de temps après, ils redevenaient impraticables. Lors de notre visite, tout était à l'abandon.

Les prisonniers étaient « enterrés » dans le vaste cimetière de la mer, et chaque fois, nous a-t-on raconté, que sonnait le glas, les requins arrivaient pour faire un sort au cadavre. L'autre cimetière de l'île était réservé aux gardiens, aux prêtres et aux militaires ; sur certaines tombes on pouvait même lire des noms de femmes.

Le goulet qui sépare l'île Royale de l'île du Diable est marqué par un très fort courant, qui mériterait bien le nom « de tous les diables ». L'eau y est d'une couleur boueuse, et dans le pertuis abondent les *basses*, blocs rocheux qui affleurent à la surface et repérables uniquement aux tourbillons qu'ils engendrent. Par ailleurs il est infesté de requins. Selon des documents d'époque, une barque avec six bons rameurs tardait une demi-heure à passer d'une île à l'autre. Il fallait ensuite se mettre sous le vent en attendant le moment propice, entre deux vagues plus espacées, pour débarquer et haler la barque au rivage. En ce lieu, la mer est presque toujours mouvementée, ce qui fait que, pour amener leur pitance aux bagnards de Saint-Joseph, on avait tendu un câble entre l'île Royale et celle du Diable, destiné à pallier le risque que représentaient les débarquements.

Quand la mer nous permit de débarquer sur l'île du Diable, nous avons traîné le canot à l'écart des brisants, sur la grève de galets, et à notre grande surprise, les histoires que *Papillon* raconte à propos de son évasion nous apparurent d'une totale invraisemblance. Il n'y avait là aucune falaise où viendraient se briser les déferlantes, et aucun nageur, si entraîné fût-il, n'aurait pu, par ce moyen, rejoindre le continent, avec les requins toujours à l'affût de n'importe quel objet flottant, et il était tout aussi peu crédible qu'il ait pu chevaucher un sac de noix de coco et franchir de cette manière un courant qui ne filait pas moins de quatre nœuds.

L'île du Diable était le lieu de détention des prisonniers politiques, considérés par tous les gouvernements, quelle que fût l'époque, comme les plus dangereux. En raison des difficultés d'accès, les anciennes installations de l'île affichaient encore un bon état de conservation... Le bâtiment administratif et l'église gardaient leurs lambris intacts. Les maisonnettes des condamnés, qui s'alignaient en deux files sur l'unique rue, étaient toujours debout, témoins silencieux des terrifiants épisodes qui ont marqué l'histoire de l'île.

Les cocotiers formaient une muraille quasi inexpugnable, et il fallait se frayer un chemin à la machette pour parvenir à l'autre bout de l'île. Tout près de l'eau, sur les rochers, un banc de pierre. Sur ce banc, un nom grossièrement gravé à l'aide d'un manche de cuillère : *Dreyfus*.

Alfred Dreyfus, capitaine d'état-major, fut injustement accusé d'intelligence avec l'ennemi. Au bout de douze longues années de déportation sur cet îlet minuscule, le conseil de guerre ayant fini par reconnaître qu'il s'agissait d'une « erreur judiciaire », l'officier fut réhabilité et décoré de la Légion d'honneur. Durant tout ce temps, il resta assis sur ce banc, à contempler la mer dans l'attente de voir enfin proclamée son innocence. Comme toujours dans ces cas-là, la bonne nouvelle arrivait un peu tard, mais au moins il avait eu la chance que ce ne soit pas à titre posthume.

Le fleuve Maroni

Profitant d'une pause entre deux jobs, nous avons remonté le Maroni jusqu'à Maripasoula, à l'intérieur des terres, sur la frontière du Surinam. En chemin, nous avons abordé Mana et visité la réserve hmong, un peuple de la famille vietnamienne originaire des régions frontalières avec le Laos et le Cambodge et qui trouva refuge en Guyane à la fin de la guerre d'Indochine, quand les Français quittèrent le Vietnam. Toutes leurs maisons étaient construites sur pilotis, bien isolées du sol. D'immenses chapeaux de paille, d'amples pantalons bouffants et des chemises sombres et sans cols, prouvaient l'origine ethnique de leurs habitants.

Pourvus de vivres et d'équipements, nous sommes repartis vers l'amont du fleuve sur un hors-bord de quarante-huit chevaux qui s'essoufflait sur les rapides, de plus en plus fréquents à mesure que nous nous rapprochions du hameau. Le *takari* – vigie de proue – nous aidait à esquiver les *basses* à fleur d'eau à l'aide d'une longue perche.

Les premiers deux cents kilomètres du fleuve sont peuplés par les Bonis, Nègres « marrons » d'origine africaine, qui au cours des XVIIIe et XIXe siècles s'étaient échappés des plantations de canne à sucre que les Hollandais possédaient au Surinam, l'ancienne Guyane hollandaise.

Sur un geste du *takari*, nous arrimions le canoë à terre. Il fallait le décharger de tout le poids transporté et lui faire franchir le rapide, sur une distance de cent ou deux cents mètres, à l'aide de rouleaux. En haut du rapide, le canoë rechargé, nous poursuivions notre remontée.

À la tombée de la nuit, nous suspendions nos hamacs sur une plage de la rive et au-dessus les indispensables moustiquaires. D'un côté du hamac, à portée de la main, la bâche, au cas où il se mettrait à pleuvoir, et la machette, pour notre tranquillité. S'il pleuvait, le hamac devenait sauna, mais cela valait quand même mieux que de se faire sucer le sang par les vampires ou les moustiques, qui s'y entendaient à qui mieux mieux.

Un café bouillant, dégusté à petites gorgées, marquait

l'aube du nouveau jour. Il faisait encore sombre que nous reprenions notre périple, laissant sur place les denrées et les vivres jusqu'à notre retour. Dans la forêt, ces dépôts de provisions sont scrupuleusement respectés ; le voleur est puni de mort.

Les rapides se faisaient de plus en plus fréquents et de plus en plus durs. Un soir, le *takari* avait chassé un singe roux, qui poussait d'horribles hurlements. La vue de cet Indien mangeant la main, quasi humaine, de l'animal, nous fit dresser les cheveux sur la tête. Dans les boucheries de Cayenne, il n'était pas rare de rencontrer ces petits singes pelés, à la peau rose comme des bébés, suspendus par la mâchoire à un crochet.

La nuit venue, Mayi reçut avec un stoïcisme digne de louange la visite d'une mygale, une tarentule aux pattes rouges, qui faisait bien dix centimètres de long, à la morsure le plus souvent mortelle. Durant dix interminables minutes, elle s'était promenée sur son corps pour finalement disparaître au milieu du feuillage.

Le troisième jour, après avoir chargé et déchargé à sept reprises le canoë pour franchir à pied le même nombre de rapides, nous atteignîmes notre but : arriver dans une réserve indienne. Le hameau était constitué par une quarantaine de cabanes dépourvues de murs, dont la zone habitable se situait à deux mètres du sol.

Un vieillard, qui paraissait être le chef, nous assigna l'un de ces attiques, tressé avec les feuilles d'un palmier appelé *maripa*. Toute la tribu passa nous voir pour s'éloigner en chuchotant entre eux. Nous connaissions le même succès auprès du public que les petits singes du zoo. Nous suspendions nos hamacs et dix paires d'yeux nous contemplaient sans le moindre complexe.

Ils nous invitèrent à partager leur dîner. Le menu était composé de cassaves, d'igname et de morceaux d'une viande grillée impossible à identifier. C'était bon, mais pas au point de nous goinfrer. La nuit tombait sur la réserve, et on commençait, de-ci de-là, à faire des flambées et à allumer quelques lampes à pétrole.

Peu à peu, tout se tut, les feux, mourants, avaient

cessé de crépiter, si bien qu'on n'entendait plus que le bourdonnement des insectes et le coassement des crapauds des bords du fleuve.

Bien avant l'arrivée de la lumière du jour, régnait déjà une activité intense. Munis indistinctement d'arcs et de leurs carquois et des meilleurs rifles à répétition, sûrement achetés à Cayenne, les hommes s'en allaient chasser ou pêcher, tandis que les femmes et les enfants, restés au hameau, vaquaient à leurs occupations. Près de là, un personnage aux larges épaules sculptait un canoë dans un grand tronc d'arbre. Les chiens qui n'étaient pas partis à la chasse rôdaient autour des foyers où mijotait le repas de midi.

Les femmes, torse nu, nettoyaient les ustensiles de cuisine tandis que les enfants se jetaient à l'eau du haut d'un tronc incliné. Plusieurs de ceux-ci pêchaient de la rive au moyen d'un fil ; d'autres, de l'eau jusqu'aux genoux, restaient immobiles comme des statues, prêts à décocher leurs flèches. De temps à autre, l'un d'eux réussissait à embrocher un beau piranha rouge pour le déjeuner. Des adolescents changeaient la paille du toit de l'école, qu'avaient endommagé les dernières pluies torrentielles. Sur le tableau de la classe, il était écrit : *I palokon*, qui signifie « ma maison ».

Tandis qu'une mère pelait du manioc, sa fille, à ses côtés, le râpait. Le jus, un poison violent, coulait le long des trognons, et elles introduisaient la pâte ainsi obtenue dans une espèce de tuyau de vannerie où s'égouttait, suivant un ingénieux système, le reste du liquide vénéneux, qui perd toute sa nocivité à la cuisson. Avec la farine grillée, elles confectionnaient des galettes.

Ils nous racontèrent que la semaine précédente ils avaient célébré le *makaré*, la fête de la première lune de mars, lors de laquelle les wayana observent le rite d'initiation de l'adolescence à la maturité guerrière avec l'imposition de féroces fourmis vivantes sur la poitrine et le dos.

La fête commence avec l'arrivée de danseurs d'une autre réserve. Au préalable, ils ont préparé de grandes quantités de *cachiri*, le manioc fermenté, qui les aide à endurer les terribles douleurs de l'épreuve, et ils se sont orné le corps de nombreux dessins à la peinture rouge et noire, qu'ils conservaient encore à notre arrivée.

Les danseurs, ceints de pagnes d'apparat, rouges et plus longs que ceux dont ils usent journellement, des grelots de graines fixés aux jambes, commencent à danser en formant un cercle qu'ils ne ferment jamais. Chaque danseur improvise un chant que tous répètent en chœur, par exemple *kanawa enepke kono*, « beau-frère, fais-moi cadeau d'un canoë », une joyeuse cacophonie scandée par les grelots. Puis le grand chef, orné de plumes multicolores, récite treize poèmes qu'il est le seul à connaître. C'est le rituel *kalau*. Tout le temps que durent les fêtes, ils n'arrêtent pas de boire du *cachiri*, qu'après coup ils vomissent, ce qui leur permet de continuer leur beuverie jusqu'à ce qu'il ne reste plus une seule goutte d'alcool. Après avoir dansé toute la nuit sur un tronc évidé, décoré de plumes, les adolescents qui acceptent de se soumettre à l'épreuve restent enfermés dans une cabane. Le *cachiri* les a plongés dans un état second et ils ne sentent plus leurs jambes. Au lever du jour, on leur applique sur le dos un tapis, garni de centaines de fourmis rouges aux mandibules tranchantes et au dard acéré.

Sous les effets du *cachiri*, ils endurent l'insupportable douleur. Tout de suite après, on les étend, à demi inconscients, sur un hamac, et ils restent toute la semaine enfermés, observant le jeûne le plus rigoureux, devant une table couverte de toutes sortes de mets, où les adultes viennent se restaurer. Pour finir, on leur rase la tête, ils subissent plusieurs tests de tir à l'arc et ils se peignent le corps en rouge. Au bout de six jours de jeûne, ils ingèrent à nouveau du *cachiri*, qu'ils vomissent pour bien montrer qu'ils ont respecté le jeûne. S'ils surmontent cette dernière épreuve, ils sont désormais considérés comme des hommes à part entière.

Les adultes qui se portent volontaires, souhaitant, par là, prouver leur virilité, remplacent les fourmis par des abeilles.

Au retour, nous avons dégotté une vieille guimbarde

pour passer un week-end à Saint-Laurent du Maroni, le centre administratif et pénitentiaire. Nous voulions connaître sur le terrain la réalité carcérale en Guyane.

Les pénitenciers étaient éparpillés sur la côte et à l'intérieur, dans la forêt. On les désignait sous le nom de « guillotine verte », parce qu'il était quasiment impossible de s'en évader. La forêt est un enfer offrant très peu de possibilités de survie ; on croit marcher en ligne droite, et en réalité on tourne en rond pour revenir bientôt à son point de départ.

Quand on sonnait le tocsin pour signaler qu'un prisonnier s'était fait la belle, les chasseurs de récompenses se mettaient aussitôt à sa recherche. Si le fugitif avait la chance d'arriver en territoire hollandais, les possibilités d'extradition étaient inversement proportionnelles aux besoins en main-d'œuvre du pays voisin. Il en était de même s'ils étaient capturés en Guyane anglaise ou à Trinidad et Tobago.

Pour échapper, il fallait réussir à débarquer au Venezuela. Quant au Brésil, eu égard à l'adversité des vents et des courant, il était pratiquement impossible d'y arriver par mer. Et pourtant, il y eut un anarchiste, Eugène Dieudonné, qui à sa troisième tentative, en naviguant de nuit contre vents et marées, et en calculant la basse mer pour éviter de s'enliser dans les sables mouvants, y parvint. Cette extraordinaire évasion, Albert Londres la raconte dans *L'homme qui s'évada*, et selon toute probabilité Charrière lui-même s'en inspira pour écrire son *Papillon*.

Une parenthèse de trois mois dans notre Hondurribia natal, puis retour sur le *JoTaKe* pour poursuivre l'aventure. Après l'air conditionné, à notre descente d'avion, l'atmosphère guyanaise de sauna au top de sa puissance, mêlé aux senteurs de la forêt, nous fit l'effet d'une gifle.

La coque du voilier était d'une saleté incroyable, il fallut le caréner. Des millions de moustiques nous gênaient dans nos travaux, mais savoir que notre séjour à Cayenne touchait à sa fin nous en aurait fait supporter bien d'autres.

Cap sur les Caraïbes, nous faisions une nouvelle fois escale aux îles du Salut, juste à temps pour assister au lancement d'une fusée *Ariane* et de ses deux satellites. Deux cadres de la société vinrent nous avertir que nous nous trouvions dans la ligne de tir de la fusée, et offrirent de nous abriter dans un refuge souterrain ; mais, faisant fi de leurs recommandations, nous eûmes la chance de pouvoir contempler un spectacle, sans conteste, unique au monde.

En navigation sur la mer des Caraïbes

Le 17 décembre nous mettions le cap sur les Caraïbes. Selon mes calculs, la traversée durerait approximativement une semaine.

Le mal de mer n'épargna aucun de nous, quoique à des degrés divers. Mais, ce mauvais quart d'heure passé, la navigation devint du tout au tout merveilleuse. Les poissons volants jonchaient de nouveau le pont, les dauphins gambadaient tout à l'entour.

Journal de bord :

Position : Latitude 10° Nord, longitude 57° Ouest.

En trois jours nous avons parcouru quatre cent vingt milles. Ce n'est pas mal du tout.

19 décembre. Vers 2 heures du matin, un grand bruit nous fit sauter à bas de nos couchettes. Le beaupré pointait vers le ciel, et le galhauban, une chaîne de dix millimètres, s'était rompu au niveau de la ligne de flottaison.

Nous avons amené le génois, mais dans l'obscurité, c'était à peu près tout ce que nous pouvions faire. Il fallut attendre le jour. La mer était agitée, mais je m'attachai une ceinture de sécurité et me jetai à l'eau. D'une main je me retenais au plat-bord, tandis que le voilier tossait avec violence ; de l'autre j'essayais de faire entrer dans le cap de mouton de la ligne de flottaison l'anneau de la manille, que j'avais, au préalable, introduit dans le dernier maillon de la chaîne. Au bout de trois ou quatre longues minutes, au cours desquelles je me retrouvai à un moment donné suspendu en l'air et l'instant d'après complètement immergé, je levai la main en signe de victoire. Tout semblait en ordre de marche, mais la sauvegarde s'emmêla dans la rambarde et, m'ôtant la ceinture, je dus me glisser tout le long du voilier pour m'accrocher au balcon de poupe.

On m'aida à remonter et je m'effondrai, à bout de force, dans le cockpit. Puis ragaillardi, je retendis le beaupré et le voilier se reprit à naviguer comme si de rien n'était.

Il faisait un temps splendide, et l'eau était idéalement bleue. L'un des enfants n'arrêtait pas de vomir depuis notre départ des îles du Salut, cinq jours auparavant. Il rendait tout, le sérum, les antivomitifs, jusqu'au moindre liquide. Allaient bientôt apparaître les premiers symptômes de déshydratation.

Je préparai un lavement avec du sérum et des antivomitifs, additionné de sucre, dans lequel j'ai dissous un cachet contre le mal de mer. Injectée par voie rectale, cette mixture eut un effet spectaculaire : les vomissements cessèrent et l'enfant dormit comme une souche vingt heures durant, d'un sommeil si profond que nous commencions réellement à être inquiets. Mais, par bonheur, il se réveilla en excellente forme.

Trois jours après, utilisant notre transistor comme gonio, nous captions La Barbade par le travers. Le lendemain, Urko, qui commençait à se sentir l'âme d'un navigateur, et avait constamment l'œil sur l'horizon, s'époumonait :

— Terre !

C'était Sainte-Lucie, au nord-ouest de La Barbade. Je décidai de border l'île par le sud et de nous y mettre à l'abri des vents ; je voulais passer la nuit de Noël sans va-et-vient inutiles. Le côté au vent n'offrait aucun abri digne de ce nom, et il y avait pas mal de houle. Nous arrivions en retard pour la rencontre avec notre amie Dina avec qui nous étions convenus de nous revoir à Antigua, plus au nord ; ce serait pour une autre occasion.

À 22 heures, au bout de six jours de navigation et après avoir parcouru six cent soixante milles, nous mouillions l'ancre au sud de l'île, au Vieux Fort. C'était Noël.

À l'aube du nouveau jour, nous découvrions une baie merveilleuse. Et quand le soleil gagna de la hauteur, nous avons hissé les voiles pour gagner le nord. Sainte-Lucie était une île enchanteresse, avec des baies innombrables, toutes plus belles les unes que les autres. Partout des plages de sable blanc, comme nous n'en avions pas vu depuis longtemps : le paysage était verdoyant et les cocotiers s'y trouvaient en abondance. Ça donnait envie d'y rester pour toujours. Entre-temps, nous nous adonnions à la pêche sous-marine et faisions griller le poisson sur la plage.

Nous accueillîmes le nouvel an, 1986, sur une magnifique plage au sable d'un blanc immaculé, seuls sous les cocotiers, nous baignant dans une mer aux eaux transparentes et faisant de la pêche sous-marine. Les enfants commençaient à prendre goût à la pêche et, de mon côté, je les initiais aux différentes techniques.

Vent en poupe, la traversée du canal qui sépare Sainte-Lucie de la Martinique s'effectua le mieux du monde. Bientôt la côte sud de la Martinique se profilait sur l'horizon.

Les Petites Antilles forment du nord au sud un arc sur lequel, presque toujours, l'alizé souffle d'est en ouest, si bien qu'habituellement on se trouve vent de travers et côté sous le vent par rapport aux îles, protégé par le relief de celles-ci. Excepté de mai à novembre – l'époque des ouragans –, c'est un lieu idéal pour la navigation.

Nous remontions sous le vent la côte de l'île, qui se montrait aussi souriante que Sainte-Lucie. Au sud, ne devaient pas manquer les hôtels des grandes chaînes multinationales.

En longeant la côte de plus près, nous sommes arrivés à Fort-de-France, le chef-lieu. Et, tout de suite, nous sommes tombés sur de vieilles connaissances.

— Mouille ici. Non, plus loin, nous entendions-nous dire par Patrick, du voilier *Utopie*.

Ourson, ami chasseur des forêts de Guyane, nous salua d'un « Ho con ! ». Il y avait beaucoup de voiliers à Anse Mitan.

À Fort-de-France nous réglâmes une fois pour toutes les formalités administratives, qui se réduisaient à remplir une feuille toute simple, comme cela devrait se faire partout dans le monde. Nous étions ébahis du niveau de vie qui nous parut très élevé. C'était la France, avec une population majoritairement noire.

Nous nous trouvions à bord, à regarder les diapositives des îles du Salut, que nous venions de développer, quand mon sixième sens me fit m'exclamer :

— *Amá*, ce vent est inhabituel. Il tourne d'une drôle de manière. Ce n'est pas normal, outre que nous sommes bien trop près du rivage.

— Tu as raison. Allons-nous-en !

Nous avons démarré pour partir mouiller, avec suffisamment de chaîne et deux ancres, dans une zone plus dégagée. Une heure après, l'horizon commençait à s'assombrir, le vent fraîchit, et à un moment donné il se mit à pleuvoir. Le baromètre amorça une descente vertigineuse.

Quelques voiliers se mirent à dériver, ils se cognaient les uns les autres et, dans leur fuite éperdue, leurs chaînes s'enchevêtraient à l'envi. S'ensuivit une vraie débandade.

Le vent fraîchissait tant et plus jusqu'à atteindre la force 10, plus de quatre-vingt-dix kilomètres à l'heure. Les vagues grossissaient, quelques voiliers durent larguer complètement leurs amarres, signalant leur emplacement par une bouée, et partir mouiller avec l'ancre de secours à un autre endroit plus dégagé. Derrière eux, un luxueux Formosa 51 filait sa chaîne pour assurer son ancrage, car à l'évidence il partait à la dérive. Une si longue touée lui valut d'aller s'encastrer dans les deux voiliers qui le suivaient. Le vent soufflait directement de l'ouest et une houle inquiétante déferlait sur la baie.

Sur la plupart des voiliers on voyait des silhouettes

s'activer. Sauvegardes en main et vêtus de cirés jaunes, ils faisaient tout leur possible pour esquiver les chocs.

Au petit jour, en plus des dégâts considérables causés çà et là par l'ouragan, quatre voiliers avaient coulé près du brise-lames du club. Tout cela était la conséquence d'une forte dépression tropicale qui, faute d'avoir été annoncée, avait pris tout le monde au dépourvu.

En route vers le sud, nous entrâmes dans la baie appelée Anse d'Arlet. Nous n'en avions pas encore terminé avec les manœuvres d'ancrage qu'un canot nous accostait. C'était George, du *Life* que nous avions connu à Cayenne. De famille juive, petit de taille mais au grand cœur, avec d'énormes moustaches noires et si nerveux qu'il ne pouvait tenir une minute en place.

L'eau était transparente, et l'équipage s'apprêtait à pêcher. Mayi nous accompagna avec le canot, car nous ne savions pas s'il y avait des requins. En peu de temps, nous avions attrapé seize petits poissons et une langouste de taille moyenne, de celles appelées porcelaines, la première que nous pêchions dans la mer Caraïbe.

Nous veillions à ce que les enfants fassent leurs devoirs et se mettent à étudier tôt le matin, étant donné qu'ensuite se présentait toujours quelque chose à faire. Après, ils pourraient regarder la télé sur le récepteur du bord, en recevant le son en FM sur la radio, car la Martinique émettait sur une fréquence différente.

Après nous être rendus en excursion à Saint-Pierre, un petit village au pied d'un volcan, la Montagne Pelée, nous sommes revenus avec vent favorable à Anse d'Arlet. Le temps était splendide : du soleil et une chaleur supportable ; l'eau, transparente, couleur émeraude. « Un jour comme ceux qu'on vend dans les agences de voyages », pensions-nous.

Nous avions trouvé vingt *lambis*, dont, une fois grillés, nous apprécierions la chair délicate au goût de calmar. Sous le regard étonné des occupants d'autres voiliers, je grimpai à un très haut cocotier qu'il y avait au bord de l'eau et j'en descendis seize noix de coco. Près de nous venait de jeter l'ancre un très beau voilier, ancien, tout en bois, le *Notre-Dame-des-Flots*, où, quelques jours après, nous étions conviés à fêter le départ d'une amie qui rentrait en France. Les uns jouèrent du piano ; d'autres du saxophone, et j'eus l'honneur de jouer du txistu qui eut un succès extraordinaire. Une entreprise m'offrit du travail, ce qui faillit déclencher une mutinerie à bord, les enfants ne voulant absolument pas en entendre parler, parce qu'ils ne voulaient pas rester et encore moins retourner à l'école.

Une nuit nous fumes surpris à la vue d'un voilier, vraisemblablement vide de tout occupant, qui dérivait vers le golfe du Mexique. Avec le youyou d'Agustín, un dentiste vénézuélien dont nous avions récemment fait la connaissance, nous rattrapâmes le voilier déjà à bonne distance. Quand le lendemain, je racontai aux propriétaires, des Français, ce qui était arrivé, ils se confondirent en remerciements. Sortis dîner, ils avaient, à leur retour, à 3 heures du matin, eu peine à trouver le bateau, mais comme ils avaient un peu forcé sur le rhum, n'y avaient pas accordé une très grande importance. Dans la cabine de proue dormait une fillette de dix ans, qui serait probablement morte si le bateau avait continué à dériver.

Nos amis prirent congé et mirent le cap sur Antigua. Nous essaierions de les retrouver au Venezuela.

Une nouvelle compagnie m'offrait du travail, cette fois comme chaudronnier, et eu égard au salaire, particulièrement élevé, il m'était difficile de refuser. Nous profitâmes des jours de fête pour naviguer, parcourir l'île et nous initier à de nouveaux jeux et sports que nous-mêmes inventions. Le spinnaker amarré par son point de drisse et le point d'amure accouplé au point d'écoute, nous assis sur une toile, nous nous laissions tirer en l'air quand la voile se gonflait : c'était notre manière à nous de faire du parapente.

Ainsi s'écoulèrent les quatre mois durant lesquels je travaillai à la centrale thermique de la Martinique. Quand ce fut terminé, la famille décida à l'unanimité de mettre le cap sur le Venezuela.

L'époque des cyclones se rapprochait, et pour des raisons de sécurité, il nous fallait descendre vers le sud.

Nous étions presque à l'entrée de la passe des Deux Pitons à l'île de Sainte-Lucie, et il n'y avait plus le moindre souffle de vent. J'appuyai alors sur le bouton du démarreur. Au bout de deux tours le moulin s'arrêta. Je fis plusieurs tentatives, toujours sans résultat. Pendant ce temps, le voilier, entraîné par le courant, se rapprochait dangereusement des rochers de l'entrée.

Je levai le capot du moteur pour établir une connexion directe ; mais rien, pas un seul toussotement, l'animal ne voulait rien entendre. Le voilier s'en allait droit vers les rochers qui délimitaient l'entrée au nord. Je sortis en courant sur le pont. Je me saisis du hors-bord de dix chevaux, le tirai en poupe et le suspendis au carter du pilote automatique que j'avais construit au Brésil. Je tirai sur le démarreur, et au dernier moment, sous la poussée du moteur, le voilier évita de justesse d'être drossé contre les rochers.

Nous embouquions le canal quand nous fûmes rejoints par un canoë avec à son bord trois rasta qui nous proposèrent marijuana et cocaïne. Malgré notre refus catégorique, la barque restait sur place. Sur ce, arrivèrent deux autres canoës, et une discussion s'engagea pour savoir qui attacherait le cordage de poupe au cocotier. Les laissant à leurs vaines palabres, nous poursuivîmes notre manœuvre d'approche, et je mouillai l'ancre, filant chaîne et cordage sur cent mètres de touée, puis je descendis le canot à l'eau, et le bateau fut finalement ancré de la proue et amarré de la poupe. C'était le cratère d'un volcan ; à dix mètres du bord il y avait trente mètres de fond.

C'est une baie réellement grandiose, avec ses deux énormes volcans qui tombent à la verticale. Soudain, sur l'une des pentes, nous nous trouvâmes nez à nez avec un éléphant africain. Hallucination ? Non, le pape était venu en visite au pays quelques mois auparavant et l'avait offert en cadeau au président de l'île. Pauvre animal !

Au cours de la nuit des cimes des volcans se mirent à souffler de violentes rafales. Nous nous demandions si le cordage qui nous retenait au cocotier y résisterait. Toujours est-il que cela nous fit veiller toute la nuit puis au lever du jour, les rafales avaient quelque peu faibli, mais il était urgent de sortir du piège avant qu'il ne soit trop tard. Je préparai une manœuvre compliquée dans laquelle chacun avait une mission à remplir avec une précision rigoureuse. J'expliquai au reste de l'équipage ce que j'attendais de chacun, le lui faisant répéter, de manière à éviter toute erreur d'interprétation.

Au moment où la dépression parut s'apaiser, Zigor sauta à l'eau pour gagner aussitôt la terre à la nage. Pendant ce temps, je levai l'ancre de proue. Zigor trancha l'amarre du cocotier avec son coutelas et se remit à l'eau pour se laisser remorquer par le voilier qui tournait autour de son ancre. Tandis que Zigor montait à bord, Mayi et moi remontions l'ancre.

Zigor à la barre et Urko hissant le génois lourd attendirent que nous ayons fini de lever l'ancre. Je fis signe à Urko de border le génois, tandis que le voilier enfilait le goulet à dix nœuds. Dans le goulet le vent se calma soudainement. C'était le pot au noir causé par la dépression formée entre les deux volcans.

Sans démarreur, avec deux ris sur la grand-voile et un sur le génois, nous avons mis le cap sur Saint-Vincent, une île que le tourisme évite en raison de sa mauvaise réputation.

Un canoë nous prêta assistance au moment de mouiller l'ancre. C'était Paco, un Noir à la peau couleur indigo, comme ceux de Dakar, qui venait d'un petit village qui, curieusement, s'appelait Petit Bordel.

Paco nous informa de la présence d'un mécanicien danois. C'était à deux pas, nous nous y rendîmes, le démarreur dans le sac à dos. La plus grande ferme de l'île, propriété de trois Danois, était équipée d'un très bel atelier de mécanique. Ayant examiné le démarreur, le diagnostic fut unanime : « Il est mort. » Tentant l'impossible, ils rectifièrent le collecteur et changèrent les balais ; mais le démarreur faisait toujours la sourde oreille.

L'*Arrosa*, voilier basque du nord, à la vue du *JoTaKe*, vint mouiller à côté de nous. Partis ensemble à la pêche, nous avons ramené deux barracudas d'un mètre, que Tobi, le patron du bar de l'endroit, s'offrit à préparer pour nous. Nous craignions que, durant la fête, des éléments incontrôlés profitent de l'occasion pour dévaliser les voiliers, mais Tobi nous tranquillisa en nous assurant que le village ne faillirait pas aux lois de l'hospitalité et que, comme invités, nous étions sous sa protection. Bernardet, Pegui, Zigor et Mayi partirent en forêt, à l'intérieur des terres, d'où ils rapportèrent des papayes et des mangues ; Urko et moi, nous rapportâmes des citrons et deux régimes de bananes. Au moment d'appareiller, Tobi arriva avec un sac de pamplemousses.

Et tandis que l'*Arrosa* faisait voile vers Los Testigos, au nord du Venezuela, nous mettions le cap sur une anse appelée Wallilabu Bay.

Une énorme antenne de radio en signale l'entrée, qui n'était pas excessivement protégée. Le « comité de réception » était composé d'un Noir caribéen, Adams, qui amarra le cordage du voilier au cocotier, et de deux enfants, qui, peu après, firent leur apparition, et à qui nous achetâmes un sac d'avocats. Mayi fit la lessive à la rivière, entourée d'énormes matrones noires, avec qui elle dialogua fort agréablement, moitié par signes, moitié à l'aide de quelques mots d'anglais.

Le nettoyage du carburateur du groupe électrogène me fournit l'occasion d'en expliquer à Urko et Zigor le rôle, le fonctionnement et la maintenance, leçon reçue cinq sur cinq. Mais le problème du démarreur n'étant toujours pas réglé, je ne pouvais pas m'avouer vaincu. Je procédai donc à un nouveau démontage et, à l'aide d'une loupe d'horloger, nettoyai et révisai pour la énième fois tout l'induit. On ne pouvait raisonnablement faire davantage.

Au retour de Mayi, je l'invitai à presser le bouton du démarreur.

Et, à la stupéfaction générale, le moteur fit deux tours, toussa, et se mit en marche, ce qui donna lieu à une explosion de joie partagée par tout l'équipage.

Dans la matinée nous étions en partance pour Bequia, avec la satisfaction de savoir que le moteur démarrait, quoiqu'il ait fallu le convaincre au préalable avec du vingt-quatre volts, les batteries s'étant retrouvées quasiment à plat à la suite de tous nos ratages.

Avant la Grenade, il y a les Grenadines, un archipel de dix-neuf îles réparties sur deux provinces. En bordant toutes ces îles par le côté sous le vent, la navigation fut de tout repos.

Nous sommes arrivés à Bequia, une île merveilleuse, à la beauté exubérante. Au printemps, quand les baleines se déplacent vers le nord, c'est l'époque de la chasse auxdits cétacés, qui se pratique à l'ancienne mode : sur de frêles embarcations et au harpon. Les prises sont traînées jusqu'à l'île voisine de Petit Nevis, où on les dépèce et où on élabore l'huile. Leurs os, de taille respectable, servent à décorer bon nombre de maisons de l'île.

Jusqu'à une heure avancée de la nuit, les tambours – les *steel bands* – égayent le village, qui danse au rythme de ces bidons aux tonalités variées.

La navigation se poursuivit plusieurs jours durant, nous donnant l'occasion de visiter les cayes de Tobago, un lieu charmant, mais envahi ; Union Island ; Cariacou, une île de marins, où nous avons retrouvé un énorme voilier avec lequel nous nous étions mis bord à bord à Santa Cruz de Tenerife, dont les propriétaires, de nationalité suédoise, projetaient de construire une cale de radoub sur l'île.

Les jours s'écoulaient comme au paradis.

À Grenade, connue également comme « l'île des épices », une île volcanique, au relief accentué et à la végétation luxuriante, l'un des plus beaux coins des Caraïbes, les formalités administratives furent réglées d'une manière rapide, gratuite et simplifiée. L'île se distingue par la qualité des services publics, comme la poste, par exemple, lesquels furent créés par les Cubains durant leur présence à Grenade. Les gens sont d'une grande amabilité et aiment à rendre service, non servilement, comme dans d'autres îles caribéennes.

Journal de bord

Îles Testigos

Aujourd'hui nous avons mangé de la langouste jusqu'à satiété. J'en ai ramené deux, de deux kilos, et quatre autres, plus petites. Je les ai pêchées dans une eau de couleur verte. C'était comme de plonger à l'intérieur d'une bouteille. Prodigieux. C'est l'eau de l'Orénoque.

Ces jours derniers passent des millions et des millions de papillons blancs, qui suivent tous la même direction. On dirait qu'il neige, mais il fait bien trop chaud.

La végétation des îles est celle du désert. Toutes sont couvertes d'énormes cactus et de buissons épineux, qui rendent leur parcours difficile.

Nous avons changé de mouillage pour nous rendre au nord de Testigo Grande, où vivait un pêcheur fameux entre les voiliéristes, nommé Chinchón. Le nom du *JoTaKe* fut inscrit sur le livre d'or des visiteurs de marque de cette prestigieuse famille.

Nous sommes partis vers l'île de Margarita, au nord du Venezuela, distante de quarante-cinq milles de Testigos. Cap sud-ouest. Le vent, très mou, poussait le voilier sous le spinnaker à trois nœuds. Une navigation trop tranquille. À cette vitesse-là, même les poissons ne mordaient pas à l'hameçon. Nous passâmes à la hauteur des îles Frailes, qui bénéficiaient d'un bon mouillage, mais nous avions envie d'arriver à Margarita.

Nous avons jeté l'ancre à Pampatar, un bel endroit, une baie blanche remplie de cocotiers et, sur l'eau, de très nombreux *peñeros*[1], équipés d'impressionnants moteurs hors-bord. On voyait bien que le pays produisait du pétrole. Collés aux *peñeros*, des centaines de pélicans attendaient patiemment que les pêcheurs qui s'affairaient à nettoyer le poisson et les filets leur jettent quelque tripaille.

Nous étions arrivés un vendredi ; donc, jusqu'au lundi, il n'y aurait ni immigration, ni capitainerie, ni douanes, ni personne au travail.

Nous ne pouvions pas en croire nos yeux, un voilier battant pavillon espagnol à Porlamar. Il devait s'agir d'une vision, d'un mirage ; mais pas du tout, c'était la réalité, il s'agissait du *Gaia*, un bateau catalan qui venait de Cuba. S'y trouvait également le *Visages*, que nous avions connu à Cayenne, où il était célèbre à cause de son chien, un braque qui s'échappait du voilier pour descendre à terre et finissait toujours dans les sables mouvants, d'où il fallait le délivrer.

Pampatar vivait du tourisme et de la pêche. Margarita, port franc et sans impôts, était le pôle d'attraction des Vénézuéliens et, en général, des Sud-Américains.

L'après-midi, nous avons pris l'autobus pour nous rendre à un centre commercial où nous avons acheté une petite chienne teckel, à poil dur et aux oreilles plus grandes que les pattes. On lui donna le nom de Beltza, la Vénézuélienne.

À l'entrée de la Cubagua, on peut voir un transbordeur qui a sombré et dont le chargement est encore intact. Curieux spectacle que celui de toutes ces voitures bien alignées sous l'eau ! En plongeant sur l'épave, nous eûmes l'occasion de rencontrer le fameux mérou qui se cache dans un trou près du gouvernail, bien connu de tous les plongeurs venus en visite à Margarita.

Avec Tomás, notre guide, nous avons visité les ruines de la première ville fondée par les Espagnols en Amérique du Sud, en l'an 1500, qu'ils appelèrent Nueva Cádiz. De là

---

1. Bateau de pêche en bois, typique de l'État d'Oriente et de Margarita. (*N.d.T.*)

s'offraient à nos yeux les célèbres montagnes Tetas de María Guevara[1], chantées par les poètes vénézuéliens.

Les côtes du Venezuela en général, et celles-ci en particulier, ont la réputation d'être perlifères. Les possibilités de trouver une perle sont évaluées à deux pour cent. Nous eûmes la chance de trouver la nôtre.

1. Les seins de María Guevara. (*N.d.T.*)

4.

Le continent sud-américain

Venezuela

De bon matin nous avons largué les amarres pour nous diriger vers le continent sud-américain, tout d'abord vers le Venezuela. Dans la perspective d'effectuer quelques réparations, nous avons mis le cap sur l'île de la Plata, sans nous douter du calvaire qui nous y attendait avec son cortège de tracasseries bureaucratiques.

Nous étions convenus avec l'Anglais qui administrait la cale de radoub, d'y remorquer le voilier le mardi suivant. Nous avons sauté à terre, et pour arriver au plus tôt à Puerto de la Cruz afin de remplir les formalités, nous avons pris un taxi collectif.

Après avoir couru toute la journée de bureau en bureau et de guichet en guichet, de Guanta à Paraíso, de Paraíso à Puerto de la Cruz, de Puerto de la Cruz retour à Guanta pour repartir sur Puerto, et en fin de compte, se retrouver à Paraíso, et à deux doigts de laisser tomber, il nous vint à l'idée qu'un dessous-de-table – une *mordida* – pourrait bien arranger les choses. Gagné !, séance tenante, tous les papiers étaient signés. Bien sûr, pour que les « gringos » se rendent compte des démarches à suivre, l'officier d'immigration dut leur expliquer que, une fois son travail de bureau terminé, il se mettait au volant de son taxi jusqu'à minuit, car son seul salaire de fonctionnaire ne lui permettait pas de faire vivre ses onze enfants et ses trois épouses. Une poignée de bolivars, glissés sous les dossiers qui encombraient son bureau, aplanirent toutes les difficultés, même celle de véhiculer les autorités jusqu'au voilier. C'était concluant. Usant du même procédé, nous franchîmes aussi brillamment les deux derniers obstacles, douanes et capitainerie.

Entre-temps, une dépression locale commençait à se former sur l'horizon. En forme de cigare noir, elle s'approchait rapidement. Ce fut le moment choisi par le démarreur pour déclarer forfait. Il avait définitivement rendu l'âme. Le vent fraîchit pour devenir bientôt cyclonal.

Le risque que le voilier aille se fracasser contre les récifs grandissait d'une minute à l'autre car les parois de l'île tombaient à plomb et l'ancre pouvait déraper à tout moment. Le danger était tel que je décidai de relever les ancres et d'essuyer la tempête. Trois longues heures à tirer des bordées dans la même zone. Jusqu'à ce que, vannés, nous finissions par nous amarrer de poupe au quai et mouiller l'ancre de proue par plus de trente mètres de fond.

Le dimanche, l'île Plata, qui se trouve juste à côté, fit le plein de touristes ; on ne pouvait pas y faire un pas. Alors que nous repartions vers Puerto de la Cruz, un groupe de personnes nous salua depuis la plage.

— *Arratsaldeon*. « Bonsoir. »

C'étaient Joxemanu Bideguren, de Gernika, et ses enfants. Ils vivaient depuis vingt ans dans le pays.

— En voyant l'*ikurriña*, nous n'avons pas pu résister à la tentation de venir vous saluer.

Les jours suivants, nous n'avons pas cessé de faire la fête jusqu'à notre départ de Puerto de la Cruz.

En arrivant à Cumaná, nous avons mouillé aux abords immédiats de la base militaire. Ainsi, nous serions bien gardés. Un énorme thonier vint se mettre à quai. C'était le *Pacífico Norte*. Montés à bord pour prendre des nouvelles d'un autre thonier, les officiers, eux-mêmes basques, nous invitèrent.

La salle à manger du navire était un restaurant de luxe. C'est là que Mikel, le cuisinier, nous apprit à préparer le poisson cru mariné dans du citron, dont nous nous délecterions pendant toute la traversée du Pacifique. Sur le magnétoscope du salon, nous n'arrêtions pas de voir des films. Il y avait bien longtemps que nous n'en voyions plus.

Une nuit, il y eut une série de cambriolages sur six différents voiliers. Le lendemain, il nous fallut user de la force pour arracher des mains des voleurs, qui couraient déjà sur la plage avec elle sous le bras, la chienne noire que nous avions achetée à Margarita.

Préalablement au cambriolage, les enfants jouaient au milieu des voiliers, montés sur de petites embarcations construites à partir d'un bidon de deux cents litres partagé en deux ou avec une plaque de tôle ondulée dont ils avaient attaché les extrémités en forme de proue et de poupe. Par ce moyen, ils étaient aux aguets la journée entière, à épier les allées et venues des équipages et tout ce qui était susceptible d'être volé.

Peu de temps après, dans une rue en plein centre ville de Cumaná, et sous le regard indifférent de la police, deux individus essayèrent d'arracher son alliance à Mayi, qui s'égosilla à tel point qu'ils en restèrent paralysés et prirent la fuite sans demander leur reste.

Et, quelques jours plus tard, Urko se fracturait la clavicule en jouant sur le pont du thonier. Radiographies, le plâtre et un mois et demi de repos résolurent le problème ; mais l'incident remettait en cause nos projets de voyage vers les Caraïbes, car il était hors de question d'affronter la houle avec Urko dans cet état.

La famille Bideguren arriva un dimanche, en compagnie d'Arantxa, son mari et les fillettes, que nous avions connus alors que, pour l'Université de Cumaná, ils effectuaient des prélèvements de l'écosystème du port. Nous naviguions ensemble jusqu'à la Laguna Grande del Obispo, un lieu d'une incroyable beauté naturelle, difficile à décrire. Désert de sable rouge, festonné de mangrove d'un vert luxuriant ; tons rouges et ocre, mêlés de marron ombré ; clairs-obscurs et contrastes de lumière dans toutes les combinaisons possibles ; une eau d'un bleu indigo... Les couchers de soleil à Cumaná étaient tous plus beaux les uns que les autres, un spectacle à contempler chaque jour, dont on ne se lassait jamais.

Nous avons largué les amarres de ce continent sous les rugissements de la sirène du *Pacífico Norte*, qui nous salua ainsi pour nous dire au revoir.

Île Tortuga

À cinq milles de la côte le vent se mit à souffler. C'était une nuit sans lune ; si bien que, cherchant à nous repérer, à 4 heures du matin, nous aperçûmes le phare de la pointe orientale de l'île Tortuga.

Aux premières lueurs du jour, nous avons cherché la passe du caye Carenero, une toute petite anse, qui n'apparaît que sur les cartes détaillées. Nous bordions la côte, à un jet de pierre des récifs et vingt brasses sous la quille. Entre deux bancs de sable, à l'endroit où la barrière du récif marquait une brève interruption, nous avons découvert l'embouquement de ce caye, longtemps refuge idéal des pirates du secteur.

Une entrée avec très peu d'eau, mais d'une limpidité extraordinaire. De part et d'autre, des plages de sable blanc où venaient mourir les mangroves qui ourlaient le filet d'eau salée entre le récif et l'île.

Nous avons mouillé l'ancre entre les deux plages et amené le youyou à l'eau. Une demi-douzaine de bâtons coupés à la machette dans la mangrove nous permit de sonder le canal et de planter des pieux sur ses bords pour signaliser le passage.

Le soleil, sur son déclin, avait perdu beaucoup de son agressivité. Il n'y avait pas âme qui vive. Sur la plage,

Beltza, notre petite chienne, courait derrière les mouettes, qui prenaient leur essor puis revenaient se poser quelques mètres plus loin, comme pour jouer avec elle.

Nous profitâmes de ce moment paisible pour faire des conserves. La viande de bœuf, de poulet, le poisson, rapportés de Cumaná, furent mis en bocaux, stérilisés, prêts à être rangés au fond des coffres.

Dix jours plus tard arriva le premier bateau, un voilier français avec deux fillettes de l'âge d'Urko et Zigor. Leurs devoirs finis, ils passaient leurs journées à jouer ensemble.

De l'autre côté du récif, sur le versant qui tombait presque à la verticale sur le bleu de la mer, ayant capturé trois langoustes et deux mérous, nous les avons partagés avec nos nouveaux amis. Zigor prenait plaisir au ski nautique qu'il pratiquait à son gré et sans aucune retenue, tandis que son frère Urko, dans le plâtre, crevait de jalousie. Nous partions à la pêche et Zigor attrapait son premier mérou ; une fois nettoyé, cuit au gril sur la plage, il en restait encore assez pour être boucané.

À terre, le paysage était totalement désertique : des cactus, de la lave et des ronces ; des ronces, de la lave et des cactus ; sur le sol de pierre volcanique, marcher posait problème. Nous y trouvâmes un puits avec de l'eau douce. Une fois nettoyé, il pouvait nous offrir toute l'eau nécessaire à un long séjour, ce qui nous laissait beaucoup de temps devant nous.

— Dis-moi, quel jour sommes-nous ?

— Pas la moindre idée.

— Il y a combien de temps que nous sommes ici ?

— Je ne sais pas... Une vingtaine de jours, peut-être trente.

— Combien depuis que les Français sont partis ?

— Je ne sais pas, mieux vaut attendre le prochain bateau pour le leur demander.

— Nous allons rester dans ce paradis jusqu'à ce qu'on nous expulse du pays.

Peu après arrivait un voilier battant pavillon yankee.

— C'est bizarre, car ils ont plutôt l'air sympa !

— Peut-être qu'il ne s'agit pas de yankees.

En effet, ils ne l'étaient pas. C'était un couple, lui vénézuélien, elle chilienne, qui, avec leur petite fille, venaient de Californie et se rendaient au Venezuela. Eux au moins savaient quel jour nous étions. Nous avons échangé de précieux renseignements sur des pays encore inconnus pour nous.

Une nuit nous avons tendu un filet à l'entrée du caye. Trois heures plus tard nous en avons sorti le poisson pour qu'il ne pourrisse pas : en tout, trois seaux. Nettoyé, débarrassé de ses arêtes, salé et séché au soleil. Le voilier ressemblait de plus en plus à une poissonnerie.

Un petit bateau, tout en bois, duquel furent débarqués des planches, des tonneaux, des plastiques, des filets, des cordages, des bouées, arriva sur la plage la plus proche de l'entrée. C'étaient des pêcheurs qui venaient pour la saison et ne repartiraient qu'une fois leur bateau rempli. Dans de grandes fardes ils chargeaient le poisson préalablement salé et séché au soleil.

Ils nous saluèrent très cordialement :

— Alors, tout baigne ?

— Super ! leur répondis-je.

Malheureusement, avec eux étaient arrivées une multitude de mouches. C'en était fini de notre tranquillité et de notre bien-être. En même temps le puits ne tarderait pas à se tarir, tellement il était sollicité.

Après avoir pris les dernières diapositives de l'endroit, nous sommes repartis, cette fois vers le nord de l'île pour jeter l'ancre sur la baie en fer à cheval du caye Herradura, le bien-nommé, près du phare qui signale le récif. C'était un samedi, et à la Punta Delgada, où était aménagée une piste d'atterrissage en herbe, se posèrent quatorze petits avions de tourisme, qui venaient de Caracas pour passer la journée à la plage.

Un petit garçon s'approcha du voilier en disant qu'il était notre compatriote. De Puerto Azul, sur la côte, il était venu avec son père, catalan, et sa mère, de Bermeo, sur le yacht *Kpricho* pour le week-end. Ils nous transvasèrent mille litres d'eau, ce qui allongeait considérablement nos possibilités de séjour dans la zone. Ils revinrent la semaine suivante et cette fois en apportant des légumes, notre provision étant épuisée depuis longtemps.

Avec une vieille dynamo, en rajoutant quelques spires à son bobinage et quelques bouts de contre-plaqué, j'entrepris de fabriquer, durant notre séjour sur le caye, un générateur éolien qui avec la force du vent chargeait à la perfection les batteries du voilier. Un soir, le vent fraîchit et emporta les pales du générateur.

Près du phare il y avait un autre village saisonnier de pêcheurs, doté d'une petite centrale électrique que l'on mettait en marche, ponctuellement, du crépuscule à dix heures du soir. Une nuit, les lumières restèrent obstinément éteintes, visiblement le générateur refusait de fonctionner. On m'appela à la rescousse. Je le démontai avec l'aide des enfants qui, par la même occasion, bénéficièrent d'une séance de travaux pratiques de mécanique et d'électricité. Deux heures après, la lumière éclairait à nouveau le campement.

Deux autres bateaux de pêche vinrent s'ancrer près du voilier. Le lendemain, l'un d'eux partit et l'autre resta. L'équipage de ce dernier nous apprit qu'ils avaient fait bonne pêche mais que, le démarreur étant en panne, la glace allait fondre et ils allaient perdre toute leur cargaison.

— Les gens d'ici nous ont affirmé que vous êtes bon mécano.

— Non, je ne suis pas mécano, mais je peux toujours jeter un coup d'œil.

En trois heures, le démarreur, devenu inutilisable à la suite de tant de ratages intempestifs, retrouva une seconde jeunesse ; après quoi, ce fut le tour des batteries totalement à plat.

Une fois rechargées, le démarreur tournait mais se refusait à remplir sa mission. Ils m'avouèrent alors que, depuis quelque temps, la pompe d'injection donnait des signes de fatigue ; par conséquent, c'était elle la coupable de toutes ces pannes en série : le fait d'avoir essayé tant de fois de démarrer alors qu'elle était en cause avait fusillé le démarreur et déchargé les batteries.

La pompe d'injection démontée et nettoyée, trouver la panne fut un jeu d'enfant. C'était une glissière qui était usée. Je retournai au voilier et, utilisant la perceuse comme tour, une lame de scie à métaux et une lime, j'arrivai à mes fins : une glissière flambant neuve.

La pompe d'injection remontée, le moteur démarrait, pile à 8 heures du soir.

— Combien ça va nous coûter ?

— Que vous arriviez à terre sans encombre et je m'estimerai bien payé.

— Merci, *catire* [1] !

Ils nous firent cadeau de tous les vivres frais en leur possession : pommes de terre, oignons, œufs, citrons et même de la farine de maïs pour faire des galettes.

Arriva le *Galawa*, avec à son bord une fillette, qui devint la nouvelle compagne de jeux des enfants. Le *JoTaKe* leur transvasa quelques litres d'eau, grâce auxquels ils pourraient arriver directement à Panama sans faire d'escale. Ils étaient pressés.

L'alizé disparut, transformant cet endroit idyllique en un insupportable nid à moustiques.

De bon matin, nous étions en vue du phare de l'île d'Horchilla. Il ne pouvait s'agir que d'elle. C'est l'île où les politiques de haut rang et les invités du gouvernement vénézuélien venaient se livrer à leurs orgies. Changement de cap. C'est une île militaire et il faut se tenir à l'écart ; s'agissant d'une île militaire, ne pas franchir la limite des cinq milles, sous peine de se voir tirer dessus.

Lorsqu'il fit jour, nous nous sommes rendu compte qu'une couture du génois avait cédé sur une longueur de vingt centimètres. La voile amenée, nous avons hissé le

1. Blond. (*N.d.T.*)

génois lourd tandis que Mayi sortait la machine à coudre. Installés dans le cockpit, nous avons réparé la voile. La machine à coudre, d'Eibar, fonctionnait parfaitement, elle nous fit gagner de l'argent aux escales, grâce aux mains d'or de Mayi. Bâches, housses, voiles, il n'y avait rien qu'elle ne sût faire.

Los Roques, un des derniers paradis sur terre

Vers les 10 heures du matin nous avons distingué sur l'horizon une fine mais très longue ligne blanche. Le sextant disait que nous étions bien en latitude et en longitude à environ trois milles des récifs. Latitude 11° 50' Nord, longitude 66° 40' Ouest.

C'étaient les brisants de la barrière de corail extérieure de Los Roques.

Le récif est bas, très bas, si bas que l'on n'en distingue que la blanche écume, à proximité immédiate des déferlantes. De plus près, on peut arriver à établir une différence de nuance entre le blanc des brisants et le blanc du sable de la plage qui se trouve juste derrière. Impossible à identifier à première vue, une maisonnette qui pour nous était probablement le phare de Sébastopol, l'unique passage à cet endroit-là.

Toutes voiles déployées, telle une mouette en plein essor, le voilier, avec force deux, s'approchait peu à peu du récif. Le courant, autour des cayes, augmentait de manière impressionnante à mesure que diminuait la profondeur. Nous ne parvenions pas à discerner où était l'entrée signalée sur la carte, mais par sa position par rapport au récif, elle ne devait pas être très loin. Les jumelles couraient de main en main, mais nul n'était capable de distinguer l'entrée.

Les vagues nous poussaient vers le récif et, déjà à moins de cinquante mètres, l'adrénaline à fleur de peau, nous constations l'existence d'un couloir, si petit qu'il en était presque invisible, où les vagues ne déferlaient pas.

— Tu es sûr que c'est par là ?

— Ça m'en a tout l'air. Sinon, dis-moi par où y entrer.

Il était trop tard pour répondre. Une grande vague arriva par la poupe, et de manière inattendue, sans se briser, nous fit franchir un goulet d'écume bouillonnante, pour nous déposer à l'intérieur du lagon, d'un bleu intense, ourlé de sable blanc, et tranquille comme un miroir.

Alors que la proue se retrouvait au sec, il y avait encore un mètre et demi sous la quille, ce qui nous fit ancrer directement sur la plage. Sous le cockpit, couvert d'une bâche, nous nous sommes installés pour déjeuner dans un cadre paradisiaque.

Le bleu intense du canal se nuança de tonalités plus claires à mesure que la profondeur s'atténuait, pour céder finalement le pas à l'aveuglante blancheur du sable de la plage.

À la nuit tombante, le côté paradisiaque disparut sous l'incursion de milliers de moustiques kamikazes. Les moustiquaires posées sur toutes les ouvertures nous protégèrent.

Mais à peine l'aube commençait à poindre que nous étions tous dans le cockpit pour jouir au maximum du bonheur de nous trouver en ce lieu enchanteur.

En plongée avec les fusils pour gagner notre pitance, nous revînmes peu après chercher le canot pour transporter le sac de lambis, *Strombus Gigas L.*, que nous avions récoltés.

Nous les nettoyions à même la plage, en pratiquant une ouverture au niveau de la troisième spire de la coquille pour couper le nerf qui attache la bête à la carapace. Nous mettions en conserve sur place, stérilisant les bocaux sur un grand feu alimenté du bois rejeté par la mer sur le récif, quand Urko, qui faisait de la planche à voile, sortit de l'eau comme s'il avait le diable aux trousses, car sur le bord il y avait un grand requin qui se délectait de la tripaille des coquillages que nous venions de nettoyer.

Les requins nourrices dormaient dans leurs trous,

leur bouche ouverte tournée vers le courant, et les enfants prenaient un malin plaisir à les réveiller en leur tirant la queue, ce qui les faisait fuir précipitamment pour se perdre au milieu des coraux.

Nous avons appareillé non sans peine, cap sur le Gran Roque, la plus grande île du récif, et la seule à être habitée en permanence, nous efforçant de naviguer toujours dos au soleil, seul moyen de localiser les têtes de corail ; nous fîmes tout le parcours à la voile, sur une mer d'huile, alors qu'à quelques mètres, la mer des Caraïbes redoublait ses assauts contre la barrière extérieure de récifs.

Nous embouquions vers Cayo Francés, où mouillaient déjà plusieurs voiliers et yachts. Sous la pleine lune, le paysage était impossible à décrire.

Le vent soufflait fort. L'alizé lui aussi a un cœur, qui s'agrandit avec la pleine lune. Le générateur éolien lui en savait gré et chargeait les batteries, ce qui nous permettait d'utiliser la radio pour parler avec la famille, tout là-bas, à des milliers de milles, de l'autre côté de l'Océan.

L'île possède un lagon intérieur, un énorme lac entouré de végétation, une mangrove sauvage, très touffue.

Dans l'eau, dans les racines des mangliers, il y avait une grande quantité de pagres, poissons qui ressemblent à des daurades, et des huîtres de mangrove très riches en iode. Nous nous prenions à rêver d'un catamaran de faible tirant d'eau qui nous aurait permis d'entrer dans le lagon intérieur pour y rester un temps infini.

Beltza, notre mascotte, était tombée du voilier dans le youyou. Elle boitait beaucoup et se plaignait. Je l'examinai, mais ne lui trouvai rien de cassé. Nous nous rendîmes au Gran Roque en quête d'un vétérinaire et nous rencontrâmes finalement une rebouteuse qui, après l'avoir examinée, confirma qu'il n'y avait rien de cassé.

Tous les matins, le spectacle qu'offraient les pélicans était grandiose. Ils étaient plus d'une centaine, et tandis que les uns prenaient leur envol, d'autres se laissaient tomber en piqué. À leur air pataud, il était incroyable qu'ils n'aient jamais eu entre eux le moindre accrochage.

À 8 heures du matin nous levâmes l'ancre pour mettre le cap sur Cayo Noronqui, vent en poupe, les voiles en oreilles d'âne. En une heure, nous y étions.

Avant le déjeuner, un homme s'approcha, à la nage. Il nous salua très aimablement avant de se présenter : Klaus Meyer, patron des laboratoires Meyer.

Après avoir bavardé un long moment en notre compagnie, il prit congé et nous offrit, au cas où nous voudrions aller à Caracas, de mettre son petit avion à notre disposition. Pour l'aller aucun problème, l'avion partant quasiment à vide ; il y en avait un pour le retour, car durant les fêtes de Noël, il n'y aurait ni vols ni bateaux vers les îles.

L'hébergement ne présentait pas de difficulté, si bien que Urko et moi nous restâmes sur le voilier, à nous promener sur l'archipel, et Mayi et Zigor, au bout d'une demi-heure de vol, atterrissaient avec *Beltza* à l'aéroport de La Carlota, au centre de Caracas.

Le vétérinaire, ayant pris les radios pertinentes, diagnostiqua une fêlure sur la petite patte qu'il plâtra aussitôt.

Ils passèrent les jours suivants à visiter Caracas, dans l'espoir de trouver un moyen de rentrer. Mais, entre les îles et le continent, toutes les liaisons étaient momentanément interrompues.

La veille de Noël, Klaus Meyer appela Mayi pour lui demander si elle avait résolu le problème du retour.

— Non, c'est impossible. Ces jours-ci, personne ne part vers les îles.

— Eh bien, ne vous inquiétez pas, je vais vous faire un petit cadeau de Noël...

Une demi-heure plus tard, une limousine, avec le chauffeur personnel de M. Meyer accompagné du pilote de l'avion, passait la prendre à l'appartement.

L'avion effectua le vol Caracas-Los Roques avec pour uniques passagers Mayi, Zigor et la chienne. Le capitaine du *Claudimar*, à la fois maison et bateau de M. Meyer, avisé depuis Caracas de leur arrivée, les attendait en bout de piste avec un yacht pour les ramener au *JoTaKe*.

Si *Beltza* pouvait, par sa physionomie, paraître quelque peu bizarre avant l'accident, maintenant, avec la patte dans le plâtre, elle battait tous les records. Toute noire, traînant sa patte arrière plâtrée, elle se promenait partout, comme folle, tellement elle était heureuse de pouvoir à nouveau sentir son bateau.

Nous avons passé la nuit du 24, invités sur un énorme voilier, propriété d'un ministre du pays.

Le mouillage était bon, et les jours s'écoulaient dans une merveilleuse monotonie : soleil, pêche, dîners sur la plage, sans parler des matches de football disputés avec les équipages d'autres voiliers.

Sur la plage, il y avait une tente de camping avec un jeune homme et deux jeunes filles. Bientôt, Noël et nous étions devenus les meilleurs amis du monde ; Noël, ainsi s'appelait le jeune pilote qui avec les deux jeunes filles était venu en petit avion depuis Maracaïbo.

Le lendemain, Noël nous invita à faire un tour au-dessus des récifs. Ce fut un voyage presque irréel, il était impressionnant de voir surgir la barrière de récifs de l'indigo des profondeurs abyssales.

Nous allions saluer la nouvelle année 1987 dans le cockpit du voilier, à la lueur de feux de Bengale depuis longtemps passés de date.

La coque se salissait de plus en plus rapidement. Il était démoralisant de voir que la couche d'algues grattée quinze jours avant à Cayo Francisquí, au prix d'un travail fastidieux, en apnée, recommençait à pousser de plus belle. Quand elle fut nettoyée, nous nous sommes rendus à Cayo Carenero. Après avoir négocié une entrée magistrale à la voile et jeté l'ancre à l'endroit précis, nous sommes allés courir sur la plage.

Les levers et couchers de soleil rivalisaient de splendeur. Les pélicans, pêchant en équipe, émettaient en plongeant un bruit très caractéristique.

Un bateau de pêche mouilla à côté de nous. Ses occupants venaient de la part de Juan, un Vénézuélien qui organisait des voyages charter, voir si nous pouvions leur prêter assistance. Le moteur fonctionnait, mais l'hélice ne tournait pas. Le manchon d'accouplement était tout bouffé et la clavette était inexistante. Je pris la pièce avec moi pour la recharger avec de la soudure ; puis à la lime, je fabriquai une clavette avec un bout d'arbre de transmission de hors-bord, et vers midi, la réparation était terminée.

Le lendemain, avant de partir, ils nous apportèrent quatre langoustes, des crabes et du poisson en abondance.

Avec la grand-voile pour tout gréement, nous sortîmes de la baie pour nous rendre à Cayo Bequebé, vent en poupe. Le récif était désert.

Journal de bord

> *La partie Sud de l'île est remplie de huppes en pleine saison de ponte. Leurs petits sont des peluches de coton blanc. Il n'y a pas de nids ; les femelles se mettent en quête d'un lieu abrité, et y pondent leurs œufs à même le sol.*

En une heure et quart nous étions à l'ancre en face de la Fondation scientifique Los Roques.

Il y avait plusieurs maisons construites en dur, les seules de toute la région, et des palmiers plantés dans le sable blanc.

Il nous fallut recoudre les voiles, car la couture du génois avait lâché sur plusieurs centimètres et, par endroits, on voyait le jour à travers les raccommodages.

À la fondation, nous fûmes reçus par Juan Manuel, un des biologistes du centre, qui occupait les fonctions de directeur. Le matin, nous partîmes pêcher à l'extérieur du récif, là où l'île descend en piqué sur le bleu de l'abîme. Au bout d'une demi-heure, nous sommes revenus chargés de sept langoustes et d'un mérou de quatre-vingt-dix kilos, aussi avons-nous donné un déjeuner en l'honneur de tout le personnel de la fondation.

Du dernier caye au couchant, on pouvait voir très nettement le « rayon vert ». Quand l'horizon est entièrement dégagé, pendant le dixième de seconde que met le soleil à disparaître derrière lui, un intense rayon de lumière sort de l'endroit même où le soleil se cache, vers le ciel.

Un groupe de biologistes partait en vacances sur le continent et les enfants se rendirent à l'aérodrome pour assister au décollage.

L'un des moteurs refusa de démarrer. Tous les bagages furent débarqués et le pilote, accompagné par les enfants, s'approcha du voilier.

— Les garçons m'ont assuré que leur papa, vous, en l'occurrence, pouvez résoudre notre problème, me dit le pilote.

Je leur proposai plusieurs solutions : une heure plus tard le moteur démarrait et l'avion décollait à destination de Caracas.

De la fondation, par radio, nous passâmes commande de vivres pour l'île et Juan Manuel ajouta à la liste tout ce dont le voilier pouvait avoir besoin. Les légumes surtout, dont nous manquions cruellement, furent les bienvenus.

De bonne heure et le cœur gros, nous avons laissé derrière nous le caye Dos Mosquises, la dernière île de Los Roques en partant vers l'ouest, pour mettre le cap sur un autre groupe de récifs, plus petit, à environ vingt-sept milles de là.

Nous naviguions vent en poupe, voiles en oreilles d'âne ; l'alizé se montrait stable ; il n'y avait pas de dépressions importantes. Nous coulions des journées agréables. Nous étions en vue de Las Aves, le récif en forme d'anneau. L'eau était incroyablement transparente.

Sur la partie brisée de l'anneau, apparaissaient de tout petits îlots avec un ou deux palmiers solitaires qui avaient dû se tromper d'endroit.

Les îlots étaient couverts sur leur partie la plus élevée d'un manteau de sable d'une blancheur aveuglante.

Avec le youyou, à la rame, nous nous promenions à

travers les mangroves d'un vert foncé si brillant qu'il semblait verni. Là nichaient les huppes par milliers.

Les poussins étaient des boules de coton blanc et il était difficile de résister à l'envie de les toucher. Sur ce récif les nids de huppes se trouvaient aussi sur les branches des mangliers et ils étaient construits de façon très rudimentaire avec des bouts de bois ramassés sur le récif.

Il y avait peu de pélicans.

Comme à son habitude, Mayi nous emmenait de l'autre côté du récif. Les deux garçons et moi plongions et le fort courant nous entraînait vers les coraux où nous pêchions, impressionnés par l'exubérance de vie qui s'offrait à nos regards.

Mayi faisait son possible pour se tenir à proximité des plongeurs afin de sortir immédiatement le poisson de l'eau, car elle était infestée de requins.

Nous avons levé l'ancre pour nous rendre à l'autre bout du récif, un caye de sable blanc sur lequel, pour toute végétation, deux cocotiers solitaires grandissaient de conserve. Un peu à l'écart, quelques rares cabanes, celles de pêcheurs saisonniers. Venu chercher un mouillage pour échapper à une forte houle, un thonier de vingt-cinq mètres, de construction japonaise, conçu pour pêcher à la ligne, que nous avions déjà vu à Cumaná, était ancré à même le caye.

Nous avons débarqué sur l'île pour nous dégourdir les jambes, nous rendant jusqu'aux cabanes pour un brin de causette avec les pêcheurs.

Au retour, la chienne s'approcha de deux hommes qui étaient allongés sur le sable.

De crainte qu'elle ne les ennuie, je rappelai *Beltza* :

— *Zakurra alde egin hortik*, ce qui veut dire : « Chien, sors de là. »

Ce à quoi l'un des hommes répondit :

— *Nongoak zarete* ? « D'où êtes-vous ? »

J'en étais resté baba. Ils étaient de San Sebastián, à tout juste vingt kilomètres de mon village, Hondarribia.

Pello et Aitor, c'étaient leurs noms, étaient les officiers du thonier.

Sur le voilier, avec du rhum de Martinique, *trikitrixas* et *txistu*, la fête se prolongea bien au-delà de trois heures du matin.

Les jours s'écoulaient dans une très agréable monotonie que nous aurions souhaité ne jamais voir se terminer.

Mais tout a une fin. Le voilier était pratiquement prêt à appareiller ; saisissant le moment où l'alizé modérait quelque peu son impétuosité, nous mîmes le cap sur les Antilles hollandaises.

Nous sommes arrivés à Bonaire au bout de six heures de navigation, frappés de retrouver la civilisation après ces mois de paradis. Les formalités d'immigration, simples et gratuites, nous obligèrent à laisser les fusils sous la garde des douaniers, la chasse sous-marine étant totalement interdite sur l'île.

La capitale, Kralendijk, est une petite bourgade proprette qui abrite quantité d'hôtels et de complexes touristiques. C'était l'époque du carnaval, et la population noire, avec un taux élevé de métissage, transportait sur les plateaux des camions ses orchestres qui jouaient sur des rythmes caribéens. Les femmes étaient très belles. Tous les gens étaient d'une sympathie et d'une amabilité que nous avions rarement rencontrée jusque-là.

Au bout d'une semaine, nous mettions le cap sur Curaçao et, en passant par Punta Canon, le génois se déchira en deux. Nous hissâmes donc un nouveau génois plus lourd et cherchâmes l'entrée de Spanish Water, une baie qui est presque comme un lac et dont l'entrée n'est pas facile à trouver. Faisant suite à une plage de cocotiers, une montagne abrupte s'élève, au-dessous de laquelle sourd une petite rivière, d'une eau verte comme l'Orénoque, et qui, après quelques méandres, débouche sur un immense lac intérieur.

Au coucher du soleil un canot vint nous rendre visite et son unique occupant nous salua très aimablement :

— Vous ne vous souvenez pas de moi ?

— Non, à vrai dire, non.

— Pourtant, vous devriez...

— Je suis désolé, votre visage me dit quelque chose, mais je ne vois pas où je vous aurais rencontré.

— C'est moi le Hollandais dont vous avez sauvé le voilier à Belém, sur l'Amazone.

— Que le monde est petit !

Sur la jetée, en bord de mer, amarrés de la poupe, tous les bateaux vénézuéliens étaient au mouillage, les uns à côté des autres. De chaque bateau sortaient deux longues perches qui arrivaient jusqu'à la route. De l'une à l'autre étaient tendues des toiles d'une couleur différente selon chaque bateau, pour se protéger du soleil. Ensemble elles formaient un couloir multicolore qui oscillait au rythme des bateaux, eux-mêmes bercés par le va-et-vient de la houle. L'ombre sous laquelle s'abritaient les étalages de légumes communiquait à l'ensemble une sensation de mouvement harmonique. Au passage d'un bateau, les parasols se balançaient sous l'effet de l'ondulation produite par le navire dont l'image agrandie se projetait sur eux.

Nous faisions le plein d'eau douce au club nautique des Hollandais dont nous avions sauvé le voilier sur l'Amazone. Ce qui ne les empêcha nullement de nous présenter une note de trente dollars et, de surcroît nous apprîmes qu'ils avaient produit une fausse facture pour encaisser de leur assurance les frais prétendument occasionnés par le sauvetage. En mer, on trouve des personnes de tout acabit.

Une semaine plus tard, nous franchissions le canal de sortie qui nous séparait de la haute mer. Le vent, en poupe, était plutôt faible, et la mer assez agitée. Les coups de tabac, particulièrement forts, obligeaient à tenir la barre en permanence. La grand-voile était secouée de claquements épouvantables, le gréement geignait, et le voilier avançait à peine.

Malgré ce temps de chien, à 8 heures du matin, nous étions en vue de la pointe sud d'Aruba, la dernière île hollandaise sous le vent, désertique et aux montagnes sèches et pelées.

Une fois débarrassés des dernières formalités, nous hissâmes deux génois au galhauban de proue et nous avons mis le cap sur la Colombie.

Colombie

À 17 heures, nous dépassions les îles Monjes, paradis des contrebandiers. Toutes voiles déployées à bâbord et à tribord, le *JoTaKe* ressemblait à un énorme papillon. Moyenne de huit nœuds, ce qui n'était pas mal. À cette allure, nous pourrions arriver de jour à la péninsule Guajira.

Il faisait nuit noire. Selon nos estimations, à 22 heures nous aurions dû apercevoir le phare du cap Gallina ; mais à 23 heures, nous étions toujours dans le flou. Pour ne pas dépasser la Guajira, nous avons amené toutes les voiles, à l'exception d'un petit foc.

À 3 heures du matin, les nuages s'illuminèrent d'un énorme flamboiement, sans doute quelque localité importante, vers laquelle nous nous sommes aussitôt dirigés. En louvoyant, nous avons attendu le lever du jour, car en admettant que la baie soit balisée, nous ne nous sentions pas très sûrs de nous.

Aux premières clartés de l'aube, la vision nocturne se matérialisa. Des convoyeurs à bande, des pylônes de haute tension, toute une structure industrielle... Un remorqueur traînait un énorme navire marchand, et le pilote participait à la manœuvre. Pilotes et navires marchands impliquaient autorités, paperasserie, permis, visas... Tout bien pensé, nous avons poursuivi notre voyage, laissant derrière nous Puerto Portete.

Chez les Indiens guajiros

Hissant à nouveau les voiles, nous faisions route vers le cap de la Vela. Aux abords immédiats de la pointe, nous avons distingué quelques pitons rocheux qui s'enfonçaient dans la mer. Démuni de cartes plus détaillées, je préférai gagner le large. Les cartes bathymétriques signalaient peu de profondeur, et la sonde marquait deux brasses ; parfois une seule. L'eau était d'une couleur verdâtre : impossible de deviner ce qu'il y avait sous la quille.

Nous naviguions très lentement, mais avec les rafales de vent, le niveau de la baie montait, ce qui interdisait de discerner à temps la moindre roche à fleur d'eau. La mer moutonnait jusqu'à la proue du voilier.

À deux milles devant nous se trouvait le hameau signalé sur les cartes. À Los Roques, Noé nous avait déjà mis sur nos gardes, l'endroit étant extrêmement dangereux. Dans ce secteur, les yachts vénézuéliens naviguent loin de la côte, en groupes de quatre ou plus, et si possible accompagnés d'un garde-côte.

Nous étions déjà à moitié chemin quand nous avons vu appareiller un bateau de pêche, avec une foule de gens à son bord, qui venait à notre rencontre. Immédiatement, une vedette rapide dotée d'un énorme hors-bord, après un tour de reconnaissance, vint se placer à environ deux cents mètres de la poupe de notre voilier. À la suite de quoi, le bateau de pêche, beaucoup plus lent que la vedette, effectua la même manœuvre pour se placer lui aussi à la poupe. C'était bizarre, et comme nous étions déjà avertis du danger, nous nous préparions au pire. Si nous étions attaqués, nous ne pourrions leur échapper qu'en leur faisant front, et eux étaient en nombre.

— Prends la barre et tiens bon ! criai-je à Mayi, tout en préparant les munitions.

La vedette se rapprochait peu à peu, comme si désormais plus rien ne la pressait. À la jumelle, nous voyions, sur le bateau de pêche, beaucoup de gens avec les cheveux longs, mais rien ne permettait de déterminer leur sexe, la plupart des Indiens portant les cheveux longs.

La vedette se trouvait maintenant à une cinquantaine de mètres, peut-être moins, et le bateau bien plus en arrière. À l'intérieur du cockpit, Urko lisait la sonde.

— Zigor, prépare l'autre fusil et passe-le à Urko. Qu'il se poste à l'écoutille de proue, mais qu'on ne le voie pas. Nous nous laisserons aller à la dérive, pour les prendre à revers.

— Quelle profondeur ?

— Très peu, moins d'une brasse.

— Merde, c'est nous qui sommes pris au piège !

La machine était au point mort ; on ne pouvait plus aller de l'avant, et encore moins reculer. Le vent était fort, et en plus des embruns, l'atmosphère était saturée de sable du désert.

Rapidement, le *JoTaKe* se mit en travers. C'était le moment crucial.

— *Aitá*, attends ! Je crois qu'il y a des enfants à bord !

Maintenant nous les distinguions un peu mieux ; sans nous rendre compte, nous avions dérivé vers eux. Mais, tout sauvages qu'ils soient, les Indiens n'attaquent pas avec femmes et enfants.

Nous avons levé les bras en signe de paix. Immédiatement, comme s'ils n'avaient attendu que ce signe, de nombreux bras commencèrent à s'agiter sur le bateau, et avant même que l'ancre n'arrive à crocher, alors que la sonde marquait une seule brasse, les deux Indiens de la vedette avaient amarré et sauté à bord. L'ancre tomba à trois cents mètres du rivage, où le sable était d'un blanc éclatant.

L'un des Indiens, de haute taille, avait autour du cou un énorme collier et portait un gros revolver à la ceinture ; l'autre, à la peau plus sombre, presque noire, lui aussi armé d'un revolver, ne soufflait mot.

— Soyez les bienvenus au village. Aucun malade à bord ?

— Non. Tout le monde va bien, merci.

— Nous avons une très bonne infirmerie, si c'est ce dont vous avez besoin.

Personne, aucun voilier ne leur avait jamais rendu visite, urgence mise à part, et ils échangeaient un regard de connivence. Il leur semblait insolite qu'on vienne les voir pour un autre motif.

Entre-temps le bateau de pêche s'était mis bord à bord avec le *JoTaKe*, et une vingtaine de personnes montaient sur le voilier pour nous souhaiter la plus chaleureuse des bienvenues que nous ayons jamais reçue tout au long de notre voyage. Comme beaucoup d'entre eux ne parlaient que guajiro, les autres leur servaient d'interprètes. Nous n'aurions jamais imaginé un tel accueil dans un lieu aussi mal famé.

Ce fut la distribution générale, pour les enfants des crayons de couleur et, pour les femmes, des revues d'actualité. Ils insistaient pour que nous descendions à terre, mais nous étions très fatigués. Nous n'avions pas fermé l'œil de toute la nuit, et les événements des jours derniers nous avaient mis l'adrénaline à fleur de peau, nous étions réellement pompés.

Quelques-uns signalaient que là où ils habitaient, il y avait davantage de fond, et que le mouillage y était plus sûr. Mais cela se révéla inutile, où qu'on aille, il y avait toujours aussi peu d'eau.

Un canoë, construit à partir d'un tronc évidé, comme ceux de l'Amazone, et équipé d'un moteur diesel, vint chercher tous ceux qui étaient restés sur le voilier. Se recroquevillant sur eux-mêmes, ils se tassèrent au fond du canoë, mais peine perdue, la maudite houle éclaboussait tout. Quelques minutes après leur départ, nous dormions d'un sommeil de plomb.

Une heure plus tard, des bruits sur le pont nous tiraient de notre sommeil. Avant même que nous ayons pu nous rendre compte, deux Indiens adultes et un enfant s'étaient installés dans le cockpit du voilier. Nous essayions tout juste d'ouvrir les yeux, qu'ils furetaient partout avec une curiosité insatiable.

L'un des deux nous raconta qu'il avait trente-six enfants et six épouses. L'une d'elles habitait là, une autre à Riohacha, une autre à Maracaïbo...

— Elles viennent parfois me voir avec mes enfants. Et une fois l'an, nous nous réunissons tous pour la Noël.

— Et pourquoi êtes-vous tous armés ?

— Parce qu'on peut être attaqué quand on se rend dans un autre village. Tout le monde est armé, surtout la nuit, parce qu'on a des problèmes avec les voisins.

— Une fois l'an, le 10 juin, est célébrée l'unique messe à laquelle nos deux familles assistent ensemble. C'est la seule cérémonie où pareille chose se produit, nous informèrent-ils.

— D'après ce que je crois comprendre, me dit Mayi, le village est constitué par deux familles, chacune d'elles de part et d'autre de l'église, et toutes les deux s'en veulent à mort. D'où l'intérêt de nous voir changer de mouillage.

La péninsule de la Guajira est souvent surnommée l'Arabie colombienne. Le climat y est très sec : les vêtements que le vent et les vagues vous mouillent en montant dans le youyou sont secs avant d'arriver à terre. Dans les cabanes régnait une chaleur insupportable. Dehors, le vent soufflait si fort que la poussière et le sable filtraient par tous les interstices. À l'entour tout était poussière, et il fallait d'une cabane à l'autre garder les yeux fermés. Le sable meurtrissait les jambes comme du papier émeri. Le soleil était d'une âpreté insoutenable, et la poussière que le vent soulevait rendait l'atmosphère irrespirable. Dans la rue, on ne voyait pas un chat.

— Quand le temps se gâte de cette manière, il y en a habituellement pour plusieurs jours, nous expliqua-t-on.

Tous les jours, on venait nous chercher de bon matin pour nous emmener à la plage en pirogue. Dans les cabanes, on nous offrait des boissons et toutes sortes d'amuse-gueule rapportés en contrebande du Venezuela. Certaines logeaient plus de quarante personnes.

— Moi, je suis mariée avec le frère de cette femme ; sa sœur est mariée avec mon frère ; cet homme est mon cousin, et cet autre, là-bas, est mon oncle.

Il était difficile de s'y retrouver dans cet embrouillamini de noms, et nous ne saurions jamais exactement à qui nous avions affaire.

Les murs de la plupart des maisons étaient construits de bouts de bois entrelacés recouverts d'argile. Les palmes qui couvraient la toiture s'appuyaient sur des cactus secs qui faisaient office de poutres. Et, pour tout mobilier, une table et quatre chaises. L'une de ces maisons cumulait les fonctions d'hôtel et d'épicerie.

Un jour, on nous héla d'une cabane. Après avoir franchi la clôture en raquettes de nopal desquelles pendaient des bouts de filet, nous avons pénétré dans une pièce sombre de deux mètres sur trois. Dans la pénombre, on distinguait une table boiteuse appuyée contre le mur, couverte de flacons, de boîtes de conserve et d'ustensiles de cuisine. Sur l'un des murs était accrochée une nature morte, qui avait l'air ancienne, et un calendrier au-dessous d'une pin-up nue. Par terre, une motopompe dont les éléments gisaient épars, avec des problèmes de carburateur.

J'étais en train de le réparer quand arriva la grand-mère, la chef de famille. Elle était le type même de l'Indienne guajira : de taille plutôt menue ; la peau très sombre ; la chevelure de jais lui tombant jusqu'à la ceinture, et aussi ridée qu'une tortue. Elle était coiffée d'un foulard de couleur violette, le reste du corps couvert de colliers de graines et de bracelets en or. La robe, en tissu imprimé de couleur sombre, lui arrivait aux chevilles, et elle était chaussée de semelles confectionnées avec un bout de pneu de camion, qu'elle s'attachait autour des chevilles à l'aide de lacets multicolores.

Les Guajiros sont bons amis mais peuvent se changer en ennemis implacables ; rebelles, arrogants, d'une exceptionnelle fierté, intelligents et très attachés à leur langue et à leurs coutumes, surtout à la loi du talion qu'ils prétendent faire respecter de tous, y compris du propre gouvernement colombien. On ne leur connaît aucune religion. Ils se regroupent en clans matriarcaux et sont adeptes de la polygamie. La richesse des femmes se mesure à l'aune des pompons qui ornent leurs sandales : leur propriétaire est d'autant plus riche qu'elle peut faire étalage des plus gros pompons.

Leur habitat est le désert de la Guajira, qui jouxte d'un côté d'immenses marécages ; de l'autre, la mer ; au sud, les crêtes enneigées de la sierra de Santa Marta ; et, à l'est, la frontière vénézuélienne. Ils sont les seuls Indiens à s'être adaptés aux conditions extrêmes de vie dans ce désert. Leur population totale est estimée à quelque cent mille individus. Leur principal moyen de subsistance est constitué par des chèvres et des moutons, en troupeaux qui migrent constamment. Les hommes vivent à cheval.

Certains d'entre eux savent l'espagnol. Alors que nous nous essayions à imiter les sons de leur langue, ils se moquaient de nous : leurs mots acquièrent un sens différent selon l'intonation qu'on leur donne. *Anschi*, qui veut dire bonjour, était le seul mot que nous prononcions à peu près correctement, puisqu'ils ne riaient pas. On vous répond *As*, qui signifie la même chose.

Un matin, arriva une pirogue avec deux adultes et un enfant. L'un des adultes était l'oncle de Mari, une Indienne qui, au revolver, était d'une adresse infaillible. L'enfant était son fils. Celui qui les accompagnait connaissait très bien la côte jusqu'à Cartagène des Indes. Carte dépliée sur la table, il nous fit bénéficier de son expérience.

— Toutes les familles du village s'adonnent à la contrebande comme activité principale, nous apprit-il.

Lui-même venait de séjourner trois ans à la prison de Saint-Domingue, en République dominicaine, dont il était sorti au mois d'août. Au moment de son arrestation en compagnie de cinq autres membres de la famille, ils partaient vers Miami, mais le mauvais temps les avait obligés à relâcher à Saint-Domingue. Ils avaient à bord quarante-sept fusils AK47 et deux tonnes de cocaïne. Tout leur fut confisqué. L'opération se soldait par la perte du bateau et, pour eux, la paille humide des cachots.

— Ce fut très dur. Une autre fois, nous pêchions à une heure du cap de la Vela, quand est passé un bateau coréen qui a jeté cinq personnes par-dessus bord. Nous nous sommes approchés pour les recueillir car elles étaient vivantes. À ce moment, le Coréen est revenu et s'est mis à nous tirer dessus. Nous avons sorti les armes et leur avons cassé toutes les vitres de la passerelle de commandement. Mais cela ne semblait pas leur suffire. Nous avons continué la fusillade, faisant finalement mouche sur une bouteille de butane. La bouteille a explosé, soufflant tout un bout de passerelle. Nous avons alors recueilli ceux qui étaient à l'eau. C'étaient des Colombiens. Les Coréens du bord les avaient balancés parce qu'ils ne s'entendaient pas bien avec eux.

» Ces bateaux, poursuivit-il, sont basés à Cartagène. Quand le Coréen est arrivé au port, il nous a dénoncés et nous sommes allés croupir en prison tout de suite après être rentrés au village. Jusqu'à ce que ceux que nous avions sauvés témoignent en notre faveur pour nous faire libérer.

» Maintenant nous avons un petit bateau, qui appareillera aujourd'hui même pour Aruba. Avec quelques balles de marijuana, de vingt kilos chacune. Mais nous ne le faisons que sur commande.

Quand les commandes se font plus rares, ils se consacrent, pour donner le change, à la pêche au requin et vendent les ailerons au Venezuela.

— Ici, au village, tout le monde est armé, assura-t-il sur un air de défi.

— Nous l'avions déjà remarqué. Mais de qui donc devez-vous vous défendre ?

— Des familles ennemies. Il y a un an ils ont tué un de mes cousins. Ils l'ont tué à 1 heure, et 3 heures n'avaient pas encore sonné que nous avions tué l'assassin et deux autres comparses. Il y a dix ans que nous sommes fâchés. Jusqu'à maintenant, ils nous en ont tué douze, mais nous, nous avons tué trente-trois des leurs. Notre famille possède dix voitures blindées, affirma-t-il tranquillement.

— Et la police ne vient jamais par ici ?

— Plus maintenant ; avant ils venaient, mais on leur tirait dessus, et ils s'en allaient. Une ou deux fois, ils sont venus avec des tanks, mais comme on les entend de loin, on s'est réfugiés tous dans le désert. Un hélico est venu, à un moment, arroser les champs d'*herbe*, mais nous l'avons abattu au lance-roquettes.

» Une nuit, poursuivit-il, quantité de militaires sont venus directement chez moi, probablement à la suite d'une dénonciation. Me voyant perdu, j'ai demandé à ma nièce Mari de me prêter une *manta*[1]. Passant un gilet garni de quarante grenades, je me suis faufilé entre eux, avec la *manta*, comme si de rien n'était. De dessous le plancher, ils m'ont taxé soixante-cinq pistolets mitrailleurs Uzi pour lesquels j'avais déjà un client...

Au moment où la conversation devenait on ne peut plus édifiante, l'Indien nous quitta pour aller parler par radio avec Riohacha.

Deux ou trois jours après, la maison de Mari était pleine de monde et tout autour stationnaient pas mal de véhicules tout terrain : une partie de la grande famille se retrouvait. On nous invita à la réunion familiale et on nous installa sous le hangar de cactus. Les parents de Mari se trouvaient là eux aussi, ils étaient venus pour organiser une sortie. Le père était partout à la fois, bavardant avec les uns et les autres. Tout le monde était content et le whisky coulait généreusement.

— Que se passe-t-il, Mari ? À quoi devons-nous une telle activité ?

— Rien de spécial, nous avons du travail. Un chargement.

Sur la plage on mit le feu à des pneus. Presque aussitôt un bateau de pêche vint mouiller tout près de la plage. De justesse car il n'y avait même pas cinquante centimètres de fond. Et lentement, comme en s'amusant, les gens commencèrent à charger le bateau. Entre les quolibets, les blagues et le whisky Chivas, ils chargèrent deux tonnes de cocaïne à destination des Antilles hollandaises. L'opération traînait en longueur car il fallait d'abord décharger les voitures et, les paquets sur le dos, arriver jusqu'au bord et là charger le zodiac qui à son tour devait arriver au bateau, où finalement était arrimée la marchandise.

---

1. Robe longue des Indiennes. (*N.d.T.*)

Pendant ce temps-là, les femmes servaient des morceaux de chèvre grillés, que tout le monde mastiquait à grand renfort de whisky. La lune en était à son dernier quartier, et par cette nuit sombre choisie pour l'opération, le flamboiement des barbecues communiquait au tableau une chaleur étrange.

Nous étions invités à aller le lendemain faire des emplettes à Maicao, à la frontière vénézuélienne. À 5 heures du matin, la mer ressemblait à un miroir et il n'y avait pas un brin de vent. À notre arrivée à terre, l'aube commençait à poindre. Les gens étaient déjà levés, et les femmes, drapées dans leurs superbes *mantas*, préparaient les petits déjeuners tandis que les enfants jouaient sur le sable. Des cabanes surgissait à tue-tête la musique des *Ballenatos* [1]. Partout on nous offrait du café.

Arriva un tout terrain, escorté par deux gardes du corps armés jusqu'aux dents, qui nous conduisit par un chemin qui n'était qu'une piste poussiéreuse que rien ne distinguait du désert. Quand elle existe, la piste est d'argile ou de sable, d'une couleur oscillant entre le rouge et le marron. L'unique végétation rencontrée était des cactus de plus de cinq mètres de hauteur.

De loin en loin, rompant la monotonie du paysage marron, apparaissait un petit lac d'eau douce, séquelle de la dernière pluie. Au bord de l'eau, s'étaient installées les colonies d'Indiens. Les habitations, bâties en pisé sur un treillis de branches d'arbuste, s'épaulaient des mêmes poutres de nopal soutenant les toits de paille. Une partie de la maison était un hangar, ouvert aux quatre vents, un porche sous lequel il y avait toujours quelqu'un à se balancer dans un hamac qu'ici on appelle *chinchorro*. Sans cette légère brise, les gens crèveraient de chaleur. À l'ombre, il y a plus de cinquante degrés.

Sur le chemin, qui parfois longeait la voie ferrée, nous nous émerveillions devant ce désert, si différent du Sahara. À un moment donné, nous avons croisé une caravane de trente-six camions.

1. Les Baleineaux, groupe colombien. (*N.d.T.*)

— Ils sont souvent plus d'une centaine, dit l'un des gardes du corps.

C'était la contrebande qui entrait dans le pays. Afin de se préserver des braquages, les camions se regroupaient en caravanes pour voyager.

Maicao était une grande bourgade aux rues sans asphalte qui vit de la contrebande avec le Venezuela. Toutes les maisons sont des commerces ; pour la plupart des magasins d'alimentation. Les rues étaient d'une saleté effroyable, on aurait dit un immense dépotoir. En dépit de la chaleur étouffante, il régnait partout une activité intense.

Zigor, le plus jeune frère, avec sa blonde chevelure, presque blanche à cause du soleil, attirait habituellement l'attention des Indiens. Ceux-ci appellent les blonds *monos* [1] et si, au début, l'enfant se vexait un peu, il finit par s'y habituer.

— *Mono*, reste parmi nous et tu auras autant de femmes que tu voudras ! lui disaient les Indiennes.

Et quand il refusait, elles répondaient :

— Si tu ne veux pas rester, au moins laisse-nous la race, la graine. Vas-y, choisis celles que tu voudras !

Un autre jour, sur la route d'Uribía, nous avons rencontré en plein désert un Indien porteur d'un long bâton fourchu à son extrémité. Sautant aussitôt à bas de nos montures, nous lui avons demandé à quoi pouvait servir ce bâton. En guise de réponse, il poursuivit sur une vingtaine de mètres, se planta devant un énorme nopal et, avec une incroyable dextérité, cueillit cinq figues de Barbarie qu'il offrit à Mayi en disant :

— *Higuaray mayajura*. « Des figues pour la petite madame. »

Pour que les chevaux récupèrent – ils étaient aussi épuisés que nous –, nous avons fait halte dans un assez gros village où nous fûmes reçus par Uranio, le maître de céans. Durant le repas, un plat succulent de viande de

1. Joli, mignon, mais signifie aussi singe. (*N.d.T.*)

chèvre grillée, il me fit une proposition très sérieuse : deux cent cinquante moutons, deux cent cinquante chevreaux et cinquante chevaux de course en échange de Mayi. Je dus jongler avec la langue pour lui faire comprendre que je ne dédaignais pas son offre, mais que Mayi n'était pas à vendre. Alors il nous raconta qu'il possédait cinquante épouses réparties sur tout le territoire, sans compter les vingt-deux esclaves qui vivaient là avec lui. De nos jours encore, à la fin du XXe siècle, ces Indiens continuent de réduire en esclavage, à vie, les prisonniers qu'ils font au cours des escarmouches qui les opposent à d'autres tribus.

Deux jours après, chevauchant de l'aube à la nuit tombante, nous retrouvions le *JoTaKe*, qui nous attendait anxieux de repartir toutes voiles au vent. Le soir venu, nous prenions congé des Guajiros du cap de la Vela, qui nous accompagnèrent en masse jusqu'au canot échoué sur la plage.

Les Indiens motilones

À Riohacha, nous avons laissé le voilier sous la surveillance du capitaine du port, qui posta au plus près une sentinelle armée. Le capitaine attira notre attention sur la férocité des Indiens motilones et du peu de cas qu'ils faisaient de la vie de quiconque pénétrerait sur leur territoire. À tel point qu'ils avaient infligé à l'armée colombienne elle-même des pertes sévères lors d'escarmouches qu'elle avait engagées contre eux.

Nous avons acheté un sac de pains de sucre, de la canne en vrac et une vingtaine de baguettes de construction, que nous avons débitées en morceaux de trente centimètres pour en faire des cadeaux. Puis, une camionnette nous emmena, pour un prix modique, à Tomarrazón, dernier village desservi par la piste.

De prime abord, le désert ressemblait tout à fait à celui que nous avions connu avec les Guajiros. Mais, peu à peu, le paysage se faisait de plus en plus abrupt. À Tomarrazón, nous étions persuadés que nous ne trouverions aucun Motilón dans le secteur, car ils devaient plutôt se cacher dans la montagne. Le père Ramos nous conseilla de reprendre la route jusqu'à La Jagua. Nous avons fait marche arrière jusqu'à la bifurcation qui conduit à Fonseca en quête de quelqu'un qui puisse nous emmener dans la bonne direction. Notre attente, le reste de la soirée, s'étant soldée par un échec, le Père nous offrit l'hospitalité de la chapelle du petit ermitage, laquelle était en travaux.

Le lendemain matin, sur un camion brinquebalant qui transportait des chevaux, nous sommes arrivés à la Jagua. Mais là personne n'avait envie de nous accompagner en montagne, si bien que nous avons acheté quatre chevaux pour enfiler aussitôt la vallée du río Chiriguaná, qui mène jusqu'à la frontière du Venezuela, en pleine sierra de Perijá.

Il faisait froid, et avec nos couvertures et nos ponchos, nous avions l'air de paysans de La Jagua. Le chemin, déjà difficile, devenait de plus en plus glissant. Le brouillard, persistant, de temps à autre se changeait en crachin. Finalement, vers 17 heures, nous avons trouvé une cabane abandonnée pour y passer la nuit. Nous avons allumé un feu et dormi que d'un œil jusqu'au petit matin, ce qui ne nous changeait pas beaucoup du voilier.

Le fleuve se transformait en un véritable bourbier qui couvrait jusqu'aux genoux de nos montures. Parfois, nous glissions. Pour certains passages difficiles, il fallait mettre pied à terre et les franchir à gué en tenant le cheval en bride. Le brouillard était si dense que nous étions transis.

Au soir du troisième jour, alors que nous pensions bivouaquer un peu plus haut, quittant la vallée, de plus en plus encaissée et presque impraticable, nous avons aperçu une colonne de fumée. Par un étroit sentier qui bordait le ravin, nous étions en vue d'un hameau peuplé d'une trentaine de huttes.

On aurait dit qu'ils nous attendaient. Ils étaient devant la porte des cabanes, armés. On ne voyait ni femmes ni enfants.

Mauvais signe, pensai-je. Et je m'approchai seul, avec la mule chargée des cadeaux.

— *Nopsa osna*, fis-je pour les saluer.

Personne ne répondit. Le pouce sur la poitrine, je criai de nouveau :

— *Nanapke* ! « Ami ! »

Aucune réaction, je commençais à trouver le temps long. Et puis :

— *Inka chupka meneta* ! dit l'un d'eux qui s'approchait souriant.

Voilà qui est mieux, songeai-je. Je n'avais rien compris à la phrase de l'Indien, mais à en juger par sa mimique, il voulait savoir ce que nous leur apportions.

Les Motilones sont de très petite taille. De corps normalement proportionnés, leurs jambes sont courtes et difformes, les visages arrondis, et tous arborent la même coupe de cheveux, avec une frange. Certains portent la barbe, chose rare chez eux. D'autres ont des tuniques qui leur arrivent aux chevilles.

Quand je me mis à ouvrir les paquets, tous m'entourèrent, curieux. En très peu de temps, ils se partagèrent le contenu des sacs en se disputant. À la vue des baguettes, leurs figures s'illuminèrent d'un large sourire. Puis faisant main basse sur les baguettes et la cassonade, chacun disparut de son côté. Quant à nous, nous restions plantés au beau milieu des huttes, sous la bruine qui n'arrêtait pas. Tout comme si nous n'existions pas...

Il commençait à faire nuit quand un Indien s'approcha de nous pour nous conduire vers un groupe de quatre cabanes qui semblaient abandonnées. Elles n'avaient pas de murs, rien qu'un toit. Il nous indiqua un tas de bois, nous incitant à faire du feu. À la lueur de la flambée, nous avons examiné le lieu, et en regardant le toit, nous avons découvert deux grands ballots de forme allongée entourés de bandelettes de tissu. Nous n'en avons pas cru nos yeux : c'étaient deux corps momifiés !

Épuisés, nous avons essayé de dormir. Mais, la nuit déjà avancée, nous avons remarqué une grande effervescence parmi les Indiens. Le lendemain nous avons appris que les Motilones ne guerroyaient que la nuit.

Cette fois, la guerre était motivée par le fait qu'Exnu, une jeune femme de la tribu, avait fugué du domicile conjugal pour se réfugier dans la tribu voisine. Hopsiche, le mari abandonné, avait retrouvé sa femme un peu plus tard et lui avait tailladé la poitrine. Alors la tribu qui l'hébergeait s'était mise sur le pied de guerre, ce qui donnait lieu, toutes les nuits, à de sanglantes escarmouches. C'est pour cette raison qu'ils nous avaient logés au-dessous des momies, espace sacré et inviolable. Au grand jamais, personne n'aurait osé profaner la protection que nous octroyaient les morts momifiés.

Teneckek, qui parlait couramment l'espagnol, nous expliqua comment, à quinze jours de leur naissance, tous les enfants mâles étaient introduits dans un panier rempli d'abeilles, et qu'on les y maintenait jusqu'à ce qu'ils aient le corps tout couvert de boursouflures. Les filles, en revanche, étaient placées au-dessus de l'épaisse fumée dégagée par une flambée de tabac. Notre interprète, pour terminer, nous apprit que leurs rites funèbres s'accompagnaient de danses au son de flûtes faites de tibias d'hommes blancs. L'ahurissement que nous causaient ces révélations frôlait l'épouvante.

La pluie, qui redoublait, et la perspective de finir de cette manière, nous firent abréger notre séjour chez les Motilones.

Au retour, le chemin était encore plus dangereux, bien plus glissant qu'à l'aller. Le fleuve grossissait et nous nous sentions constamment surveillés ; c'était probablement une façon de nous protéger de la tribu ennemie.

Nous sommes arrivés à La Jagua morts de fatigue, mais heureux d'avoir vécu cette expérience unique. L'homme qui nous avait vendu les chevaux n'accepta de nous rembourser que la moitié de ce qu'il nous avait fait payer, ce qui en réalité était assez peu.

Cartagène des Indes

Le vent était favorable et il y avait peu de houle ; la navigation était parfaite. De la poupe on distinguait les sommets enneigés de la sierra de Santa Marta, les derniers contreforts des Andes. Pour éviter la zone située au sud de Riohacha, où l'on pouvait faire de mauvaises rencontres, nous naviguions à trente milles de la côte ; mais loin de la terre, le vent diminua et la houle s'intensifia de manière considérable.

Nous venions de dépasser la pointe appelée Bocagrande quand la mer s'apaisa, à tel point qu'on aurait dit un lac. Ayant hissé le spinnaker, nous allions prendre terre, à Cartagène des Indes, patrimoine de l'humanité. Ce qui s'offrit à nos yeux, ce n'était pas la terre, mais partout, du béton, d'énormes tours de béton, édifices gigantesques qui devaient être des hôtels.

Nous avons flâné à travers la vieille ville, qui semblait s'être arrêtée dans le temps. Nous y avons admiré les forteresses, en parfait état de conservation, les rues étroites, les demeures aux balcons torsadés, les colonnes des auvents, également torsadées, les fenêtres, protégées par des grilles en fer forgé peintes en noir.

— Monsieur !

Un couple nous héla du trottoir d'en face.

— Faites très attention dans cette rue. Elle est très dangereuse.

Les ayant remerciés, nous avons fait demi-tour.

Sur la baie, il n'y avait pas un souffle d'air. Nous dormions sur le pont, dans des hamacs accrochés aux manœuvres dormantes, l'intérieur du voilier étant une véritable étuve. L'eau douce du quai nous permit de faire une grande lessive. Au milieu des « tu m'éclabousses », « moi aussi, je vais te mouiller » et « arrête de m'envoyer du savon », cela tourna vite à la bataille rangée, et nul n'y échappa, pas même le chien, qui courut se réfugier sous le youyou.

Ébahis de voir la quantité de ponts qu'il fallait traverser, nous arrivions au marché central de Cartagène au terme d'une promenade de quatre kilomètres. Les alentours étaient remplis de monde et le sol jonché de marchandises. De toutes parts émanaient des odeurs pénétrantes.

Sur les éventaires, à même le trottoir, on trouvait de tout : des coqs de combat, des dindons, des poulets, des chaussures, des copeaux de bois, utilisés comme isolant pour la glace qu'on vendait à côté, des récipients en plastique, des bougies suspendues au-dessus des têtes, des monceaux de vêtements, du sucre de canne, un désordre généralisé non dépourvu toutefois d'une certaine harmonie. Il y avait bien longtemps que nous avions oublié le goût des pommes de reinette et des mangues, petits plaisirs de la vie qu'il faut savoir apprécier.

Nous entrâmes dans ce labyrinthe de ruelles emmêlées, avec tous ces étals, si tortueuses qu'on pouvait à peine parcourir cinq mètres en ligne droite. On évitait de justesse la marchandise entassée sur le sol, alors qu'en même temps, on risquait de donner de la tête contre celle qui pendait des toits, tandis que les hanches tentaient d'esquiver l'arête vive des comptoirs.

L'entrée était réservée aux chaussures, aux bidons en plastique, aux fruits et aux nombreux cafés. Ça sentait l'huile brûlée et archibrûlée à force de fritures. Nous frayant passage au milieu de la foule, nous avancions tous les quatre sans nous quitter des yeux. On ne voyait aucun touriste ; évidemment, l'endroit n'était pas fait pour nous.

Lentement, comme s'il s'agissait de ne pas rompre le charme, s'effectua la transition entre l'emplacement réservé aux chaussures et celui des fruits et légumes. Le changement brusque se produisit là où étaient installés, pêle-mêle, la viande et le poisson. L'impact était impressionnant : les odeurs pénétrantes de poisson avarié se mêlaient de manière indescriptible à celle de la viande au bord de la putréfaction. Murs et sols, tout était maculé de sang.

Nous gagnâmes la sortie, en quête d'air respirable. C'était assurément le marché le plus sale que nous ayons jamais vu.

Nous avons flâné à travers la ville, au pied de la colline de La Popa, dont la silhouette rappelle la poupe d'un gigantesque galion. À son sommet, un antique monastère, entouré d'antennes des relais de télévision et de radio. Dans les rues circulaient des autobus, en réalité des camions transformés, dont les carrosseries en bois aux vives couleurs étaient de vrais chefs-d'œuvre picturaux, et dont le conducteur voyageait à l'ombre de rideaux aux franges de couleurs criardes, et avec la radio à tue-tête. Les passagers étaient un mélange indéfinissable de races : des Blancs, des Noirs, des Indiens, des métis, des Jaunes...

La vieille ville est construite sur un ensemble d'îles, entourées de canaux navigables et reliées entre elles par des ponts. Ce jour-là, les rues étaient littéralement prises d'assaut par l'armée : c'étaient les élections municipales, les premières à se tenir au suffrage universel direct dans toute l'histoire de la Colombie. Comme ce jour-là il était interdit de servir des boissons alcoolisées, au restaurant où nous déjeunions, les bières nous furent servies, pour sauver les apparences, dans des bouteilles de couleur sombre.

Nous sommes allés avec des amis faire une promenade nocturne à Bocagrande, une zone protégée, uniquement réservée aux touristes, quadrillée par d'importants effectifs de police. Comme on pouvait s'y attendre, c'était plein de touristes. Il n'y avait aucune barrière, mais l'ambiance de Cartagène la Vieille changeait radicalement.

Lourdes, une amie de Cartagène, nous promena dans sa voiture, nous faisant visiter le monastère de la Popa, d'où on a une vue panoramique de la ville. D'un côté, Boca Grande, avec ses édifices gigantesques, hôtels, centres commerciaux et appartements ; au milieu, Cartagène la Vieille, constituée par une infinité d'îles, toutes reliées par des ponts ; à l'opposé, la Cartagène plus grande, la tiers-mondiste, celle qui commençait à côté de l'aéroport et finissait à perte de vue, la Cartagène des bidonvilles, dont les maisons, paradoxalement, étaient alignées et dont les rues, interminables, tirées au cordeau, se perdaient dans le lointain.

21 heures. Nous sommes tous sur le pont. Il y a un

bon moment que nous avons fini de dîner. Moi, je lis *La Misión*. Les enfants dorment dans les hamacs. Il souffle une délicieuse petite brise, à peine perceptible... Ainsi passions-nous les soirées sur cette « mare » tranquille. Un mois s'écoula en douceur, comme la brise, comme si de rien n'était.

Nous avons quitté Cartagène par Boca Chica, impatients de naviguer.

Avec une légère brise par le travers, nous arrivions aux îles du Rosaire (San Martín de Pajarales). Nous longions le récif en quête d'une zone où les vagues ne déferleraient pas. Partant dans cette direction, nous embouquions un canal étroit mais profond pour mouiller sous le vent à Isla Grande.

Les îles sont festonnées de mangroves et de palmiers inclinés au vent, en alternance avec des plages au sable d'un blanc immaculé. Même les bungalows de la plage dénotent un goût exquis.

L'eau était cristalline. À vingt mètres du voilier il y avait des dauphins, des requins, d'énormes mérous, tous captifs sur des parcelles aménagées entre les blocs de corail et entourées de grillage métallique plastifié. Au-dessus des récifs, des passerelles permettaient d'y accéder. Les dauphins étaient de loin l'espèce la plus sympathique ; la plus impressionnante, les requins. De nombreux canoës nous rendaient visite ; les uns, pour vendre de la langouste, la plupart, pour quémander.

Un soir, le filet que nous avions tendu pour pêcher avait disparu. Après de longues recherches, on le retrouva à une centaine de mètres du voilier, roulé en pelote et rempli de poisson. Le coupable du désastre était un requin d'un mètre et demi, venu se repaître du poisson, et qui se retrouva, lui aussi, pris dans les mailles du filet.

Pendant la journée, naviguer entre Isla Grande et la barrière de corail nous procurait un plaisir indicible. Nous avons fêté l'anniversaire de Zigor ancrés à côté de l'aquarium des îles du Rosaire. Tous les matins, assis sur le beaupré, nous profitions du spectacle offert aux touristes. Pendant ce temps, les enfants étudiaient sur leurs manuels, les mêmes que ceux des enfants qui ne naviguent pas.

Nager en compagnie des dauphins est une expérience inoubliable, même pour les gens habitués à les voir souvent. Les dauphins *Lulú* et *Nacho* nous remorquaient, nous invitaient à partager leurs jeux, et poussant de petits cris de joie, ils se mettaient sur le dos pour que nous leur caressions le ventre. Les enfants étaient ravis et nous aussi. L'après-midi, nous nous amusions avec les singes araignée *Sofi* et *Negro*, qui nous embrassaient, nous caressaient et se mettaient à pleurer quand nous partions.

Une nuit, nous avons réussi à établir le contact avec un radio amateur de Bilbao. La communication s'est rapidement interrompue. Nous avons essayé à nouveau, mais en pure perte, de le recontacter, lorsqu'une jeune femme de Lima, qui nous recevait tous les deux, s'offrit à servir de relais. Chez nous, tout le monde allait bien, mais il nous fallait téléphoner à Hondarribia le plus tôt possible. Pour ce faire, je devais me rendre à Barú, sur la terre ferme, et là prendre un bateau qui une fois par jour assurait la liaison avec Cartagène des Indes, où se trouvait le téléphone le plus proche.

Nous avons appareillé de bon matin vers Barú. En arrivant sur les brisants, nous avons amené le spinnaker et, grand-voile déployée, nous aidant du moteur, nous avons cherché l'entrée du marais pour trouver finalement un débarcadère construit avec des troncs de cocotiers. Le village se trouvait derrière les mangroves, en plein marécage. À 6 heures du matin, je partis vers Cartagène à bord d'une embarcation qui servait de taxi marin : chargée de marchandises, des fruits, des poules et des cochons. Une grande partie du parcours s'effectua sur des canaux intérieurs.

Tous les obstacles franchis, je téléphonai, revins au voilier, et nous avons largué les amarres, cap sur les îles de San Bernardo, à vingt-cinq milles de là. L'aspect étrange de l'île ne laissait pas de nous étonner : on n'en voyait pas le sol. D'un hectare de superficie, elle était dans sa totalité couverte de huttes, si bien qu'on n'osait pas sauter à terre, de crainte de priver l'un de ses habitants de son espace vital. Elle comptait, paraît-il, à peu près cinq cents âmes, mais personne n'aurait pu l'affirmer avec exactitude.

Aujourd'hui, c'est l'anniversaire d'Urko. Comme ils grandissent ! Quatorze ans, et sa voix qui commence à muer !

20 avril. De bonne heure nous laissons Ceicén derrière nous, cap sur Isla Fuerte. Nous redoublons de vigilance, les coraux sont à fleur d'eau et pas la moindre vague ne dénote leur présence.

Dans le golfe de Darién, faisant route vers la frontière entre le Panama et la Colombie, nous passons à la hauteur de Turbo, une grande bourgade réputée dangereuse. À 4 h 30 du matin, nous reconnaissons le phare, droit devant nous. Notre itinéraire était parfait et nos calculs quant à la vitesse du courant également.

Le Darién

La route panaméricaine, qui débute en Alaska pour finir à des milliers de kilomètres plus au sud, en Patagonie, ne s'interrompt qu'ici, dans les marécages du Darién, la frontière entre la Colombie et le Panama.

Un ingénieur, que nous avions connu à Cartagène, nous raconta qu'il avait passé cinq ans à refaire le revêtement d'un kilomètre de route, lequel disparut l'année suivante, englouti par les marécages. Alors les autorités renoncèrent au projet, vu le coût exorbitant, pratiquement impossible à chiffrer.

Au lever du jour, nous avons distingué au loin les hautes montagnes de la côte. Les marais avaient disparu. À 8 heures, nous arrivions à Zapzurro, le dernier village de Colombie. Il y avait de très nombreux cocotiers. À l'intérieur des terres, la forêt n'arrêtait pas de gagner du terrain, et finirait par tout envahir.

De l'endroit choisi pour le mouillage, la vue était

splendide : des montagnes vertes qui tombaient à plomb au-dessus du voilier, et sur le rivage, de sable blanc, des milliers de cocotiers courbés sous le poids de leurs fruits et la force obstinée du vent. En face, le village avec ses maisons en ciment aux toits d'uralite.

Pour régler les formalités de sortie du pays, nous nous nous sommes présentés à la police de la frontière. Le commissaire nous fit savoir qu'il n'avait pas compétence en la matière et que cela était du ressort du consul de Colombie, qui résidait à Obaldía, en territoire panaméen.

Nous avons traversé la baie avec le canot pour parler avec le consul, qui nous dit devoir nous faire payer dix dollars pour chaque coup de tampon apposé sur le passeport. Je lui fis non de la tête.

— Bon, parce que c'est vous, je ne vous prendrai que cinq dollars par personne.

— Et moi je vous répète que pour nous c'est gratuit.

— Bon, je vais vérifier.

Il revint, un petit livre entre les mains, pour nous dire :

— Vous aviez raison, vous n'avez pas besoin de visa d'entrée. Ce qui se passe, c'est que nous n'avons pas de salaire fixe, et que nous ne gagnons que ce que nous faisons payer aux gens de passage.

Au village arriva un canoë qui vendait de la viande. Une voix aiguë s'égosillait :

— De la viande fraîche, et avec ça elle est tendre ! À deux cents pesos, seulement !

La tentation de varier le menu eut raison de notre réserve, et nous lui achetâmes pour trois dollars deux kilos de viande de première catégorie. Mais le plus extraordinaire, c'était de le voir crier :

— Moi, je ne mens pas comme Pierre, je ne vole pas comme Paul, et je ne fais pas de marché noir comme Jacques, qui n'a même pas de patente !

Et, à notre grande stupeur, nous le vîmes, devant tout le monde, rafler un beau morceau de viande à une dame.

5

En route pour le Pacifique

Panama

Nous levâmes l'ancre et, deux heures plus tard, nous avons mouillé à Puerto Obaldía, qui n'a, de port, que le nom, car c'est n'importe quoi sauf ça.

On nous avait signalé que les autorités étaient extrêmement pointilleuses et que nous devions les attendre à bord. Un quart d'heure après notre arrivée au mouillage se présentèrent quatre individus à bord d'un canoë. Nous supposions qu'il s'agissait d'eux. Aucun uniforme, aucune identification.

Pour commencer, ils nous firent amener le pavillon de courtoisie du Panama. Ça commence ! nous disions-nous avec appréhension.

L'ambiance commença à se détériorer dès le début de l'inspection, car ils inventaient des problèmes là où il n'y en avait pas. Le représentant de la COPFA (Coopération américaine pour la lutte contre la fièvre aphteuse) voulut savoir où nous gardions les vivres. Nous lui avons montré l'armoire et, tout de suite, nommant les denrées d'origine animale, il nous signala qu'il devait les emporter pour respecter la quarantaine, c'est à dire nous les confisquer.

Je m'y opposai, et le niveau sonore de la discussion monta de plus en plus. Nous avons essayé de parler avec le chef du bureau qui se révéla être un individu totalement stupide, encore plus que celui qui était venu à bord. Nous devions nous défaire des nombreuses conserves et des vivres que nous avions achetés au Venezuela.

À la fin, nous ne leur avons laissé que quelques kilos de lait en poudre, des boîtes de viande, du beurre... Nous savions que l'ordre d'incinération ne serait jamais suivi d'effet, et qu'ils se répartiraient entre eux le butin, d'excellente qualité, pour le consommer ou le vendre. Piraterie légale. Notre droit de péage était à ce prix.

À terre, commença le chemin de croix des tracasseries bureaucratiques. Le type de la COPFA nous fit remplir six formulaires ; le type de la douane, quatre. Puis arriva celui de l'immigration, le moins pénible. Puis ce fut le tour de la capitainerie du port ; mais, avant cela, il nous fallut comparaître devant l'ambassadeur de Colombie pour qu'il appose le cachet de sortie du pays antérieur. En dernier lieu, on nous fit passer dans une espèce de cagibi d'une saleté innommable, qu'ils appelaient infirmerie, où pas même le lavabo n'était utilisable pour se laver les mains. Là on prétendit nous faire des prises de sang pour savoir si nous étions atteints de quelque maladie contagieuse.

Enfin, avec un sac rempli de paperasse, notre cassette soulagée de trente et un dollars et les nerfs totalement défaits, nous parvînmes, non sans peine, à regagner le bateau. Jamais, durant toutes nos années de voyage, on ne nous avait traités ainsi. Une minute après, nous levions l'ancre, au moteur et toutes voiles déployées, pour le village d'Anachucuna.

Les Indiens cuna. L'archipel des mulâtresses

Nous jetâmes l'ancre près d'un petit bateau colombien, dans la baie, bien protégée, d'Anachucuna.

Tout de suite nous fûmes entourés d'une multitude de canoës. C'étaient les fiers Indiens cuna, que nous avons invités à monter sur le *JoTaKe*. Urko et Zigor furent invités à leur tour par les enfants des canoës pour jouer au village, d'où ils revinrent impressionnés. Ce qu'ils avaient vu ne ressemblait en rien à ce qu'ils avaient vu auparavant dans d'autres groupes indiens.

— Quand nous sommes arrivés à terre, nous avons été entourés par une multitude d'enfants qui nous regardaient avec curiosité et nous touchaient. Puis ils nous ont offert un grand verre de café. Il était très clair et surtout très sucré.

Ils revinrent, le canot rempli de noix de coco qu'ils devaient aider à charger sur le bateau colombien d'à côté, qui venait de Turbo et troquait les noix de coco contre du riz et de la farine. Pour le transport, on leur fit cadeau de deux régimes de bananes et de trois avocats.

Nous avons débarqué, invités par le *shaila*.

Les murs des cabanes étaient faits de claies de roseaux pour permettre à l'air de circuler librement, les toits de feuilles de palmier entrelacées, et les rues, parfaitement rectilignes.

Dans les rues, les gens se massaient sur notre passage. Les femmes cuna portaient la *mola*[1] et, en guise de maquillage, un dessin, peint sur le front, qui descend le long du nez dans la cloison duquel est enchâssé un anneau en or. Sur les bras et les jambes, des bracelets aux petites perles de couleur, très serrés, provoquent de graves déformations. Certains enfants sont totalement peints en noir. C'est la tradition, disent-ils.

Quand ils partent à la pêche, ils ont tous les joues peintes en rouge pourpre d'une teinture extraite de la graine d'une plante pour se protéger du soleil et dont ils se servent également pour teindre les vêtements.

Lorsqu'un couple décide de s'émanciper et de fonder sa propre maison, il en informe ses beaux-parents et, avec leur consentement, tout le hameau participe à la construction de la nouvelle cabane. Ricardo, le Cuna que nous avions connu à Obaldía, nous emmena chez lui, ou plus exactement là où ils habitaient lui, sa femme et ses beaux-parents : huit personnes au total dans une cabane sans

1. Chemise des Indiennes cuna.

cloisons intérieures. Assis sur le seuil, nous avons bavardé avec les gens et nous nous sommes mis à apprendre nos premiers mots de cuna : *achu xichi*, « petit chien » ; *ulu pipigua*, « grand bateau »... Pendant ce temps, la femme de Ricardo nous offrit un jus de banane sucrée avec du cacao, au goût bizarre mais agréable.

— Ici on ne voit jamais de touristes, dirent-ils. Les rares étrangers qui viennent se rendent plutôt à Porvenir, de l'autre côté des îles.

Le jour suivant, la glace définitivement brisée, plusieurs adultes vinrent nous chercher en pirogue pour nous ramener au village.

Les femmes conduisirent Mayi dans une hutte, où elles la vêtirent d'une chemise, la *mola*, aux larges emmanchures froncées, à mi-bras. Le corsage était confectionné d'une multitude de petits morceaux de chiffon de toutes les couleurs. On lui enroula une pièce de tissu autour de la ceinture et on coiffa sa tête d'un fichu. On lui peignit les joues en rouge vif et on la couvrit de bracelets et de colliers aux perles multicolores. Heureusement qu'on ne lui mit pas d'anneau dans le nez.

Une autre Indienne la prit par la main pour l'emmener chez elle. Là, on lui maquilla le front et le nez avec la même teinture dont leur visage était peint. Mayi était méconnaissable et il était difficile de la distinguer des Indiennes, en tout cas de loin.

Elle conserva les dessins sur le front plus de vingt jours ; ils résistaient à toutes nos tentatives pour les effacer : Javel, térébenthine, acétone et différents autres solvants se révélèrent totalement inefficaces. Le seul remède fut le temps, et il en fallut beaucoup.

Le Cuna est l'Indien le plus introverti de tous ceux que nous avons connus. Rebelles à toute civilisation, leurs chefs, les *shailas*, se chargent de maintenir vivaces les traditions en écartant toute influence étrangère. Peu à peu, ils nous apprirent leurs traditions et nous permirent même de les enregistrer sur une cassette.

Ils provenaient d'une zone marécageuse du Darién et, refoulés par des inondations, avaient dû s'installer ailleurs. Ils arrivèrent d'abord par terre, se disséminant ensuite à travers les îles. Sur convocation d'un crieur public, ils se réunissaient deux ou trois fois par semaine dans une cabane communautaire et là, en chantant, se transmettaient de père en fils, les traditions de la tribu, l'origine, la religion, les coutumes, la forme de gouvernement, etc. Tout ce dont ils parlaient était illustré par des exemples :

— Le village est comme un bateau, et doit se gouverner comme tel. Sur un bateau, il y a un capitaine, c'est lui qui commande ; et un second ; dans la communauté, il y a un *shaila* et un adjoint, pour que le bateau/la communauté puisse naviguer/fonctionner. Sur le bateau, comme dans la communauté il y a de bons et de mauvais jours ; lorsqu'il fait mauvais, tous doivent faire bloc autour du capitaine-*shaila* et lui obéir aveuglément.

C'est également en assemblée qu'ils discutaient les problèmes du village, les problèmes familiaux, les tâches communales, etc. Leurs lois sont strictes et méticuleuses.

Les Cuna ont une mémoire très développée. Quand deux d'entre eux discutent, ils n'interrompent jamais l'opposant, qui peut exposer ses arguments en long et en large une demi-heure durant. Ensuite c'est le tour du premier, qui, sans avoir pris une seule note par écrit, réfute point par point et dans le même ordre tout ce que l'autre lui a exposé durant cette demi-heure.

Quand les fillettes cuna ont leurs premières règles, on les enferme dans une cabane avec une grande jarre remplie d'eau, que les femmes du village changent quotidiennement durant les huit jours qu'elles restent enfermées. Le neuvième jour, la nouvelle femme sort nue, le corps entièrement peint en noir, et on célèbre une grande fête.

Pour unir un couple qui est tombé amoureux, les parents de la jeune femme se rendent chez les parents du jeune homme pour demander leur permission. Si ces derniers acceptent, ils les baignent tous les deux ensemble, les assoient sur un hamac et le *shaila* célèbre le mariage.

Ensuite l'homme quitte son domicile pour celui de sa femme et y habite avec les beaux-parents jusqu'à ce que le couple décide de s'émanciper.

Quand quelqu'un meurt, les villageois construisent une maisonnette de palmes sur le lieu choisi pour enterrer le défunt, on lui peint le visage en rouge et en noir et on l'introduit dans une fosse conique vêtu de ses plus beaux atours. Ensuite, la tombe est recouverte d'un plancher recouvert à son tour de sable ou de terre.

Au crépuscule, les femmes ôtaient leurs *molas* et restaient uniquement vêtues, au-dessous de la ceinture, d'une jupe, une pièce de tissu de forme rectangulaire, tissée à la main, et enroulée autour de la taille. À proximité du village, il y avait un puits d'eau douce, où à partir de six heures du soir des familles entières accouraient pour se baigner toutes nues.

Outre les légumes, qu'ils cultivent en pleine terre, les Indiens cuna vivent principalement de la culture du coco, qu'ils échangent contre des produits de première nécessité que leur apportent de vieux rafiots de Turbo ou de Cartagène. Leur économie se fonde sur le troc. Riz, sucre, maïs, batteries, piles, sont les produits les plus couramment échangés avec les Colombiens.

Les journées étaient nuageuses, mais la visibilité était extraordinaire. De temps à autre il bruinait. De grandes bandes de perroquets parcouraient le firmament, au petit jour dans un sens, et au soir tombant dans l'autre.

Les enfants du village étaient ravis de jouer sur le voilier. À la poupe du *JoTaKe*, il y avait dix canoës, et pour la première fois, des fillettes montaient aussi à bord. L'une d'elles, Lidia Gabriela, ne quitta pas Mayi d'une semelle et ce, jusqu'à notre départ.

Une fois, un canoë s'approcha du voilier et l'homme criait : « Cadeau, cadeau ! » Il nous apportait huit bananes et un vieux fusil, qui ne fonctionnait plus. Ils étaient également nombreux à venir à bord pour nous faire part de leurs problèmes mécaniques. Au début, nous nous étonnions de ne pas les voir exulter lorsqu'on effectuait une réparation pour eux ou qu'on leur faisait un cadeau. Simplement parce que ce n'était pas leur manière à eux d'exprimer leur reconnaissance.

L'archipel, dont le nom espagnol est « *de las Mulatas* », plus beau que l'anglais, « *de San Blas* », est formé de trois cent soixante-cinq îles, toutes très basses et couvertes de cocotiers, qui s'étendent sur cinquante kilomètres.

Les Indiens cuna n'ont jamais été complètement soumis. Encore aujourd'hui, ils affichent avec force leur indépendance vis-à-vis du gouvernement du Panama, État auquel ils appartiennent.

À l'époque de la colonisation espagnole, toutes les cargaisons à destination de l'Espagne étaient acheminées depuis deux ports, situés, l'un au nord, Cartagène des Indes, et l'autre au sud, Portobelo. Ces récifs furent un nid de pirates et de corsaires détenteurs de lettres de marque anglaises, hollandaises et françaises. À bord de leurs rapides brigantins, à faible tirant d'eau, ils y trouvaient refuge, naviguant entre les rochers, après avoir délesté de leur cargaison les lourds galions espagnols bien incapables de leur donner la chasse.

Ricardo et sa famille prirent congé de nous un beau matin, en nous recommandant d'éviter certains endroits en raison de l'agressivité de leurs habitants. Avec le bateau nous avons décrit une boucle autour du village qui nous avait si bien accueillis et il nous fut donné de contempler un spectacle unique. L'aube nimbait tout le paysage d'une légère brume. Dans quelques cabanes, on allumait déjà le feu et la fumée s'égaillait aux quatre vents, car il n'y avait pas de cheminée. Les adultes, et surtout les *burruigas* – les enfants – nous disaient au revoir à grands cris.

Après avoir dépassé le récif Banco Carreto, nous jetâmes l'ancre deux heures plus tard à Bahía Caledonia. À l'intérieur de la baie, il y avait un groupe de huttes appelé Puerto Escocés.

Nous déjeunâmes dans le cockpit, sous une bâche. Le thermomètre marquait cinquante-deux à l'ombre. Les moustiques, invisibles, que les gens du cru appellent *chitras*, nous avaient déjà souhaité la bienvenue.

— On a beau ne pas les voir, ils piquent drôlement fort ! dirent les enfants.

Peu après une très forte averse tomba avec une telle quantité d'éclairs que nous craignîmes que la foudre n'atteigne le voilier. Nous avons rapidement tendu plusieurs câbles, des haubans jusqu'à l'eau, pour servir de paratonnerre. Nous n'avions jamais vu autant d'éclairs, on aurait pu les toucher. Nous avons profité du déluge pour nous baigner sur le pont et pour laver le linge à l'eau douce.

C'est dans une chaleur étouffante que nous avons débarqué à Puerto Escocés. Dans ce petit hameau, désordonné et sale, les rues étaient absentes. Au milieu de ce fouillis, quatre femmes nues lavaient leur linge en utilisant un canoë comme baille, sans s'émouvoir le moins du monde de la présence d'étrangers. Plusieurs d'entre elles arboraient des colliers et des boucles d'oreilles, ainsi que des bracelets sur les bras et les jambes qui avaient provoqué des bourrelets, car elles avaient grossi depuis qu'on les leur avait placés, il y avait bien des années de cela.

Nous flânions le long du rivage, en montant ou en descendant, selon la densité de la forêt, pour arriver dans un fossé d'où nous remarquions un mur en pierre taillée. C'était un pan de muraille, qui appartenait sans doute à une enceinte fortifiée construite par une expédition de colonisateurs jacobites écossais qui était arrivée là en l'an 1698. L'attaque des moustiques qui en sortirent pour nous recevoir fut d'une telle virulence qu'elle nous fit rapidement battre en retraite.

Avec le jour, qui s'annonçait aussi chaud que la veille, nous avons largué les amarres. Durant le voyage, nous avons dépassé un canoë tellement chargé que l'eau arrivait à un centimètre du bord. À bord, une très vieille Indienne avec trois enfants, plusieurs cochons et des poules, sans compter les bananes, cocos, avocats, cacao, assiettes, marmites et mille autres ustensiles de ménage.

Ils venaient de passer quelques jours dans les plantations de la forêt, sur la terre ferme. La moindre vaguelette pouvait les faire chavirer, si bien que le *JoTaKe* réduisit sa vitesse pour ne pas les envoyer par le fond. Les occupants du canoë profitèrent de l'arrêt du voilier pour nous supplier de les prendre en *bateau-stop*. Deux des enfants montèrent et le troisième resta dans le canoë pour le gouverner, le temps du remorquage.

La grand-mère passa un certain temps à donner des ordres au garçon du canoë. À un moment donné, je quittai la barre pour boire de l'eau, ce qui me valut une sévère réprimande de sa part.

À midi, nous arrivâmes à Mulatupu, qui semblait être une grande bourgade. En réalité, ce sont deux villages, Mulatupu et Sasardi, reliés entre eux par un pont. Et, en guise de comité de réception, ce fut une invasion de canoës. Ils se disputaient pour être au premier rang, ce qui fut à l'origine de plusieurs naufrages. Jusqu'à la nuit, la procession n'arrêta pas, tant ces gens étaient curieux de voir le voilier.

Les canoës partaient le matin de bonne heure : les hommes allaient travailler dans les plantations de cocotiers ou les potagers, sur la terre ferme, au pied de la cordillère du Darién. Aux premières lueurs du jour, commençait également l'état de siège auquel nous soumettaient les canoës pilotés par des enfants, pour qui il était totalement incompréhensible qu'Urko et Zigor soient « à l'école ». À midi, il fallait les supplier de partir une heure pour nous laisser le temps de déjeuner. À l'heure, à la minute près, ils étaient de retour.

Le village était loin d'être aussi bien organisé qu'Anachucuna. Les rues n'étaient pas tracées, il fallait s'enfoncer dans d'étroites ruelles, parmi les cabanes dont la fumée traversait les murs et le toit.

Notre promenade nous mena jusqu'à un petit square où des jeunes gens exécutaient la danse *Nagacope*. Je leur demandai s'ils voulaient bien nous laisser enregistrer la musique, mais ils nous réclamèrent pour ce faire la bagatelle de deux cents dollars ! Trois amis venus la veille prposèrent de nous l'enregistrer gratuitement.

La musique était profonde, syncopée, sonore, et, faut-il y voir une coïncidence, exactement semblable à la mélodie que, des années plus tard, nous aurions l'occasion d'écouter chez les aborigènes de Papouasie-Nouvelle-Guinée : le même ton, les mêmes sons, la même cadence. La seule différence était que, alors que ces derniers utilisaient une énorme flûte, les Cuna se servaient d'une flûte faite de roseaux d'inégale longueur, semblable à la *zampoña*[1].

Sur l'embarcadère de troncs de cocotiers, il y avait un écriteau sur lequel on pouvait lire :

À PARTIR DE CINQ HEURES, IL EST INTERDIT DE VENDRE DES COCOS AUX BATEAUX.
À PARTIR DE SIX HEURES TOUS LES TOURISTES DOIVENT QUITTER L'ÎLE.
IL EST INTERDIT DE DÉBARQUER EN SHORT.
LES CONTREVENANTS FERONT L'OBJET D'UNE AMENDE ET SERONT PUNIS
CONFORMÉMENT AUX LOIS EN VIGUEUR.

Peu à peu nous sommes arrivés à capter quelques bribes du mode de pensée et de vie de ces Indiens-là. Ils avaient eux aussi une infinité de normes à respecter. S'ils voulaient se rendre à la pêche, ou récolter des crabes la nuit, ils devaient en solliciter l'autorisation par écrit au *shaila*, qui, moyennant paiement d'une certaine somme, la leur concédait habituellement. En raison des vols fréquents, la récolte de cocos était soumise à un contrôle strict : aux entrées du village, ils devaient déclarer où, quand et combien de cocos ils avaient cueillis et combien ils en avaient vendus à chaque bateau.

Sur une petite île, nous fîmes la connaissance de deux Indiens âgés ; l'un, retraité de l'armée panaméenne ; l'autre, ouvrier du canal de Panama, également retraité.

1. Syrinx. *(N.d.T.)*

Pour ne pas se faire voler leurs cocos par les autres Indiens, ils vivaient seuls sous une toile de tente. Ils nous racontèrent qu'ils récoltaient plus d'un millier de cocos par mois et que les Colombiens les leur payaient vingt-cinq cents de dollar pièce, mais qu'ils pouvaient également les échanger pour un sac de sucre ou de riz.

Une petite piste d'atterrissage distinguait l'île de ses voisines. Les petits avions, excessivement surchargés de langoustes, devaient accomplir des prouesses pour décoller d'une piste très courte et de surcroît sans aucun revêtement. C'était l'île Porvenir, où nous devions faire prolonger nos visas arrivés à expiration. Au bureau de l'immigration, l'Indien qui nous reçut était aimable, très gros, avec une chemise couverte de broderies et de dentelle dont la poche de devant était remplie de stylos-bille. Nous avions rejoint la zone fréquentée par le tourisme : les Indiennes demandaient un dollar pour se laisser photographier.

En doublant la pointe San Blas, nous sommes passés devant la baie Nombre de Dios, où le pirate le plus fameux de tous les temps, Sir Francis Drake fut jeté à la mer, un boulet de canon attaché aux pieds. Né dans la cale d'un navire, ce redoutable pirate et extraordinaire navigateur, après une vie consacrée à écumer les territoires espagnols d'outremer, mourut de fièvres tropicales alors qu'il se disposait à attaquer Portobelo.

Par tribord nous laissâmes Isla Grande, une station balnéaire remplie de touristes, et voguâmes vers Portobelo sur une mer scandaleusement bleue. Nous avons fait halte dans ce refuge tranquille et sûr avant de mettre le cap sur le canal de Panama.

Les versants des montagnes de Portobelo, très escarpés, arrivent jusqu'au bord de l'eau. À moyenne altitude, l'ascension se trouve interrompue par une muraille fortifiée, qui encercle toute la baie. Un ouvrage réellement impressionnant. Les canons, rongés par la rouille, pointent vers l'entrée de la baie. La muraille est, dans sa majeure partie, admirablement conservée. Le mortier utilisé pour lier les pierres entre elles était composé de chaux, de sable, d'eau extraite de certains cactus, de sang d'animaux, sans parler d'autres composants dont on ignore la nature. Non loin de là se trouvent les carrières d'où fut extrait le granit qui servit à construire les brise-lames de l'entrée du canal de Panama.

Vers le canal de Panama

Près du canal, plusieurs navires marchands et d'énormes pétroliers qui semblaient vouloir pousser passèrent à côté de nous. Au loin, on distinguait les grands brise-lames qui protègent la baie de Colón, juste à l'entrée du canal qui relie les deux océans.

La population de Colón est agressive, jusque dans le regard. Pauvreté et saleté généralisées.

Avec Jean, du voilier *Yasur*, nous nous attelâmes à l'odieuse tâche de donner à manger à la bureaucratie d'un pays de deux millions et demi d'habitants, qui en 1903 obtint son indépendance avec l'aide des États-Unis, lesquels en 1989, invoquant des justifications totalement stupides, envahirent le pays pour abolir la dictature de Noriega et imposer à nouveau la leur.

Nous sommes arrivés au bureau de l'Immigration la veille de la date d'expiration de nos visas.

— Si vous voulez rester un mois de plus, il faudra payer quatorze dollars par personne, c'est-à-dire, soixante quatre dollars, nous dit la grosse dame qui nous avait très mal reçus.

Beaucoup trop d'argent pour rien, pensai-je, et je lui dis :

— Nous partons demain.

— De toute manière vous allez vous trouver en situation illégale jusqu'à votre sortie à l'autre bout du canal, répondit la grosse, d'un air entendu.

— Nous en assumerons le risque...

Et j'étais catégorique.

Nous prenions déjà la porte qu'elle nous rappelait.

— Dans votre cas particulier, il vous en coûtera trois dollars par personne et une photo.

Évidemment, ça change tout, et surtout les chiffres, me dis-je.

Dans la foulée, nous transitâmes par les bureaux du canal, organisme américain qui supervise le trafic maritime. Dans une demi-heure devait passer le métreur pour évaluer la jauge du voilier et calculer le coût du passage. Il se présenta à l'heure dite ; c'était sans doute, dans le pays, la seule administration qui fonctionnait de manière satisfaisante.

Ensuite, nous nous sommes rendus à la capitainerie du port pour les formalités d'appareillage. À l'entrée, un grand portrait du général Noriega, avec cette inscription : *Panaméens, ensemble nous nous acheminons vers la patrie souveraine de l'an 2000*. Évidemment, il était là avant l'invasion nord-américaine. Un employé nous fit passer à l'intérieur du bureau pour nous dire que toute la paperasse dont nous étions porteurs n'était pas valable, et que nous étions passibles d'une lourde amende. Avec ces papiers on ne pouvait pas naviguer dans les eaux panaméennes.

Je lui expliquai qu'à Obaldía les fonctionnaires d'un organisme officiel de l'État m'en avaient fait voir de toutes les couleurs, et qu'en plus, ils m'avaient fait payer quatre-vingt-cinq dollars (j'exagérais un peu) pour des papiers inutiles et apparemment faux. Mais ça leur était bien égal, à ces bureaucrates qui s'entêtaient à vouloir m'établir de nouveaux papiers au prix de cent cinquante dollars, amende comprise.

Il fallait prendre une décision du même calibre que la brimade à laquelle j'étais soumis : je m'assis par terre, bloquant l'entrée principale de la capitainerie, leur disant que je ne bougerais pas tant qu'ils ne m'auraient pas donné le laissez-passer réglementaire.

Ça allait barder. Tout le monde se demandait ce que voulait ce *gringo* assis au beau milieu de la porte d'entrée. Une demi-heure après quatre soldats arrivèrent, qui me conduisirent devant un autre bureaucrate, cette fois de l'armée.

Je repris l'affaire depuis le début, y compris le refus catégorique des fonctionnaires de m'établir le laissez-passer.

— Ne vous inquiétez pas, nous allons arranger ça, me promirent-ils.

Autre bureau. Cette fois, je me trouvais devant un officier de la marine du Panama, plus enrubanné et bardé de médailles qu'un général. Je remis ça, sans lui faire grâce d'aucun détail.

L'officier se confondit en excuses et me dit qu'on lui avait déjà signalé plusieurs cas d'escroquerie de la part des autorités d'Obaldía. Je ne pus en croire mes oreilles.

Il téléphona. Un autre officier se présenta, la poitrine moins encombrée de ferraille, mais pour compenser, avec davantage de stylos-bille. Et tandis que pendant dix minutes ils louaient les bontés du général Noriega, dans le bureau d'à côté on me délivrait un nouveau permis, flambant neuf, pour circuler dans les eaux panaméennes. Celui-ci en main, je pris congé.

Mais le calvaire du Panama n'était pas terminé pour autant. Il nous fallut subir, à une heure déjà bien avancée de la nuit, une agression dans les règles et une fouille scrupuleuse de la part de la DEA, la police spéciale anti-drogue, et de ses chiens. Nous étions soupçonnés de transporter de la drogue parce que nous étions passés par la Colombie. Après une forte engueulade avec la police pour leur comportement ignoble lors de la perquisition, nous étions sur le point d'en venir aux mains, et si la chose en resta là, ce fut grâce à l'intervention du procureur du district, qui leur demanda de se conduire comme des gens civilisés, à la suite de quoi, lavés de tout soupçon, désormais nous étions libres de franchir le canal. Jamais, dans aucun autre pays du monde, nous n'avions été agressés de cette manière par les « autorités ».

Compte tenu des moyens dont on disposait au début du siècle, le canal de Panama est un ouvrage extraordinaire d'ingénierie. Le système astucieux qui fait monter et descendre les navires jusqu'à la hauteur du lac Gatún coûta beaucoup moins cher que les travaux d'excavation de la montagne Culebra. Pour permettre au canal de passer, il fallut creuser un défilé à travers la montagne. Sur cette montagne, de roche dure, ils furent des milliers à trouver la mort au cours des travaux de dynamitage et de déblaiement, mais la principale cause de mortalité, c'était les fièvres tropicales, en tout premier lieu la malaria, qui eut raison même des plus résistants.

Quatre-vingts kilomètres séparent l'Atlantique du Pacifique. C'est par là qu'était passé Vasco Núnez de Balboa en poussant ses navires, à la découverte des mers du Sud ; par là qu'allaient et venaient les conquistadores, chargés de mousquets, de poudre, d'or et de pierres précieuses, par des sentiers impossibles à imaginer ; par là également que passèrent les chercheurs d'or qui se ruaient vers la Californie. Terre d'histoires et de guerres sans fin.

Après avoir arpenté plusieurs rues, nous nous dirigions vers la zone franche de la ville de Colón, du côté Atlantique du canal, quand un garde nous interpella.

— Où allez-vous ?

— À la zone franche.

— Je ne peux pas vous l'interdire, bien sûr, mais je vous conseille fortement de prendre un taxi si vous ne voulez pas être agressés, nous dit-il.

Nous suivîmes son conseil que d'autres équipages n'eurent pas la chance de recevoir.

Dans le vieux Panama, les édifices de béton alternaient avec les vieilles bâtisses en bois, qui n'avaient connu la peinture que lors de leur construction ; sur leurs très longs balcons, par miracle encore debout, de longues cordes étaient couvertes de linge étendu au soleil. De toutes parts, les gens riaient et criaient, repassaient ou discutaient à tue-tête avec les postes de radio à fond, au milieu des merengues, des salsas, des cumbias, des mambos, que toutes les radios déversaient à qui mieux mieux sur plusieurs fréquences, portant le vacarme à son paroxysme. On se serait cru dans un asile de fous, au demeurant sympathique. Ce n'est qu'à partir de l'avenue des Martyrs, ligne de démarcation entre le Panama panaméen et le Panama américain, que commençaient la paix et la tranquillité des villas et des jardins bien entretenus.

Arriva enfin le jour de traverser le canal. De bonne heure, nous passâmes prendre le pilote qui nous guiderait au cours du voyage et nous nous sommes dirigés vers le premier bief, la première des trois écluses que nous devions franchir pour nous hausser au niveau du lac Gatún. Quand derrière nous les vannes de deux mètres d'épaisseur se fermèrent, des milliards de litres d'eau commencèrent à remplir le bief où le voilier était fermement amarré des quatre côtés. Chaque cordage était tenu par un marin qui l'attachait au plus court à mesure que le bief s'emplissait et que le bateau arrivait au niveau de l'écluse suivante. À chaque écluse, on répétait le même processus jusqu'à atteindre la hauteur du fleuve qui se jette dans le lac Gatún.

À la tombée du jour, nous sommes arrivés sur le lac, où, après une coupe de cheveux des mains de Mayi, nous avons eu le plaisir de nous baigner en eau douce à satiété. Le lendemain, nous avons franchi la tranchée Culebra, dont la construction coûta la vie à des milliers d'ouvriers. À partir de là, le canal s'élargit à nouveau jusqu'aux écluses de Pedro Miguel et Miraflores où, suivant un processus inverse à celui de la montée, nous descendîmes vers l'océan Pacifique.

Physiquement, l'eau était toujours ce qu'elle est : de l'eau ; mais il n'est pas facile d'exprimer ce que nous éprouvions à ces moments-là. C'était une mer inconnue, nous n'étions pas chez nous. Ce n'était pas notre mer à nous.

Nous passions sous le pont des Amériques, qui assure la liaison entre le Nord et le Sud, Amérique du Nord et Amérique du Sud.

Nadine, la jeune femme du *Yasur*, nous avait aidés à franchir le canal. Maintenant c'était notre tour, et alors que moi je naviguais en solitaire vers l'île de Taboga, le reste de l'équipage du *JoTaKe* prenait l'autobus pour retourner à Colón et aider le *Yasur* à traverser le canal. Le *Koala*, que nous connaissions du Brésil, que nous avions retrouvé à la Guyane et qui se rendait en Chine, faisait également partie du convoi.

À Taboga, je courais sur les plages avec *Beltza*, la petite chienne vénézuélienne que j'avais toujours dans mes jambes, et je bavardais avec les équipages des thoniers qui déchargeaient leur poisson sur les bateaux frigorifiques. Ils se mettaient en quatre pour nous aider. Ce fut l'occasion de nous lier d'amitié avec Ernesto Martín, le Canarien, et José Argoitia de Lequeitio, avec qui je m'embarquai comme matelot pour une navigation de cinquante jours, dans le but de gagner un peu d'argent. Tout ce temps-là, la radio me permit de rester en contact avec les miens.

Journal de bord

> *Depuis dimanche dernier, le temps s'est sérieusement gâté. De fortes rafales de vent et une forte houle. Je cherche refuge derrière la petite île, juste devant l'hôtel Taboga. Ici, on est mieux. Au-dehors, la mer est grosse.*
>
> *La baie s'est remplie de crevettiers, de petits bateaux de pêche, et même de gros palangriers coréens. Ça doit être l'influence de l'ouragan Gilbert, qui arrive maintenant à hauteur de la Jamaïque.*

Au large de l'île, je localisai deux épaves remplies de poisson, lequel figura à notre ordinaire des jours suivants. Parmi les travaux réalisés ces jours-là, il faut signaler la confection d'une nouvelle hélice pour le loch, la précédente ayant fini dans l'estomac d'un requin facétieux.

Un jour, levés tôt, nous avons remarqué que le vent venait de Vacamonte, ce qui signifiait que le voilier allait chasser. Nous décidâmes de lever l'ancre sur-le-champ et de mettre le cap sur Las Perlas.

Sur les premières îles du Pacifique

Au lieu de faire les choses comme il se doit, je me laissai glisser par-dessus bord afin de vérifier le support du pilote automatique que je connectai aussitôt. Alors que je remettais en place un cordage, un léger coup de vent fit faire une embardée au voilier... Le pilote automatique réagit violemment, et je me suis retrouvé la main coincée entre deux ferrailles, et le poignet démis.

Je me suis accroché de l'avant-bras à la colonne du gouvernail et de la main gauche, j'ai remis mon poignet en place. Assis dans le cockpit, en examinant ma main écrasée, j'ai constaté que plusieurs métacarpiens étaient fracturés.

Or il n'entrait pas dans nos projets de repartir pour Panama. À l'hôpital on me ferait une radio de la main et on la mettrait dans le plâtre. Donc, pas question d'y retourner. Mayi me banda fortement la main et nous avons poursuivi notre voyage.

Laissant d'un côté l'île Pacheca, nous nous sommes dirigés au sud de l'île de San José. Près du rivage, un voilier était à l'ancre et, sur le pont, quelqu'un nous salua avec effusion. À cet instant, une grosse averse se déchaîna, qui remplit les réservoirs du voilier.

Au cours de la soirée, nous sommes allés rendre visite sur la plage à Dieter et Gada, un couple de sexagénaires allemands, qui depuis cinq ans mouillaient au même endroit. Nous avons partagé avec eux la tarte que Mayi venait de confectionner ainsi que des cadeaux que nous avaient faits les équipages des thoniers.

Deux jours après, nous avons pris congé de ces robinsons, qui ne dédaignaient pas de temps à autre un peu de compagnie. En chemin, à Punta Cruz, nous avons remorqué vers une baie plus tranquille un bateau de pêche dont la batterie était à plat. On nous demanda des cigarettes et du whisky et il n'y eut de leur part pas le moindre mot de remerciement ! Sous le filet ils transportaient un chargement de marihuana, principale production de ces îles paradisiaques. Leurs meilleurs clients sont les Nord-Américains du canal.

Suivirent des jours heureux et tranquilles à parcourir de petits paradis. Notre menu alignait : poisson grillé au barbecue, manioc frit, salade de chou pommé accompagné de papaye verte du terroir, râpée et aux petits oignons, le tout assaisonné de mayonnaise. Comme Noël approchait, nous nous sommes mis à écrire aux très nombreux amis que nous avions laissés un peu partout. Le plus ennuyeux était qu'ils ne savaient pas où nous joindre.

En route pour Contadora, nous avons trouvé sur un récif de corail, qui affleurait à peine, une plage blanche, sans aucune végétation. L'eau était transparente et le sable si blanc qu'il faisait mal aux yeux. Succombant à la tentation, nous avons jeté l'ancre.

Urko et la chienne m'accompagnèrent sur le canot pour faire de la pêche sous-marine. La mer était infestée de requins, de telle sorte qu'Urko devait au plus vite remonter sur le canot le poisson que je harponnais. Un requin *mako* nous nargua un moment, puis s'en alla comme il était venu.

La mer n'était pas mauvaise, même si de temps à autre surgissait, très longue, une lame de fond. À un moment donné, je perçus une lame plus longue que les autres, et pensant à Urko, qui se trouvait sur le canot, je sortis ma tête de l'eau. Tout d'abord, je ne vis pas le canot. Urko nageait en surface à une vingtaine de mètres suivi de *Beltza* dont les grandes oreilles surnageaient. Du canot, pas la moindre trace. Derrière eux, une traînée d'écume qui arrivait jusqu'au rivage.

La vague s'était brisée sur le youyou, le coulant sur-le-champ, et avec lui le poisson, l'équipement de pêche d'Urko, le moteur hors-bord, les rames ; tout gisait par le fond. Et, pour tout arranger, trois nœuds de courant nous entraînaient vers les récifs.

Dans un premier moment, tandis qu'Urko repêchait la chienne, je récupérai son fusil, le masque, les gants et l'une des palmes, l'autre ayant disparu. Durant des minutes interminables, les requins ont tourné autour de nous en mangeant le poisson que nous avions capturé.

Heureusement, le courant éloigna le poisson, suivi de son cortège de requins. Urko rejoignit la terre pour chercher Zigor, et rapporter une longue corde et les défenses d'accostage du voilier, afin de les utiliser comme flotteurs pour renflouer le canot. Je n'en finissais pas d'attendre, essayant de me maintenir sur le lieu du naufrage, mais quand les enfants arrivèrent sur la planche à voile, j'avais dérivé sur plus d'un mille en compagnie du canot. Nous le renflouâmes et, très fatigués et finalement bredouilles, nous avons levé l'ancre pour filer sur Contadora, après être passés devant l'île Chapera.

Contadora

Contadora, qui n'est pas une grande île, jouit cependant d'une certaine renommée. Elle fut longtemps la résidence du Shah d'Iran en exil, et c'est là que furent signés les premiers traités de paix pour l'Amérique centrale.

Nous venions à peine de mouiller l'ancre que plusieurs canots s'approchèrent à toute vitesse. C'étaient des militaires nord-américains qui louaient des voiliers pour le week-end. Ils nous invitèrent à bord. Parmi eux se trouvait Roberto, pilote d'un énorme hélicoptère, que nous connaissions déjà. Il possédait une villa sur la falaise, où à la nuit tombante nous fêtâmes nos retrouvailles.

L'île est dotée d'une excellente piste d'atterrissage, sur laquelle étaient stationnés plusieurs petits *jets* privés. De luxueux hôtels cinq étoiles jalonnaient la plage de la partie est de l'île, par ailleurs nantie d'un supermarché bien approvisionné.

Le lendemain, nous arrivions à l'île de Saboya, à l'ouest de Contadora. Des maisons aux murs en feuilles de palme et aux toits de tôle. Quelques murs étaient de bois non équarri, rapetassés de tôles aplanies et clouées. Cer-

Le 12 mars 1983, le grand jour ! Tous sur le pont.

JoTaKe ne file pas encore très vite, mais le vent commence à se lever.

Août 1983 : le long des côtes agitées du Portugal,
Urko et Zigor essayent de ne pas trop montrer leur inquiétude.

L'essaim
d'abeilles tueuses
près des côtes
brésiliennes.

Un moment de tendresse avec Mayi, au Panama en 1990.

Avec nos deux fils, la construction de notre maison
au Guatemala en 1993.

La construction du nouveau *JoTaKe* et sa mise à l'eau, en 1995.

Juin 1998 à Banan Bay (Vanuatu) : un bien chaleureux accueil.

Des enfants fascinés par les tours de magie de Zigor et Urko.

Ce n'est pas tous les jours qu'on prépare un crocodile pour la fête.

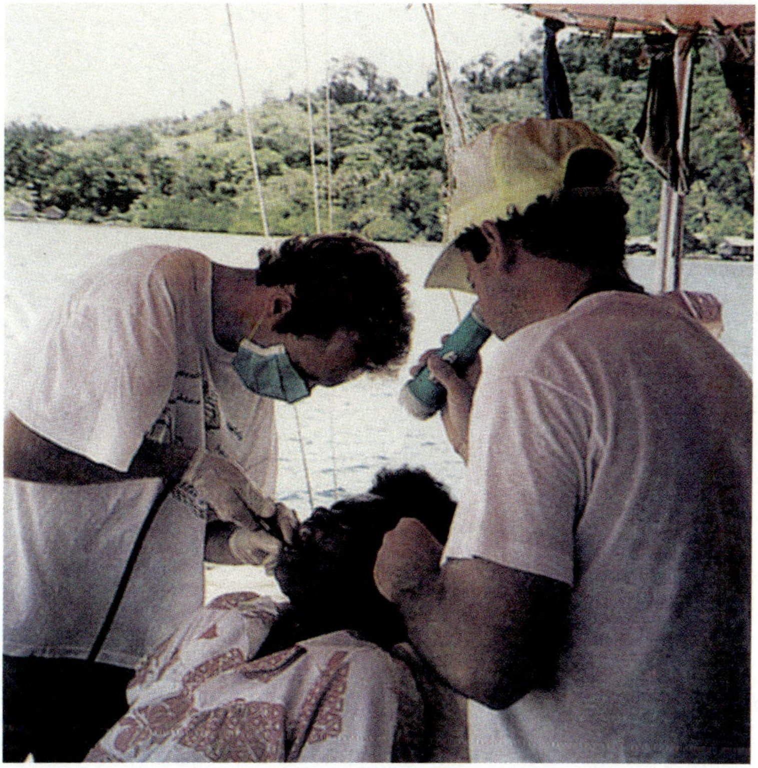

Les deux frères se lancent dans le métier !

Truck, notre ange gardien.

Notre retour à Fuenterrabia en 2000 fut aussi une grande joie.

taines portes étaient ornées d'un sacré-cœur fixé avec des clous rouillés.

La boutique du village avait une fenêtre donnant sur la rue d'où on servait directement les clients. Il y avait de tout dans le magasin, qui, en même temps, tenait lieu de cuisine à ses propriétaires. Le plancher, élevé sur le sable, crissait sous les pieds et servait à empêcher l'humidité et à favoriser la circulation d'air frais sous la maison. Sur les étagères en bois, grossièrement façonnées à l'herminette, il y avait tout ce qu'on peut imaginer : des haricots jusqu'aux scies de charpentier en passant par le riz, le manioc, le kérosène, les chandelles, le pain ensaché dans du raphia, de l'essence... Du plafond pendaient des paquets de tabac, et sur le sol, enroulé en forme de gros cordage, une grande quantité de tabac à chiquer côtoyait des rouleaux de fil de fer destinés à la construction.

Le poisson séché pendait au plafond pour continuer à se boucaner. Les boîtes de conserve, bien espacées pour faire nombre, se trouvaient en tête de gondole. Un sac de cocos gisait, près de la porte d'entrée, et présentait quelques taches d'humidité suspectes ; à côté du sac, un chien famélique, auteur présumé d'icelles.

Avec la nuit ce fut l'inévitable offensive des moustiques ; et l'arrivée d'une nuée d'insectes et de papillons de tout acabit, attirés par la lumière, qui finirent brûlés dans la flamme de la lampe à pétrole qu'on venait d'allumer. À l'appel d'un des clients, un enfant accourut nu, noir de soleil et de crasse, avec un bidon de gasoil. Utilisant un procédé identique à celui des Indiens du Surinam, tout ce monde s'enduisait de gasoil les parties exposées aux moustiques, ce qui les fit fuir, et nous aussi.

Moustiquaires en place sur toutes les ouvertures du voilier, nous attendîmes de pied ferme l'assaut. Le gros de l'attaque dura une heure. Seule la fumée vint à bout des invisibles *jejenes*[1], qui passaient à travers les moustiquaires comme des gouttes d'eau.

Retour à Taboga, en flânant sur la petite île, nous

1. Minuscules moustiques de l'Amérique tropicale. (*N.d.T.*)

sommes passés devant un jardin et avons été impressionnés par la quantité d'orangers et de citronniers. Nous voulûmes connaître le propriétaire. C'était un médecin réputé de Panama qui nous dépêcha un domestique avec un gros cageot rempli de fruits, nous invitant à prendre un verre, puis à dîner, ensuite un autre verre, puis un autre, et encore un autre, jusqu'à une heure avancée de la nuit.

Sur l'île, nous fîmes la connaissance d'Alberto, un Argentin peu prolixe mais très actif. Un « Che » d'un mètre quatre-vingt-dix, navigant à la retraite, très barbu, les cheveux longs, le visage serein, et toujours vêtu de noir. Un homme à qui je tirai mon béret.

Il logeait dans un canoë, un tronc d'arbre évidé qu'il achevait de se faire construire en Colombie en échange du prao avec lequel, l'année précédente, il avait tenté sans succès de joindre les Galápagos. C'étaient six mètres de tronc creusé, dépourvus de tout bordage. Des panneaux lui permettaient de s'y asseoir, et, à la proue, un petit cagibi lui servait à ranger ses rares effets personnels.

Avec une voile guaira que Mayi lui cousit il pensait naviguer jusqu'au méridien de l'Australie, voire jusqu'aux Philippines. Son seul instrument de navigation était un compas. Il naviguait en latitude, et pour cela il se servait d'un fil avec un écrou comme plomb. Couché au fond du canoë, il cherchait la verticale du lieu pour s'orienter sur une étoile connue. La latitude ainsi vérifiée lui indiquait s'il devait naviguer au nord ou au sud. Naturellement, toujours en solitaire, la compagnie, il la trouvait aux escales.

Nous l'aidions à imperméabiliser le canoë, car de l'intérieur du cagibi, on voyait le jour à travers la flèche de l'étrave. Nous lui proposions tout ce qui, à nos yeux, avait une certaine importance, qu'il refusait, n'en voyant pas l'utilité.

Son plus gros problème, comme pour la plupart des navigateurs, était la bureaucratie à l'arrivée au port.

— D'où venez-vous ?

— De Colombie.

— Avec ça ? Dites, ne vous moquez pas de moi, ou je vous mets à l'ombre. Montrez-moi vos papiers.

Et Alberto sortit un bocal à large ouverture, à l'intérieur duquel il rangeait le passeport et un papier comme quoi il avait acheté un tronc d'arbre dans les forêts de Colombie. Et pour n'importe quel fonctionnaire, c'en était trop.

— Vous me prenez pour un imbécile ?

Ce qui en disait long sur ses rapports avec les autorités, lesquelles, à leur corps défendant, devaient finalement se rendre à l'évidence.

— Alberto, lui dis-je, je sais que tu n'aimes pas écrire, mais nous sommes bons amis, et je veux seulement savoir que tu es arrivé quelque part. Il suffira que tu me dises « je suis là ». Comme ça, nous saurons que tu es vivant et nous en réjouirons pour toi. Bien des mois après, nous recevions, via l'Europe, la lettre suivante.

Santi et Cie :

Par ici tout va bien pour moi.

J'ai mis vingt-deux jours pour arriver aux Galápagos. Lent mais facile.

En quittant les Galápagos, j'ai chaviré de manière inattendue par une nuit sans lune. Mer tranquille. C'est ma faute, je n'aurais pas dû manœuvrer à la voile avec un vent aussi fort. Je n'avais pas fermé la porte ni arrimé les planchers, ce qui m'a fait perdre la moitié de mes affaires. Une fois tout remis en ordre, il me restait tout juste vingt litres d'eau et une boîte de müesli ou de granola.

Une pluie ici et une autre là-bas ont fait qu'au bout de quarante jours de navigation j'ai touché Fatu Hiva, sans ancre, sans boussole, sans planchers, sans porte, presque sans rien, mais en parfait état de santé et sans problèmes. À Fatu Hiva, les gens se sont mis en quatre pour moi ; halant le canoë à terre, j'ai tout réparé.

Maintenant je suis remis de toutes mes émotions. Dans un mois ou plus, je mettrai probablement le cap sur les Samoa. Bonne chance à vous tous et je souhaite que les vents vous soient toujours favorables. Une caresse pour Beltza.

Alberto

C'est la seule nouvelle directe que nous ayons jamais eue de lui, alors que, par la suite, nous l'avons suivi à la trace à travers tout le Pacifique. Alberto n'aimait pas écrire, moi non plus.

Nous avons appris beaucoup en peu de temps
Nous avons appris que la vie est très simple, que ce n'est pas la peine de la compliquer.
Nous avons appris à prédire le temps par la manière différente qu'ont les crabes de faire leurs nids dans le sable quand il va pleuvoir.
Nous avons appris à être sûrs et confiants en nous-mêmes.
Nous avons appris, surtout, que la vraie grandeur réside dans la simplicité.

Alberto : que la mer et les vents te soient toujours favorables, et que les poissons volants couvrent chaque matin le pont de ton canoë.

Nous discutâmes de la direction à prendre : le Mexique vers le nord ; le Chili vers le sud ; les Galápagos et les Marquises vers l'ouest. Il était également envisageable de trouver un bon job et de construire un grand catamaran, car les enfants grandissaient et le voilier devenait trop petit.

Nous étions depuis longtemps dans la zone du golfe de Panama et commencions à sentir le changement de saisons.

L'Amérique centrale : le Costa Rica

Après avoir longuement pesé le pour et le contre, nous avons décidé, au cours du dîner, de mettre le cap sur Punta Mala, vers l'Amérique centrale.

Le lendemain, pendant que Mayi préparait le petit déjeuner, le navire faisait voile vers Punta Mala. Avec une forte houle, nous bordions l'île d'Iguana.

Au moteur, toujours au moteur depuis que nous avions dépassé Punta Mala, nous nous dirigions vers Cubagua. Le soir tombait et nous naviguions face au soleil vers l'île de Ranchería, quand Urko, posté à la proue, donna l'alarme. Trop tard. Les récifs affleuraient, à peine à quelques centimètres et, le soleil en pleine figure, on ne les voyait qu'en arrivant sur eux. Je tournai violemment la roue du timon, mais trop tard, le voilier frôla les récifs et continua sur sa lancée. Je me mis à l'eau pour évaluer les dégâts : apparemment, il y avait deux belles éraflures, l'une sur le bouchain et l'autre sur la quille. Mais le voilier ne faisait pas eau et nous avons poursuivi notre voyage.

À midi, nous étions passés à côté des îles Ladrones, où la mer nous fit présent de trois thons, ce qui nous permit de dîner d'une phénoménale marmitée que Mayi prépara avec l'un d'eux.

Le café était saumâtre. En en recherchant la cause, je me rendis compte que l'eau de la citerne de bâbord était salée ; il devait y avoir une fissure dans la coque au niveau du réservoir structural. *Beltza* aboyait nerveusement : elle entendait les dauphins bien avant nous.

La côte était verte, très verte, ravissante. Des plages tantôt blanches, tantôt noires. Des palmiers à profusion. L'eau devenait de plus en plus sale à mesure que nous nous enfoncions dans le golfe de Nicoya.

Nous sommes arrivés au Costa Rica, l'un des États les plus petits d'Amérique centrale. Avec ses quatre millions et demi d'habitants, il vit du tourisme et du café, n'a pas d'armée régulière, mais une milice populaire qui en tient lieu.

Parmi les gens dont nous avons fait la connaissance, nous devons accorder une mention spéciale à Willy, un *tico*, nom sous lequel les propres costariciens se désignent en parlant d'eux-mêmes.

Il paraissait avoir soixante ans, mais il en avait bien

moins. Un mètre soixante, musculeux, la peau très blanche et le cheveu lisse, grisonnant et mi-long. De père *tico* et de mère française, il était d'une éducation exquise. Il ne dormait jamais que d'un œil avec l'*Uzi*, sa meilleure amie, sous l'oreiller.

— Quarante et une balles de calibre neuf Parabellum, d'un volume réduit et d'une étonnante précision, nous dit-il.

Accusé d'assassinat, il se faisait la belle chaque fois qu'on l'arrêtait. Tant et si bien, que, de guerre lasse, on décida de le laisser en liberté, quoique, officiellement, il continuât de purger trois peines maximales de vingt-cinq ans. Avec lui comme guide, nous sommes partis en navigation sur le golfe. Il était incollable dans tous les domaines, que ce soit sur la vie des hommes politiques ou celle des bas-fonds de la capitale.

— La nuit, nous racontait-il, je réussissais à tromper leur vigilance pour me rendre sur la terre ferme. Je nageais d'abord sur huit cents mètres ; ensuite, d'îlot en îlot, de récif en récif et, en faisant attention aux requins, j'arrivais jusqu'au bistrot le plus proche, où j'achetais du *guaro* [1] que, de retour à la prison, je revendais trente fois plus cher. Toujours je me suis arrangé pour passer les fêtes de Noël en famille. Ensuite je réintégrais la prison par la porte principale, pour qu'ils m'enferment.

Comme les évasions augmentaient lorsque Willy se trouvait dans la prison, il fut décidé de le laisser en liberté pour empêcher les autres détenus de partir en cavale.

— J'ai eu une *guacamaya* [2] apprivoisée qui s'appelait *Rosita*. Je l'ai vendue quatre fois à autant de touristes qui venaient visiter la prison. Quand le bateau des touristes repartait, *Rosita* parvenait à se séparer à coups de bec de son nouveau propriétaire pour filer à tire-d'aile me retrouver. Et puis finalement, les gardiens me l'ont tuée.

— Et toi, combien en as-tu tués ?

— Juste ce qu'il fallait ; mais, officiellement, ils n'ont pu m'en refiler qu'un seul. La loi du plus fort.

1. Eau de vie de canne, de qualité médiocre. (*N.d.T.*)
2. Ara femelle. (*N.d.T.*)

Willy me parla aussi du *burro*.

— Comme au Brésil la *pororoca*, ou sur la Seine, près de Paris, *le mascaret*, ici aussi nous avons une vague très forte, d'environ six mètres et qui, lors des marées de syzygie, arrive jusqu'à l'île Guayabo. De nombreuses embarcations ne sont plus là pour le dire.

Durant les vacances scolaires, les familles du golfe de Nicoya viennent en villégiature à la plage, ce qui nous donna l'opportunité d'organiser quelques voyages charter de manière à améliorer quelque peu l'ordinaire. Nous avions alors la visite de ma mère, qui navigua avec nous sur les eaux du Pacifique : *pura vida*, comme disent les Ticos.

Depuis longtemps déjà, nous avions dans l'idée de construire un bateau plus grand, et l'occasion se présenta de manière inespérée. Un ami nous donna une adresse. Un appel téléphonique, et le contact était établi. Plusieurs allers et retours en avion. Un mois passé à dessiner des plans, à faire des calculs. Contrats, matériaux... et le projet se concrétisa.

Au Guatemala, naissance du nouveau **JoTaKe**

Dans les marais, près de Puerto Quetzal, nous entamions une nouvelle étape, qui au bout de deux ans allait donner naissance à un superbe catamaran, le *Berriz JoTaKe*, sur lequel nous allions poursuivre notre tour du monde.

Le hameau (si tant est qu'on puisse qualifier ainsi un groupe de baraques aux toits de paille construites autour d'un hangar où l'on dépeçait les requins) s'appelait Buenavista, nom totalement usurpé, puisque la seule vue qu'on avait était sur les marécages et la mangrove.

Les gens du hameau étaient, pour la plupart, des *ladinos*, métis de Blancs et d'Indiens. Il y avait aussi quelques Indiens, qui descendaient du Quiché, voire de sierras plus éloignées, pour tenter leur chance. Certains travaillaient comme vachers dans les haciendas du secteur, d'autres sur les nombreux chalutiers, lesquels, à l'instar de ceux des pays que l'on appelle civilisés, anéantissent dix tonnes de faune marine pour un rendement bien dérisoire d'à peine dix pour cent ; mais la plupart s'adonnaient à la pêche au requin sur des embarcations non pontées équipées de moteurs hors-bord, avec lesquelles ils s'éloignaient à plus de cent milles au large, munis d'un filet. En chemin, ils chassaient des dauphins ou des tortues à coups de harpon, et les débitaient en morceaux pour amorcer les lignes, seule manière d'appâter les requins. Ils tendaient les filets à la nuit tombante, et pour dormir, ils amarraient l'embarcation à l'une de leurs extrémités. Ils dormaient à la belle étoile, ou sous un bout de plastique pour se protéger de la pluie et des continuelles éclaboussures de la houle. À l'aube ils remontaient le filet et chargeaient à bord les requins pris dans ses mailles durant la nuit.

Nombreuses étaient les barques qui disparaissaient sans laisser de traces. Les unes étaient coulées par mer grosse ; d'autres essayaient de rentrer surchargées, et une lame fatidique compromettait à jamais leur bon retour.

Presque tous étaient salariés pour ce rude labeur et participaient à l'affaire en tant qu'associés. Le patron pour sa part fournissait le bateau, les moteurs hors-bord, les filets et l'essence pour le voyage.

La chance avait ses caprices. Si la pêche était bonne, ils gagnaient une poignée de quetzals, qu'ils couraient immédiatement dilapider auprès des putes d'El Puerto de San José et à se soûler copieusement la gueule plusieurs jours durant. Si le temps était incertain, ou qu'ils n'aient pas envie de pêcher, ils restaient dans les parages, à quelques milles de la côte, vendaient l'essence, et se présentaient le lendemain, les mains vides, comme s'ils venaient de la pêche, à cela près qu'ils avaient déjà l'argent en poche. Une autre de leurs astuces consistait à couper l'aileron du requin qu'ils avaient pêché, jeter la chair à l'eau puis vendre l'aileron à un intermédiaire chinois. Cela leur rapportait bien plus que de travailler loyalement en remettant toute la pêche entre les mains du patron. Cette manière de procéder n'était pas de règle, même s'il s'agissait de pratiques assez communes.

La peau du requin partait à la tannerie. La chair était salée, séchée au soleil puis exportée vers le Mexique ou les États-Unis. À l'autre bout de la chaîne, même le cartilage était exploité, en Allemagne, pour fabriquer des gélules aptes à soulager toutes sortes de maux. Il va de soi que les alentours des hangars de dépeçage empestaient l'ammoniaque dégagé par la chair du requin.

Ce furent des années dures, très dures. Il fallait travailler sans relâche et en même temps lutter pour défendre notre vie, une vie, comme celle des pionniers du Far West nord-américain, le pistolet à la ceinture. Les *mordidas* – les pots-de-vin – aux autorités étaient à l'ordre du jour, et lesdites autorités essayaient de compliquer la vie à ceux qui ne se laissaient pas mordre. C'était la loi du plus fort, on ne pouvait certes pas mieux dire. Par ailleurs, dans ces villages éloignés de la capitale, la vie s'écoulait dans une commode nonchalance.

Notre échelle de valeurs fut totalement altérée. Le plus malin était admiré pour son intelligence, quand bien même il l'utilisait à des fins inavouables. Il était normal que les hommes frappent leurs épouses, si bien que celui qui ne le faisait pas était tenu pour peu viril. En contrepartie, elles étaient nombreuses, en cachette de leurs maris, à se vendre au plus offrant, souvent par nécessité et pour des clopinettes.

La vie n'était pas estimée à sa juste valeur ; pour une poignée de dollars, on pouvait s'assurer les services d'un tueur à gages. Des policiers en arrivèrent même à me proposer leurs services comme assassins professionnels.

El Puerto affichait encore les restes d'une splendeur passée, car il était doté d'une voie ferrée, désormais à l'abandon, d'un môle construit sur des pilotis métalliques plantés dans le sable, et on devait y marcher en équilibre pour ne pas tomber à la baille par la faute des lames disjointes qui jadis constituaient le plancher. Le quai comportait un hangar, probablement un ancien dépôt de marchandises, où fonctionnait encore une machine à vapeur qu'il fallait chauffer au bois et qu'on utilisait pour hisser et amener les barques. La petite bourgade possédait deux rues asphaltées et les autres sans aucun revêtement, véritables dédales de tranchées se remplissant de boue à la saison des pluies, et où les enfants vivaient en promiscuité avec des cochons, des poules et des chiens galeux totalement glabres. Les égouts couraient à fleur de terre et formaient des flaques dans lesquelles on marchait pieds nus, apparemment sans y attacher d'importance.

Les chevaux attachés aux portes des épiceries et des maisons d'abattage créaient une ambiance de western. Dans n'importe quelle taverne on pouvait louer pour un prix dérisoire un groupe de violonistes, de quoi meubler agréablement une veillée. Quand le week-end arrivait et qu'il touchait son salaire, l'Indien disparaissait pour plusieurs jours sans laisser de traces. Mes employés considéraient les cadeaux que je leur faisais comme une compensation pour tout ce que je leur devais sans le leur dire, non pas en tant que gratification ou stimulant dans les rapports entre patron et ouvrier. J'y perdais mon latin.

Les murs des baraques étaient faits de bouts de bois entrelacés, et les toitures, de paille, mais les plus fortunés utilisaient la tôle galvanisée, signe ostensible de richesse. Le sol était de terre battue, sur lequel les poules picoraient sans discontinuer les restes de *tortillas*, les galettes de farine de maïs.

Les maladies se multipliaient. La malaria et la dengue, y compris sous sa forme hémorragique, causaient des dégâts parmi la population, dont les baraques étaient construites sur des marécages infestés de moustiques, au nombre desquels proliférait l'espèce *Aedes Aegyptis*, vecteur de ces maladies. Les chiens, à leur tour, étaient atteints de filariose, maladie également transmise par les moustiques, dont les larves, qui s'enkystent dans le cœur, dépassent quelquefois trente centimètres de long.

Nous travaillions d'arrache-pied. Le *JoTaKe*, qui nous

avait portés jusque-là, devint un joli bateau de pêche, le premier de la compagnie que j'avais fondée au Guatemala. Je construisis ensuite un chantier naval avec un partenaire local, dont l'avarice perdit tout en voulant tout gagner. Puis, désormais sans empêcheurs de tourner en rond, j'en montais un autre, définitif celui-là, situé – Concurrence, que de crimes on commet en ton nom ! – en face du premier. Là, nous construisions des bateaux, sans nous accorder jamais le moindre répit, nous réparions la flotte de yachts nord-américains qui s'adonnaient à la pêche à l'espadon, fabriquions du matériel pour les viviers de crevettes roses, et assurions leur entretien. Grâce à quoi, nous étions maintenant en mesure de nous payer le nouveau voilier.

Pendant ce temps, les enfants, désormais adolescents, étudiaient et passaient leurs examens au consulat d'Espagne, construisaient une maison dans la mangrove et m'aidaient. Peu à peu, les plans que j'avais dessinés devenaient réalité et se concrétisaient en un catamaran.

Nous avons construit une à une les deux coques flotteurs et, en vue de l'assemblage, les avons transportées sur l'île où nous habitions, d'abord par voie de terre, sur une remorque, et ensuite par le fleuve. Devant la maison, dans le jardin, qui deux ans avant était encore une mangrove, le bateau peu à peu prenait forme. À nous quatre, nous nous mettions courageusement à l'ouvrage.

D'abord, les cinq poutres d'accouplement des coques. Puis ce fut le tour du plancher, soudé pièce par pièce. Ensuite, nous avons fabriqué les panneaux de la passerelle centrale. Enfin, le toit de la cabine et les mâts, avec tout leur gréement fixe. Le voilier commençait à prendre tournure, même si l'intérieur était encore à faire.

Le 22, commencèrent les préparatifs du lancement. Le transporter jusqu'au bord du fleuve, à peine une trentaine de mètres à parcourir, nous prit trois jours. Crics hydrauliques, madriers énormes, palans, rouleaux et poulies, ça n'arrêtait pas. C'est ainsi qu'il nous fallut, à la machette, ouvrir un passage de dix mètres de large dans la mangrove pour permettre au catamaran d'accéder au fleuve.

Le voilier naquit le 25 octobre 1994. Il fut lancé sur les eaux du fleuve María Linda, qui alimentent le marécage à Buenavista, commune d'Iztapa, à l'endroit même d'où, cinq siècles auparavant, Francisco Pizarro avait lancé ses vaisseaux pour partir à la conquête du Pérou.

Vint ensuite l'étape des menuiseries, puis celle de l'électricité et celle de la plomberie ; plus tard, il fallut installer les moteurs, les axes de queue, gouvernails, hélices, manipulateurs pour le morse, tapisseries, monter l'électronique... et une infinité de petits détails, difficilement compréhensibles pour qui n'est pas du métier.

Le 14 février, nous levions l'ancre.

18 février 1996

Nous avons reçu le premier perroquet. Quarante nœuds de vent et mer non grosse mais agitée.

Le bateau se comporte bien, mais il est évident que nous sommes surchargés : les vagues cognent le plancher entre les deux coques.

Le 23, de bon matin, nous étions en vue de l'île del Coco, où, dit-on, le pirate Morgan enterra ses trésors. Peu après nous avions la visite de la police des parcs nationaux. Le droit à payer pour le mouillage était si élevé – soixante-cinq dollars la journée – que nous ne pouvions y rester plus d'un jour.

Nous mîmes le cap sur les Galápagos sans le moindre souffle de vent, au moteur et avec des courants contraires. Ceux du nord et du sud se heurtaient à la hauteur des trois degrés nord, là où s'accumulent toutes les poubelles flottantes des deux hémisphères ; poubelles qui ont parcouru des milles et des milles ; poubelles des riches du nord venant à la rencontre des poubelles des plus pauvres du continent sud-américain.

Avec le courant de Humboldt, les bourrasques se multiplièrent.

21 heures. Bourrasque de cinquante nœuds. Voilure au minimum nous filons huit nœuds.

0 heure. La tempête fait toujours rage.

11 h 30. On dirait que la bourrasque se calme.

Le 7 mars, nous arrivâmes à Puerto Baquerizo Moreno, centre administratif des îles, où nous avons fait la connaissance de Guido Rosillo, radioamateur, qui nous invita chez lui et nous accueillit chaleureusement. À l'époque, la ferme de Guido était remplie d'objets ayant appartenu au *Galápagos Explorer*, qui s'était échoué à Puerto Ochoa le 6 janvier 1996. Devant l'impossibilité de le remettre à flot, on avait dû, une fois démonté, couler l'épave, à cinq milles de la côte, par mille deux cents mètres de fond.

L'archipel est formé de dix-neuf îles dont seulement six sont habitées : La Fernandina, Isabela, San Cristóbal, Santa Cruz et San Salvador. Nous avons terminé notre visite par la dernière, Floreana.

Les îles sont peuplées de six mille Équatoriens qui gagnent leurs sucres, la monnaie nationale, grâce au nombre sans cesse croissant de touristes qui y affluent du monde entier. La pêche y est abondante, à la grande satisfaction des *pepineros*, récolteurs d'holothuries, animaux marins qui ressemblent à des cornichons ou des boudins, que les Asiatiques s'arrachent à prix d'or pour leurs prétendues vertus aphrodisiaques.

Les zones côtières sont désertiques et couvertes d'énormes cactus qui rendent difficile la promenade, en soi déjà problématique, sur les scories du volcan. Les cactus sont, à leur tour, contrôlés par les iguanes. Et tous les animaux des îles sont partie intégrante d'un écosystème qui au long des siècles s'est maintenu isolé grâce à la faible présence humaine.

La Station Darwin pour la Conservation de la Nature, théoriquement en charge de l'écosystème, était en réalité une couverture semi-gouvernementale destinée à recueillir auprès du public des fonds qui disparaissaient ensuite sans laisser aucune trace. La démarche, de la part d'une

ONG humanitaire, visant à exercer son droit de regard sur les comptes de la fondation, qui normalement relevait du domaine public, eut pour résultat l'incendie « fortuit » de toutes les archives la veille de l'inspection.

Nous avons chargé le combustible aimablement vendu par Guido Rosillo, pris congé de lui, et sommes partis le lendemain pour Barrington. Dans l'eau, phoques, pélicans, tortues et toutes sortes de poissons entouraient le voilier. Les jeunes phoques étaient de notre part l'objet d'une attention particulière, lorsqu'ils s'approchaient pour toucher la coque avec leur nez et leurs longues moustaches. En revanche, les mâles, d'une taille impressionnante, semblaient peu intéressés, et regardaient le voilier comme un intrus qui violait leur territoire. Les tortues marines se déplaçaient autour du *JoTaKe* en agitant leurs pattes, comme les ramiers battent des ailes.

Le lendemain, la paix et la tranquillité se virent compromises par l'arrivée de grands bateaux bondés de touristes. Pendant qu'ils transbordaient leur chargement à terre, nous levâmes l'ancre et quittâmes les lieux.

Puerto Ayora, sur l'île de Santa Cruz, est le port officiel d'arrivée aux Galápagos. C'est une baie, très peu protégée de la houle, qui y entre avec une telle force qu'il est conseillé d'affourcher, une ancre à la proue et l'autre à la poupe, pour rester aligné. Officiellement, on ne pouvait s'arrêter que trois jours en cas d'accostage forcé, mais les autorités fermaient les yeux, et en règle générale, les voiliers restaient une quinzaine de jours sans problème. Un capitaine du port, qui voulait faire du zèle, renvoya les voiliers. Ce qui provoqua une grève féroce des commerçants de l'île, qui voyaient leurs ventes chuter de manière catastrophique. La loi dut finalement se plier à leurs exigences.

Max del Castillo, un radio-amateur que nous connaissions sur les ondes hertziennes, nous invita à sa ferme, située tout en haut de la montagne. Le climat était incroyablement humide, et lui, descendait de temps en temps sur la côte, là où ne poussent que les cactus, pour se sécher et se réchauffer les os, comme il disait.

Un autre jour, l'Allemand Karl Angermeyer, un des vieux pionniers de l'île, vint nous inviter à visiter la grotte où il avait vécu de nombreuses années, aujourd'hui devenue musée.

Après une semaine de repos, et ayant pris congé du voilier *Pacani*, des gaditains Javier Soto et Victor Unzueta, alias *Epi*, nous avons décidé d'appareiller vers les îles Marquises, à trois mille milles de là, la navigation la plus longue possible sans toucher terre. Mais le destin s'y opposa. Le navigateur par satellite, le GPS, ne fonctionnait plus, ce qui nous obligea à en commander un nouveau aux États-Unis.

Dans l'attente, nous occupions notre temps à parcourir l'île de fond en comble, monter une nouvelle antenne pour la radio de Max, nous promener à cheval dans les montagnes de Santa Cruz, caresser les galápagos, ces énormes tortues de terre, et photographier les gigantesques iguanes noirs, tels des monstres préhistoriques, tous plus laids les uns que les autres.

Au bout de quelques jours, le *Pacani* fit voile vers les Marquises. Nous étions pris de nostalgie pour les dîners en commun et les veillées interminables, tous ensemble, séduits par leur faconde et ce charme qui n'appartient qu'aux Andalous.

Le nouveau GPS enfin reçu, nous sommes partis pour Floreana, une île dure, âpre, admirablement décrite dans *Floreana, poste restante*, par Mme Wittmer. Nous eûmes également l'opportunité de déposer notre courrier dans le tonneau où les anciens baleiniers laissaient leurs lettres, pour que celui qui pourrait s'en charger les fasse parvenir à leur destinataire.

6.

La grande traversée, le Pacifique

Le grand jour était arrivé, nous étions parés pour la grande traversée : deux mille neuf cent trente milles, plus de cinq mille kilomètres entre ciel et eau, aucun repère possible à terre, nous séparaient des îles Marquises. C'est la plus grande distance à parcourir sans pouvoir faire escale nulle part. Sachant qu'à proximité de l'équateur nous aurions peu de vent, nous avons chargé le bateau de deux cents litres de carburant supplémentaires, ce qui nous permettrait de nous diriger vers le sud pour attraper les alizés du Pacifique sud qui nous porteraient jusqu'aux Marquises.

Comme prévu, les premiers jours de la traversée furent marqués par une absence quasi totale de vent. Mais la question du combustible ne se posa pas, car une très légère brise nous poussa tout le temps vers l'ouest. À plus de cinq cents milles du littoral, nous avons aperçu des phoques au pelage presque noir, plus long que celui de leurs congénères des Galápagos.

15 avril

Pression atmosphérique : 1 024 hectopascals ; mais sur l'équateur, ça ne veut rien dire.

Bonne pêche – deux thons – et mer mauvaise à l'ordre du jour.

Les vagues du sud-ouest se mêlent confusément à celles qui viennent du nord. Elles nous assaillent de toutes parts pour se briser dans toutes les directions ; elles secouent dur le catamaran. Trois grosses vagues viennent de déferler sur la cabine. Avec un fracas et une peur terribles, on aurait dit que le bateau explosait ; mais il ne s'est rien passé et nous poursuivons notre navigation comme si de rien n'était.

Deux ris à la grand-voile et une trinquette lourde. Je n'ose pas faire plus de toile, en raison de la surcharge excessive, et ça se voit au comportement du bateau.

À la nuit tombante, nous avons aperçu une baleine. J'espère que cette nuit, les baleines sentiront notre présence et qu'elles s'écarteront de notre route ; sinon, nous sommes dans de beaux draps.

L'heure : 19 h 10. Position : Sud 4° 55' ; Ouest 97° 11'. La température de l'eau est en légère hausse. J'ai passé toute la nuit à la barre à essayer de deviner, plus que de voir, les vagues qui surgissaient de partout, pour tenter de les esquiver. Il y en a de monstrueuses, surtout celles qui viennent du sud. Dans cette immensité, ces vagues peuvent parcourir sans broncher des distances incalculables. Quarante nœuds de vent ; plus quand il souffle par rafales. Fichtre ! Inconcevable sous ces latitudes ; mais c'est la triste réalité. Espérons que ça ne va pas trop durer. Le voilier fait des pointes de plus de seize nœuds ; moi, je pencherais pour dix-huit ou dix-neuf. Foutue navigation, qui nous est tombée dessus à l'improviste, il faudra pourtant nous faire à son rythme.

Mais nous en aurions le temps. Il fit mauvais durant une semaine entière : sept jours et sept nuits capables de saper le moral de quiconque. Sept jours de ballottements continuels, de coups de mer sur le pont, à naviguer revêtus de nos cirés ; sept nuits d'une humidité qui nous transperçait jusqu'à la moelle des os. Des jours et des nuits de linge mouillé, qu'il fallait entasser dans un coin dans l'attente de jours meilleurs.

Pendant ces jours, à notre réveil, le pont du voilier était couvert de calmars, sans doute attirés par le fanal que nous y avions placé pour signaler notre position. Mais il n'en était pas de même des poissons volants, qui semblaient avoir disparu de la circulation. Par bonheur, malgré le mouvement du catamaran, on pouvait cuisiner, encore que manger ne nous disait pas grand-chose. Pourtant il le fallait pour parer à toute éventualité.

En une semaine nous avions couvert deux mille milles. Douze nœuds en moyenne, ce qui n'était pas mal pour un voilier qui n'était pas encore au point. Mais, quand la mer et le vent se calmèrent, la moyenne journalière chuta vertigineusement.

Étrenné depuis deux mois à peine, *Autoelm*, le pilote automatique, se mit en grève. Apparemment, la semaine de gros temps ne lui avait pas réussi. En pleine nuit, je dus changer son moteur électrique d'origine pour celui d'une perceuse. Il se remit à fonctionner pour le reste de la nuit ; j'ouvris alors le moteur d'origine, qui était scellé, fabriquai des charbons sur mesure puis le refermai. Le lendemain, à la lumière du jour, je replaçai le moteur d'origine, et ainsi *Txotxua*, le cinquième membre d'équipage put reprendre ses lourdes responsabilités de barreur infatigable.

Vers la fin de notre traversée, la navigation devint un plaisir. Le poisson ne manquait pas et l'équipage s'était totalement familiarisé avec le nouveau voilier. Vingt jours après, nous étions en vue du premier îlot des Marquises ; ce n'était qu'un rocher solitaire. Plus tard, Hiva Hoa, Tauata et Motane, apparurent au loin par tribord.

Haloha, agur, Marquises !

Dans l'archipel des Marquises

Iáorana oe Marquesas, ou « Bonjour, Marquises ».

Le nom indigène des îles est Fenua Enata, qui signifie « terre des hommes ». L'archipel fut découvert en 1595 par Álvaro de Mendaña, un Espagnol du Bierzo. Nous avons jeté l'ancre dans la baie d'Anavave, à Fatu Hiva, l'île située plus au sud, où, deux cents ans avant notre arrivée, dans cette même baie, le Basque Domingo de Boenetxea avait signé un traité avec les seigneurs locaux, les Eris, et où il était mort peu après, en 1775.

Le mouillage est magnifique. Enserré dans un canyon, dont les parois rappellent vaguement les statues de l'île de Pâques. Les découvreurs le baptisèrent du nom de « baie des Verges », à cause de la ressemblance entre les formations rocheuses de l'entrée et le membre viril. Mais cette appellation n'était pas du goût des missionnaires français, qui changèrent « verges » en « vierges ».

Les rafales de vent dans le défilé de la baie étaient fortes. Certains voiliers partaient à la dérive et pouvaient se retrouver tout près de là, l'ancre suspendue au-dessus de plusieurs centaines de mètres de fond.

Malgré leur air renfrogné, les gens sont d'une grande amabilité et gardent jalousement leur identité culturelle, qui se maintient à couvert du nombre sans cesse croissant de voiliers qui les visitent chaque année. Sur leurs pirogues à balancier, ils s'approchent des voiliers avec des fruits, en parlant français avec un accent caractéristique, et ils entament des négociations en vue du troc.

— *Ti na pa de parfim ?*

— *Ti na pa de bucles doreill ?*

Agrumes et bananes, viande de chèvre et de porc, fruit de l'arbre à pain, étaient la monnaie d'échange habituelle. Mais les sculptures sur bois, surtout les *tikis*, qui représentent le dieu polynésien lequel, selon la tradition, évoque aussi les premiers habitants des îles. Cette personnification du dieu était très laide. On le représentait sous la forme d'un être moitié homme moitié singe, doté parfois d'un énorme pénis, qui, à vrai dire, avait un certain air de parenté avec les actuels marquésans, qui sont loin d'être laids.

En échange, les voiliers fournissaient matériel de pêche, cordages, bijoux fantaisie, parfums, produits de beauté... Les cartouches de douze et de vingt-deux, en vente libre aux Galápagos, étaient hautement appréciées.

La culture polynésienne est très spéciale et, donc, difficile à comprendre pour les touristes, qui la plupart du temps ne s'intéressent qu'au folklore durant leur bref séjour sur les îles.

Les Polynésiens ont un sens de la propriété très différent de celui des Européens. Les choses appartiennent à tout le monde, mais un seul les utilise ; donc, il est normal que l'on « emprunte » la radio ou la robe de la voisine, car il s'agit simplement d'un emprunt, même si, très souvent, l'emprunt est définitif.

Entre eux, ils ont coutume de s'exprimer par mimiques ; par exemple, pour répondre affirmativement, ils froncent le front en levant et en arquant les deux sourcils. Ils utilisent également le langage des fleurs : une fleur sur l'oreille gauche signifie « cœur à prendre » ; sur l'oreille droite, « je suis mariée » ou « marié ». Les fleurs, en forme de colliers ou de couronnes, sont la parure habituelle, pour les hommes comme pour les femmes. Les tipaniers, à l'inoubliable fragrance, les hibiscus, les gardénias et les casuarinas ornent toutes les maisons du Pacifique.

Pour eux, l'âge est un grade : le vieillard le plus âgé est celui qui gouverne le hameau. La première question qu'ils posent à un étranger est : « Quel âge as-tu ? » La deuxième porte sur ses richesses, en vue d'évaluer son pouvoir. Le fait d'être propriétaire d'un bateau vous pose comme quelqu'un d'important.

Les terres sont la propriété des familles, et ne s'utilisent que si le chef de famille, qui presque toujours est un ancien, en a décidé ainsi. Leur vente est tabou. Quoique, avec beaucoup d'argent en jeu, il y ait toujours moyen de conclure un arrangement, comme ce fut le cas pour Marlon Brando, qui se rendit acquéreur de toute l'île de Tetiaroa, au nord de Tahiti.

Sur une rame moderne, je copiai d'une ancienne, qui avait appartenu à un navigateur de Hiva Hoa, les sculptures qui symbolisent le dieu Kanaloa, et dans la foulée, j'y gravai également ma trajectoire de navigateur, à l'exemple des anciens Polynésiens qui, pour se rendre à

Hawaii, au nord, se guidaient sur Arcturus, et pour naviguer vers le sud s'orientaient sur Sirius.

Quelques jours plus tard, nous avons mis le cap sur Tahata et mouillé dans la baie Hana-Moe-Noe. Plage de sable blanc, nombreux citronniers, chèvres et chevaux sauvages descendant jusqu'au bord. Il n'y avait pas d'habitants permanents. Dans les bois qui entouraient la baie, les coqs sauvages marquaient leur territoire en chantant. Nous faisions de la confiture d'oranges sauvages.

Apatoni, Anamenu, Anaiapa... les escales se multiplièrent dans ces îles d'une beauté sans égale. Le gibier était abondant : moutons, sangliers et même des vaches sauvages. À Anaiapa, nous avions chassé un énorme bouc. Nous aidant de cordes d'escalade, il fallut tout d'abord le hisser au sommet de la falaise, et le dépecer pour pouvoir l'acheminer en plusieurs voyages jusqu'au voilier, car entier, il n'y avait pas moyen de le transporter. Plus tard, il fallut nettoyer toute la viande, la couper en morceaux et la mettre en bocaux avant de la stériliser, en veillant à ce que les mouches ne viennent pas y pondre leurs œufs. Un travail très long, mais sur le chapitre nourriture, nous étions parés pour plusieurs mois.

Les moustiques n'étaient pas grands. Néanmoins, il y en avait un, le *no-no*, aussi dangereux sinon plus que n'importe lequel des plus grands. D'une taille inférieure au millimètre, presque invisible, il attaquait sans arrêt, de jour comme de nuit. On ne le voyait pas, mais on le sentait immédiatement. Les séquelles de sa piqûre étaient durables. Il vivait sur des zones d'eau douce, rivières, bassins, sable humide, etc. Et la meilleure façon de le faire fuir était de l'enfumer.

Au cimetière d'Atuona, capitale de Hiva Oa, est enterré le peintre impressionniste Paul Gauguin, célèbre sur l'île pour ses beuveries, en compagnie des indigènes des deux sexes. Près de lui, Stevenson et Melville choisirent également ces îles pour leur dernière demeure. Mais il nous fut impossible de nous y arrêter à cause de la houle et du mouillage non protégé. Nous fûmes obligés d'aller ailleurs.

Teiki, un Marquésan énorme, comme la plupart d'entre eux, et son épouse Louise, une femme d'une rare beauté, aux yeux incroyablement bleus, se consacraient à la récolte du coprah – la pulpe de coco, qu'on fait sécher au soleil –, activité subventionnée par le gouvernement français. Cela, avec la chasse et un petit potager, leur permettait de vivre largement. Leurs enfants allaient à l'école à Taiohae, la capitale de l'île, où ils devaient habiter avec la « famille », car autrement, ils n'auraient pu être scolarisés aussi loin.

Dans les îles du Pacifique, la famille est un fait de société, un peu similaire à la tribu. Les enfants grandissent en son sein, plus détachés de leurs parents qu'ils ne le sont dans les familles occidentales. La famille perd son sens occidental de « couple avec enfant » pour devenir une entité où tous sont responsables de la descendance de l'ensemble du groupe : chaque adulte prend en charge tous les enfants, comme si c'étaient les siens. Ceux-ci passent naturellement d'un couple à l'autre. On dit même que, dans certaines îles, il est obligatoire d'offrir son premier-né à un frère ou à un autre membre du clan.

Une fois, en pleine nuit, des coups frappés sur la coque du *JoTaKe* nous tirèrent de notre sommeil. Un Marquésan venait d'apprendre par la radio qu'un *tsunami*, raz de marée d'origine sismique, était sur le point de se produire, et il venait nous en avertir. Il était venu à pied de la vallée la plus proche et avait dû franchir une colline de plus de cinq cents mètres. Les quatre voiliers au mouillage dans la baie appareillèrent sur-le-champ en quête d'eaux plus profondes. Nous avons passé toute la nuit à la dérive. Au point du jour, la vague arriva. Petite, d'environ deux mètres. L'espace de dix secondes, la mer se retira sur une dizaine de mètres, comme pour prendre son élan ; puis, brusquement, elle monta de deux mètres au-dessus de son niveau normal, inonda toute la zone côtière et, en se retirant, emporta tous les séchoirs à coprah trouvés sur son passage. Le raz de marée avait été provoqué par un séisme de 7,7 sur l'échelle de Richter, dont l'épicentre se trouvait à des milliers de milles de là, aux îles Aléoutiennes.

Les îles présentent de nombreux sites archéologiques, où l'on peut encore contempler les *marae*, lieux de culte avec leurs autels pour les sacrifices, et les *pae-pae*, assises constituées d'énormes rochers sur lesquelles on édifiait les cabanes traditionnelles de bois et de paille.

Les Tuamotu

Nous avons levé l'ancre très tôt, cap sur l'archipel des Tuamotu, avec assez peu de vent. Nous avons doublé le cap de l'aéroport et, le lendemain, le vent commença à souffler, fort, tout le long du chemin. Trois jours plus tard, à la tombée de la nuit, nous sommes arrivés sous le vent de Takaroa, le premier atoll.

Le groupe d'îles qui constitue l'archipel s'étend vers le sud-est, formant une chaîne de récifs et d'atolls, comme Gambier ou Mururoa, où la France expérimentait son nouveau joujou, la bombe atomique, ou Pitcairn, où en 1790 trouvèrent refuge les mutinés du *Bounty*. Un peu en retrait se trouve l'île de Pâques et ses mystérieuses statues, qui appartient au Chili. Sur ces atolls, éloignés de toute civilisation, s'étaient produits, quelques mois auparavant, les derniers actes avérés de cannibalisme de la zone. Un groupe d'indigènes, complètement ivres, mangèrent les doigts des mains d'un autre individu, que l'ivresse avait rendu totalement inconscient. Une infirmière française avertie du fait voulut porter secours à la victime et, en tentant d'interrompre le banquet des ivrognes, mourut transpercée par la flèche d'un fusil de pêche.

Un soir, au terme de quatre jours d'une navigation assez secouée, comme nous naviguions sous le vent de Takaroa à la recherche du chenal d'entrée, nous avons mouillé l'ancre par un mètre de fond au-dessus du récif, puis fait rapidement machine arrière pour affourcher à plus de deux cents mètres d'eau sous la quille. Nous n'avions qu'une peur, que le vent tourne et nous drosse au récif pendant notre sommeil.

À l'ancre contre la paroi verticale de l'île, nous avons

attendu l'arrivée du reflux pour pénétrer à l'intérieur du lagon. Le courant nous y poussait impétueusement. Du haut du mât, Zigor m'indiquait les zones les plus profondes du chenal pour me permettre d'éviter les têtes de corail. Soudain, il se mit à crier :

— À bâbord toute, à bâbord toute !

Le chenal tournait brusquement à angle droit. Quelques mètres plus loin, il entrait en cascade sur le lagon. Sans alternative possible, le *JoTaKe* – plus de douze tonnes entraînées par le courant impétueux – sauta à la vitesse de huit nœuds une cataracte haute de cinquante centimètres pour amerrir sur son premier lagon du Pacifique. Impressionnant, à la limite de l'incroyable, inénarrable sensation que ce saut dans l'inconnu !

Dans le lagon, l'eau était calme, il y avait peu de courant et sa couleur allait du bleu ciel au bleu marine, en passant par toute la gamme de nuances imaginables. Mais la navigation y était plus difficile, les têtes de corail affleurent dans les lagons, et il faut redoubler de vigilance. Il fallait deviner la profondeur à la couleur de l'eau.

Tandis que nous montions au vent pour nous mettre à couvert de l'anneau et éviter la petite houle qui se forme à l'intérieur du lagon, nous sommes tombés sur une zone couverte de bouées, qu'il nous fallut esquiver l'une après l'autre. De celles-ci pendaient de longues cordes, auxquelles étaient fixées des milliers d'huîtres perlières noires. C'était la nouvelle richesse des habitants de l'atoll : la production de perles noires, qui s'ajoutait à la culture, traditionnelle, de la vanille. La famille qui possède un terrain sur l'atoll obtient la concession d'une partie du lagon pour la culture des huîtres. Le commerce est florissant, les clients ne manquent pas, ce sont pour les plupart des Japonais pour qui la culture de la perle noire est presque un culte.

Sur l'anneau pousse une garrigue, qui naît des roches coralliennes et du sel que l'océan y dépose. De cette végétation ressortent les palmiers, tous inclinés du même côté au vent.

L'atoll nous réservait de belles pêches, nous mangions

du poisson en abondance. Il fallait prêter attention à la *ciguatera*, maladie du corail qui se transmet au poisson et à celui qui le consomme. Très difficile à détecter et plus encore à éliminer, la toxine qui provoque la maladie est d'une extrême virulence, entraînant dans un premier stade paralysie, chute du système pileux, fortes crampes et douleurs intenses qui apparaissent rien qu'au contact de l'eau contaminée ; au second stade, l'intoxication s'accentue, et c'est la mort à brève échéance. La personne atteinte ne peut consommer de poisson durant des années, jusqu'à la totale élimination de la toxine. Partout, nous nous informions de l'espèce qu'il fallait rejeter, et pour cela il n'y avait que les indigènes, encore qu'eux-mêmes soient loin d'être infaillibles.

Durant quatre jours et quatre nuits souffla le *maramú*, un vent très violent du sud, à l'origine d'une mer si grosse qu'à certains endroits, les vagues passent au-dessus du récif pour retomber sur le lagon dans un fracas épouvantable. Quand la tempête se calma, nous avons mis le cap sur l'atoll Toau, et jeté l'ancre dans la baie Amiot, fausse entrée de l'atoll, où le courant est très fort aux heures de pointe de la marée. Lors de la traversée, nous avons laissé par tribord l'atoll Rangiroa où, selon la légende, le Basque Domingo de Boenetxea avait enterré son trésor.

À peine arrivés, nous avions la visite du *luau* Tau Piri, qui nous invitait à un banquet polynésien sur la plage, en compagnie de son épouse, Rosette, et de leurs sept enfants.

Avec l'aide de ses fils, Tau Piri pêchait pour la goélette qui une fois par mois venait de Tahiti. Et au cours de nos longues veillées, où nous jouions à la pétanque et chantions au son des *ukeleles*, il nous apprit, entre autres, à construire un four polynésien dans le sable, à fabriquer de l'huile de coco avec l'aide des crabes ermites, et les multiples usages du cocotier : comme moyen de subsistance, boire et manger, puis comme toitures, paniers, pièges, nattes, balayettes ; son bois sert à construire des maisons et des meubles ; sa sève comme supplément vitaminique, comme levure, comme alcool ; les cocos comme terrines, la fibre sert à faire des cordes, du fil pour recoudre les blessures, son eau à les nettoyer et les désinfecter, et la liste est loin d'être exhaustive.

Mauruuru roa. « Merci beaucoup », Tau Piri.

Les îles du vent, Tahiti

Nous sommes partis de Tuamotu pour Tahiti avec peu de vent, mais au soir du troisième jour, Éole ne nous oubliait pas, et grâce à lui, nous faisions le tour de l'île à quatorze nœuds de moyenne. Arrivés de nuit à Papeete, capitale de Tahiti, nous avons croisé le récif qui la protège pour nous ancrer au milieu de la baie illuminée, en face d'une église adventiste.

— *Id orana oe i teie po*, Tahiti. « Bonne nuit, Tahiti. »

Tahiti et Mooréa sont appelées les « îles du vent » ; Huahiné, Raiatea et Bora-Bora les « îles sous-le-vent ».

Sur le port, les emplacements réservés au mouillage étaient chers et peu fiables. Il fallait s'amarrer de l'arrière à quai et s'ancrer de la proue, et le moindre coup de vent risquait de nous faire dériver. Partout le mouillage était payant, et il n'était pas facile de trouver une place.

La capitale de Tahiti est le centre névralgique de la Polynésie française, une ville moderne, qui ne manque de rien. L'esprit polynésien y est représenté sous une forme caricaturale apte à plaire aux touristes. C'est de là que partent toutes les goélettes qui desservent les îles et qui en rapportent le poisson et les fruits de mer pêchés sur les récifs. C'est d'ici également qu'appareillent les énormes paquebots du Club Méditerranée, gréés de leurs voiles postiches, pour vomir leur cargaison de touristes sur tout le Pacifique ; ceux-ci, sans rien y entendre ni y engager les moyens nécessaires, essaient de photographier et d'acheter tant et plus durant le bref séjour qui leur est imparti, pour se faire mousser par la suite, avec leurs trophées, auprès de leurs amis.

Les villages sont construits à la périphérie, habituellement protégés des alizés dominants, eu égard au relief accidenté du centre de l'île.

Il y avait bon nombre de métis, qu'on appelle *afaoles*, littéralement : deux hommes dans la même peau et pléthore de *rérés*. À première vue, ces derniers ont l'air homosexuels, mais rien n'est plus éloigné de la réalité. Ces soi-disant « folles » font partie de la culture traditionnelle polynésienne. Dans toutes les familles, l'un des fils, parfois l'aîné, est éduqué comme une fille afin d'aider ses géniteurs à s'occuper des autres enfants. Nous étions choqués de voir ces gros poussahs de Polynésiens aux manières si efféminées. Naturellement, les homosexuels ne manquent pas, loin s'en faut, et les Occidentaux ont du mal à faire la distinction.

Dans les commerces les Chinois prolifèrent, ils ne se mêlent pas aux autres races, et maintiennent leurs traditions et leurs coutumes au sein de clans très fermés : leurs hiérarchies, leurs conseils des anciens, leurs fonds d'aide à l'implantation économique des nouveaux immigrants ; et peu à peu, ils se rendent maîtres de l'économie de l'île.

Les jeunes gens du voilier profitèrent de leur séjour pour obtenir leur permis de conduire et consolider leurs notions de polynésien :

— *O vai to oe ioa ?* « Comment t'appelles-tu ? »

— *Enea nehenehe roa oe.* « Tu es très jolie. »

— *Ua ere maite vau ia oe.* « Je t'aime. »

— *Vahiné pootu hanau ia hoe.* « Jolie fille, je veux coucher avec toi. »

Notre apprentissage de la langue polynésienne nous fit prendre conscience de sa similitude lexicale avec le basque, tant par le sens de nombreux mots que par leur prononciation : *aitá, aitona, maitea, titia*... Il nous fut également donné de contempler, incrédules, Mayi et moi, un spectacle *d'arrijasotzailes*, les Basques qui soulèvent des pierres, à cela près que c'étaient d'énormes Tahitiens qui sacrifiaient à leur tradition. Énigmes du Pacifique.

À Tahiti, l'équipage du *JoTaKe* se vit obligé de travailler clandestinement. Le territoire fait partie de l'Union européenne, mais, selon les autorités, cette circonstance ne sert qu'à recevoir des subventions, et n'implique en aucune manière le droit au travail pour les Européens. Si bien que les marins paient des impôts, comptabilisés dans le cadre des aides versées à un territoire qui ne leur reconnaît même pas le droit de travailler. Et, par-dessus le marché, on nous demanda de déposer en banque une somme, qu'on nous rendrait à la fin du séjour, équivalente au montant des billets de retour en Europe pour tout l'équipage. Et pour couronner le tout, début novembre, les autorités nous priaient instamment de quitter les eaux territoriales de la Polynésie française, sous prétexte que l'époque des ouragans commençait, et qu'ils déclinaient toute responsabilité au sujet du voilier si nous ne déguerpissions pas. Comme si quelqu'un le leur avait demandé !

Nous avons pris congé de Julien et Anaïs, nos chers amis tahitiens, pour mettre le cap sur Moorea avec un nouveau matelot : *Truck*, un teckel d'un mois et demi, né à Tahiti.

En longeant le corail, nous avons fini par trouver l'endroit où les vagues ne déferlaient pas : la passe d'Avaroa. Le paysage est merveilleux, mais sur la baie s'est implanté un hôtel, ce qui nous fit repartir sur celle d'à côté. Le courant était fort, et gouverner le large catamaran dans l'étroit goulet avec la marée qui nous poussait de travers ne fut pas chose aisée. Nous affourchions sur le lagon de la baie de Cook, qui à l'origine s'appelait Oponohu. Peu de vent, un temps de curé et des eaux transparentes. Nombreux voiliers et peu de poisson.

Les mouillages suivants furent les îles Huahiné et Raiatea et sa baie Faaroa où nous sommmes arrivés en même temps que la régate internationale polynésienne au cours de laquelle les pirogues à balancier couvrent à la rame tout le parcours entre les îles, comme le faisaient leurs ancêtres. Cet événement annuel réunit énormément de monde en provenance de toutes les îles. L'alcool coule à flots et les tensions raciales, dirigées en général contre les Français, longtemps réprimées, se réveillent parfois et sont à l'origine d'incidents regrettables.

Après Raiatea, ce fut le tour de Taa, à l'intérieur du même récif, et enfin Bora-Bora. Le tourisme commet bien des dégâts dans ces îles. Partout, le traditionnel cède la place au même folklore tarifé, et ce qui jadis était l'expression d'un héritage ancestral n'est plus, désormais, qu'un moyen parmi d'autres de soutirer de l'argent aux touristes. Les merveilleux fonds de coraux sont remplis de canettes et de plastiques de toutes sortes. Mais en dehors de quelques immeubles modernes, totalement anachroniques, l'homme n'est pas encore parvenu à détruire la beauté des îles.

Bora-Bora compte quelque cinq mille habitants, y compris ceux qui vivent sur les *motus*, les petites îles situées sur l'anneau formé par l'atoll autour de l'île. C'est sur l'un d'eux qu'est construit l'aéroport.

— *Arau, Bora-Bora*. « À très bientôt, Bora-Bora. »

Flint Island et les Cook

Notre objectif suivant était Flint Island. C'est une petite île déserte, située à environ trois cents milles au nord de Bora-Bora.

Avec un vent très faible, qui soufflait en tous sens, nous étions en vue de l'île trois jours plus tard. D'abord, une ombre diffuse ; puis, peu à peu, à mesure que nous nous approchions, les contours se précisèrent ; les palmiers commencèrent à se profiler sur le ciel d'azur ; ils arrivaient jusqu'au bord d'une plage de sable d'une blancheur éclatante qui, comme une dentelle, festonnait toute l'île.

À notre approche, une nuée d'oiseaux vint nous accueillir. Ils s'avançaient en curieux, et nombreux étaient ceux qui, passant à travers le gréement, heurtaient les câbles et tombaient, déconcertés, sur le pont. Sans doute y avait-il des générations d'oiseaux qu'aucun navire ne s'était présenté sur l'île, et l'homme leur était totalement inconnu.

C'était la pleine lune et la mer était forte. Du côté

ouest, nous avons localisé les vestiges d'une pierre plantée signalant l'entrée du passage à travers le récif. Derrière la barrière jaune de corail, se dessinait une étroite bande de sable sur laquelle poussaient les cocotiers. Nous avons jeté l'ancre au seul endroit possible sur tout le périmètre de l'île, une petite plate-forme sableuse, d'une dizaine de mètres de profondeur, flanquée de parois qui surplombaient plus de mille mètres de fond. Tout comme les oiseaux, les poissons vinrent en foule rendre visite au grand frère qui flottait en surface pour lui souhaiter une chaleureuse bienvenue.

Mais la mer n'était pas d'accord avec ce débarquement. Les grosses vagues qui balayaient le récif rendaient suicidaire toute tentative d'y prendre terre, ce qui, ajouté au fort courant existant, faisait du mouillage un emplacement inconfortable et dangereux. Plusieurs tentatives infructueuses nous forcèrent à reprendre la mer, abandonnant le petit paradis que nous avions eu à portée de la main.

Le vent était toujours aussi faible, mais la mer ne décolérait pas. Sur le trajet les requins mordaient les lignes qu'il fallut remonter, à regret car on y voyait du thon en abondance.

— *Aitá*, la radio vient d'annoncer deux *tsunamis*, dit Urko.

— Ne t'inquiète pas, par quatre mille mètres de fond, ça tanguera, c'est tout.

Je ne me trompais pas, les raz de marée passèrent inaperçus. Urko et Zigor pêchaient avec des hameçons et des leurres faits de coquilles de nacre, comme les anciens Polynésiens. De très belles prises, ma foi, encore qu'il nous ait fallu les disputer aux requins !

À une dizaine de milles de l'escale suivante, nous observions, inquiets, l'eau tourbillonner tout autour de nous, alors qu'aucune basse n'était signalée sur les cartes de navigation. Peut-être assistions-nous à la naissance d'un nouveau volcan ?

Six jours après notre départ de Flint, nous arrivâmes

à l'atoll appelé Tongareva, ou Penrhin, situé au nord des îles Cook. Le passage Takuna est d'un abord difficile, et la force du courant nous obligea à pousser le moteur à fond pour y entrer.

L'île, pleine de vestiges de la Seconde Guerre mondiale, est un anneau de corail couvert de palmiers. Ses sept cents habitants, répartis sur deux villages, vivent de la culture des huîtres perlières, et en protestants purs et durs, ils cuisinent le samedi pour ne pas profaner le jour du Seigneur.

Les canoës venaient à notre rencontre pour nous proposer, avec une insistance tout à fait déplacée, d'échanger, pour de l'argent ou des effets personnels, des perles noires défectueuses, invendables sur le marché, qu'ils apportaient enveloppées dans des chiffons d'où surgissaient des blattes de toutes tailles. Collants comme les millions de mouches qui partageaient leur territoire, dès l'aube et jusqu'à une heure avancée de la nuit, ils faisaient le siège du voilier, pour souvent s'inviter à bord sans se gêner le moins du monde.

Excédés d'un tel comportement, nous avons décidé de changer de mouillage et de nous éloigner des zones peuplées. À peine arrivés à mi-chemin, nous étions rejoints par une embarcation. On nous signifiait l'interdiction de naviguer sur l'atoll et de mouiller ailleurs que devant les habitations. Nous étions obligés de faire machine arrière.

L'atoll était infesté de requins et assez peu poissonneux. Un jour, qu'avec toutes les précautions voulues et nécessaires, nous revenions fatigués d'une petite pêche, un requin de taille respectable attaqua notre canot, le chavirant presque.

Face à un tel cumul d'adversités, nous avons préféré changer non seulement de mouillage mais aussi d'atoll. Et un dimanche matin, à l'heure où tous les habitants de l'île se trouvaient rassemblés autour de leur fanatique pasteur, tout à leurs obligations religieuses, le voilier décida de se soustraire aux mille formalités du visa de sortie pour appareiller sur-le-champ.

L'archipel Phœnix

Le groupe des Phœnix, sur le côté sud de l'équateur, était notre prochaine destination. En chemin, nous laissions par bâbord les Danger Islands, où les natives considèrent que la virginité, plus qu'une vertu, est un obstacle à surmonter le plus tôt possible. Sur ces îles, la liberté sexuelle est totale, jusqu'à ce que la femme ait sa première grossesse.

Les archipels des Phœnix, des Gilbert et des Line Islands (Christmas et Fanning) forment la République de Kiribati, qui occupe tout le Pacifique central sur la ligne de l'équateur. L'île la plus haute de tout cet ensemble n'a que trois mètres de haut, ce qui laisse supposer qu'en raison de l'effet de serre elles seront les premières à disparaître sous les eaux.

Les habitants sont pour moitié micronésiens et pour l'autre polynésiens ; moitié protestants, moitié catholiques. Le tiers vit dans la capitale, Tarawa, située à l'ouest... Les Phœnix sont désertes.

C'est sur cet archipel que naît le jour. L'IDL, International Data Line, ou ligne du changement de date, passe à une distance de quelques milles ; ce qui fait que ses quatre-vingt mille ressortissants sont presque un jour, vingt-trois heures exactement, plus vieux que leurs voisins de l'autre côté de la ligne.

Il nous fallut dix jours de navigation avant d'apercevoir la première île de l'archipel, celle qui lui donne son nom : Phœnix. Un peu moins d'un mille de long : surgi du néant, un peu plus d'un kilomètre de corail à fleur d'eau. Le voyage s'était déroulé tranquillement, vent variable de zéro à quarante nœuds, mer calme, digne du nom de Pacifique. Kanaloa, le dieu des profondeurs marines, nous avait accompagnés.

Sur le côté sud-ouest de l'île, sous le vent, nous trouvâmes une petite zone de sable pour y jeter l'ancre. Mais descendre à terre nous posa quelques problèmes. Les longues houles, venues sans doute de l'autre côté de l'océan, déferlaient violemment sur l'île au terme de leur incroyable parcours. Il fallait profiter de l'intervalle entre deux lames pour y aller dare-dare, faisant force de rames, débarquer et haler le youyou à terre, hors d'atteinte de la suivante.

Mais l'effort en valait la peine. L'île était couverte de milliers d'oiseaux et de lapins, ces derniers descendants probables de quelque couple abandonné des siècles auparavant par les exploitants de guano, qui s'était reproduit jusqu'à envahir totalement la petite île.

Il n'y avait pas âme qui vive, pas un seul arbre, pas le moindre arbrisseau. Un chiendent bien découpé en recouvrait la partie centrale, où était apparu un petit lac dans le creux qu'avait laissé des siècles en arrière l'extraction du guano. Le reste était constitué de blocs de corail mort arrachés par la mer lors des tempêtes. Ils formaient un anneau autour de l'île et il n'était pas facile de s'y déplacer.

La pêche était quelque chose d'incroyable : jamais nous n'avions vu autant de poissons. De grands mérous et d'énormes pagres s'approchaient en curieux sans aucune crainte ; ils voyaient l'homme pour la première fois. Les grands requins venaient eux aussi voir de quoi il retournait, à cause des bruits inhabituels auxquels ils étaient confrontés. Tous les bidons et coffres qui étaient arrivés en flottant portaient indéfectiblement la marque, semicirculaire, de leurs morsures.

Poussés par une légère brise, à sept nœuds de moyenne, nous avons atteint l'île suivante, Enderbury, plus grande mais tout aussi déserte. Une tour à demi ruinée, construite avec des blocs de corail, signalait la zone de débarquement.

Comme végétation, il n'y avait en tout et pour tout que deux cocotiers rachitiques, courbés sous les rafales et brûlés sous le soleil torride de l'équateur, et quelques vestiges de la dernière guerre, pour la plupart incinérés par les combattants eux-mêmes pour effacer toute trace. On pouvait encore voir les aires d'atterrissage d'hélicoptères, grandes superficies métalliques brûlées par le soleil. Des anciens navires, dont les épaves reposaient à jamais sur le récif qui barrait la partie nord de l'île, nous parvînmes à récupérer plusieurs hublots.

Ici aussi, les chercheurs de guano avaient provoqué l'apparition d'une lagune en creusant pour extraire le précieux engrais. Nous avons planté des noix de coco sur les bords humides de l'excavation, partiellement remplie d'eau de pluie, dans l'espoir qu'un jour, les cocotiers dont elle avait été spoliée par la guerre reviendraient peupler l'île.

Les nuages chargés d'eau arrivaient jusqu'à l'île en masses compactes, mais juste avant de la couvrir, ils se divisaient en deux et la laissaient sur sa soif. Plus rarement, lorsque la convection de chaleur n'atteignait pas le degré voulu pour partager le nuage en deux, la pluie alors se déversait sur l'île.

La mer grossissait, rendant le mouillage de plus en plus dangereux. À quelques mètres en arrière du voilier, la houle se reprenait à déferler, et devant nous, la paroi du récif tombait à pic sur un abîme de plusieurs centaines de mètres, et l'ancre devait déclarer forfait. Il était temps de changer d'île.

Kanton, une île chargée d'histoire

Kanton est un atoll d'environ dix-huit kilomètres de long, dont l'unique localité est riche de soixante-dix habitants, en comptant les enfants, qui partagent leur vie entre de grandes bâtisses et des hangars abandonnés par les Américains. Ces derniers ayant évacué les installations au lendemain de la guerre froide, le gouvernement des îles Kiribati dépêcha des indigènes depuis Tarawa pour assurer leur entretien.

À l'époque héroïque des premières traversées du Pacifique, les hydravions de ligne faisaient escale sur ce lagon, et c'est la raison d'être des balises qui signalent les coraux et marquent les aires d'amerrissage. Ce petit atoll, de par sa position tout près de l'équateur, au milieu de l'océan et à des milliers de kilomètres des terres habitées, en revêt d'autant plus d'importance.

Au cours de la Seconde Guerre mondiale, sa situation privilégiée, et les installations de ravitaillement et de maintenance de la PanAm, en faisaient un atout extraordinaire aux mains des Japonais. Durant la guerre froide, les Américains y installèrent une base de lancement pour les missiles à moyenne portée, abandonnée lors de l'effondrement du communisme, et reprise à son compte par la République de Kiribati. Les indigènes de l'île, délogés pendant la guerre, sont revenus sur leur atoll dévasté et totalement déboisé, et les immenses installations se trouvent maintenant dans un état pitoyable et à la merci des actes de vandalisme et de pillage des équipages et des passagers qui arrivent sur les caboteurs naviguant entre toutes les îles de la république.

Le *JoTaKe* y parvint à la marée montante. Le voilier fut entraîné à l'intérieur du lagon à plus de douze nœuds à travers l'unique passe que l'armée américaine laissa ouverte vers la mer. C'est ce qui permet à l'atoll de respirer. À l'intérieur, dans une zone dégagée à la dynamite pendant la guerre, huit voiliers étaient au mouillage, sept nord-américains et un sloop chilien du nom de *Bebinka*.

Les montres et le livre de bord du voilier enregistrèrent un événement réellement insolite : il fallut les avancer d'un jour complet. Le *JoTaKe* ne connut jamais le 23 décembre ; du 22, nous étions passés directement au 23. Nous nous trouvions sur la ligne où le monde change de date.

Le lendemain, les autorités de l'île se présentèrent sur le camion des pompiers, unique véhicule motorisé de l'atoll. Leur uniforme se limitait à un short effiloché et une mallette en bois aux cornières de fer blanc, dans laquelle ils rangeaient leurs tampons. Les formalités furent réduites au minimum ; et la durée du visa, à quatre mois. Les ayant conviés à prendre le thé, nous fûmes ébahis de les voir l'ingurgiter en éructant tant et plus, sans aucune retenue. Plus tard on nous apprit que c'était leur manière à eux de nous remercier, ils trouvaient que le thé était bon et ils en voulaient encore.

La réception au village fut inoubliable. Ils vinrent nous prendre à bord du camion-citerne des pompiers qui faisait également office de taxi et d'unique transport de l'île. La fête commença dans la soirée pour durer jusqu'au lendemain.

Toutes les familles se rassemblèrent sous un énorme toit de paille porté par treize piliers, chacun servant d'appui-tête au chef de l'une des treize familles de l'île : Teaua, Tenenorake, Kareikenatu, Ruka, Koraubara, Abakuka, étaient les noms de quelques-unes d'entre elles. Chacune occupait le secteur qui lui était assigné, s'asseyant ou se couchant à même le sol sur des nattes de pandanus.

Nous fûmes invités à nous asseoir au milieu de l'assemblée, sur des nattes de pandanus ornées de figures géométriques de différentes couleurs. Après le discours de bienvenue des autorités, chaque famille y alla du sien, pour se présenter, après quoi, on nous décora de colliers et de couronnes de fleurs.

La culture des îles du nord-ouest du Pacifique accorde beaucoup d'importance aux discours interminables, à la verbosité. Pour cette raison, chaque orateur fait étalage de son élocution en répétant les mêmes idées de manière différente, la plupart du temps en polynésien de Kiribati. Il fallait bien sûr y ajouter le temps nécessaire à la traduction en anglais, si bien que les discours s'allongeaient jusqu'à trois, quatre heures, voire davantage. Pour nous, leur anglais était parfois aussi indéchiffrable que leur langue polynésienne. Nous, les marins du *JoTaKe*, ne savions plus quelle position adopter, après être restés trois longues heures assis par terre, les jambes ankylosées par le manque d'habitude. D'une certaine manière, la monotonie des discours anesthésiait légèrement les crampes et les douleurs dans le fondement, des jambes engourdies et du dos privé d'appui.

Finalement, ils installèrent au centre une table chargée de mets. En tant qu'invités, nous nous servîmes les premiers pour nous rasseoir à terre. Après qu'on nous eut à maintes reprises conviés à en reprendre, ce fut le tour des anciens, des autorités et de la population masculine. Et quand tous eurent terminé, celui des femmes, puis les enfants arrivèrent pour finir les restes.

Nous n'oublierons jamais les danses, accompagnées de cantiques et d'instruments à percussion, assez statiques si l'on excepte les voluptueux et frénétiques mouvements de hanches.

Après chaque danse et chaque discours, un des chefs de famille criait : *Boya, Boya* ! Et tous d'applaudir frénétiquement, sauf Abakuka, un Mélanésien très corpulent, que nous avons surnommé « le phoque ». Étendu sur le côté de tout son long, il applaudissait en se frappant la cuisse d'une main, comme le ferait un lion marin.

Urko et Zigor profitaient de la circonstance pour apprendre la langue des Kiribati avec les jeunes filles qui s'étaient assises tout près d'eux :

— *Ziki roi, adei aran ?* « Jolie fille, comment t'appelles-tu ? »

C'est en Nouvelle-Calédonie que survint le premier cyclone de la saison, et l'influence de la perturbation se fit sentir jusqu'à l'équateur. Sur l'île Kanton, le ciel se couvrit comme jamais, et la marée monta, sous l'effet de la dépression, inondant une grande partie du peu de terre ferme que comptait l'atoll. Le vent fraîchit considérablement, et plusieurs voiliers partirent à la dérive.

Une visite plus approfondie nous fit découvrir d'immenses installations. Les unes provenaient de la PanAm ; d'autres, les plus récentes, de la dernière guerre mondiale et de la guerre froide. D'immenses pavillons alignés, pleins à craquer de matériel de maintenance, attendaient l'arrivée des hordes qui, sur leur passage à bord des caboteurs, se montrent tout à fait capables de démolir à coups de marteau un magnifique appareil électronique pour faire main basse sur tout ce qui brille à l'intérieur de celuici.

Un avion s'était écrasé sur le récif. Au bord de l'eau, le nombre de casemates et de batteries de DCA en disait long sur les dernières activités auxquelles s'étaient livrés les humains sur l'île. Des voitures du début du siècle, qui feraient les délices des collectionneurs, s'alignaient, décolorées par le soleil et les intempéries, sur les rues de gravier de corail construites par les Anglais.

Près de l'entrée de l'atoll, nous avons retrouvé l'épave d'un navire de plus de cent mètres, qui servait de refuge à une infinité de poissons. C'est là que vingt mérous vinrent enrichir notre réserve. Une fois salés, ils constitueraient notre ordinaire pour les jours où nous ne pourrions pas pêcher.

Au village, les vivres se raréfiaient, le bateau de ravitaillement qui devait venir de Tarawa se faisait attendre, quatre mois s'étaient écoulés depuis sa dernière visite. Les stocks de farine, de riz et de sucre du *JoTaKe*, que nous partagions fraternellement avec les habitants de l'île diminuaient à vue d'œil. Par bonheur, l'atoll se montrait prodigue en poisson et en œufs de divers oiseaux ; et la sève de quelques cocotiers qui essayaient de se frayer passage entre les pavillons militaires palliait le manque de certaines vitamines essentielles au bon fonctionnement de l'organisme.

La vitamine C, en revanche, manquait. Avec le temps, nos corps commencèrent à éprouver les symptômes du scorbut : les blessures ne cicatrisaient pas, les gencives enflaient, les maux de tête étaient fréquents, et le moindre effort coûtait énormément. Nous eûmes beau nous bourrer de vitamines par la suite, l'organisme mit du temps à se remettre.

L'île était aux anges à l'arrivée du caboteur qui venait des Christmas et des Fanning. Mais la joie fut de courte durée : le riz, la farine et le sucre s'étaient volatilisés lors d'une escale. L'île devait continuer à se serrer la ceinture jusqu'à l'arrivée d'un prochain bateau.

Le problème fut partiellement résolu, la dernière semaine de janvier, à l'accostage d'un énorme garde-côte nord-américain en route pour la Samoa US et qui faisait escale dans l'île. On débarqua du riz et de la farine pour satisfaire, durant deux semaines, les besoins les plus urgents et une montagne de jouets extrêmement coûteux pour les enfants qu'on initiait ainsi à la possession d'objets inutiles et à l'atroce consommation du monde occidental.

Le *JoTaKe* profita de cette visite pour remplir ses citernes, déjà à moitié vides, de l'eau, en provenance d'Hawaii, que le garde-côte transportait comme lest et pour la toilette du navire. Pour boire, les Nord-Américains puisaient celle de leur propre unité de désalinisation, à leur avis bien plus pure que celle d'Hawaii.

Le caboteur arriva le 2 mars, c'était un vieux rafiot à la coque rivetée que l'équipage devait constamment écoper pour qu'il continue à flotter, et cette fois pourvu du ravitaillement tant espéré.

Le capitaine, originaire des îles Tonga, nous invita, Urko, Zigor et moi-même, en compagnie du Nord-Américain Craig, à boire du *kawa*, ou *yagana* comme ils aiment à l'appeler, un jus à la saveur argileuse, extrait des racines de la plante du même nom, une espèce de piment. On lave les racines, on les pile et on les enveloppe dans un tissu qu'une ou plusieurs jeunes femmes, vierges de préférence, selon la tradition, se chargent de pétrir et de diluer à l'eau, après quoi elles servent ledit breuvage à l'homme dans une coque de noix de coco. Dans quelques îles des Vanuatu, on suit encore l'ancienne tradition, selon laquelle le broyage des racines est confié aux jeunes filles vierges qui les mastiquent, avant de les recracher dans un bol pour qu'elles fermentent jusqu'au lendemain.

Celui qui a l'honneur de goûter ce nectar applaudit trois fois, puis boit en en laissant toujours un peu au fond pour le verser sur le sol en offrande aux dieux. Finalement, il jette le coco sur le tapis pour le faire tourner comme une toupie.

La boisson commence à faire son effet au niveau de la bouche, qu'elle rend insensible ; elle continue par les jambes, qui se refusent à répondre au cerveau, et le corps entier entre en somnolence. C'est une drogue aux effets soporifiques et anesthésiants, qui n'a rien à voir avec l'alcool ni aucune autre drogue à la mode en Occident. Dans le Pacifique de l'ouest, on en prend lors des réunions d'amis ou de cérémonies rituelles.

Obligés par nos amphitryons, accompagnés et servis par de jeunes beautés polynésiennes qui voyageaient sur le cargo, nous consommions de cette drogue traditionnelle plus que nous l'aurions souhaité. Ce qu'il ne nous fut pas possible de vérifier, c'est si les jeunes filles étaient vierges ou non.

Le 26 janvier, le *JoTaKe* se mit en relation par radio avec un autre voilier qui, en provenance des îles Canaries, faisait le tour du monde presque sans escales. Son capitaine, Eloy García, soixante-huit ans, voyait ainsi se réaliser le rêve de sa vie. Il était accompagné de Grumete, un fox-terrier qui saisissait la moindre occasion pour se jeter par-dessus bord et se baigner.

Avec Eloy nous avons partagé un jambon et quelques bouteilles de Rioja, ce qui, sur une île abandonnée au beau milieu du Pacifique sud, à des milliers de kilomètres du supermarché le plus proche, vous met au comble de la joie !

Cinq jours plus tard, les réparations nécessaires ayant été effectuées, le voilier canarien reprenait la mer pour achever son tour du monde en deux ou trois mois. Dans son congélateur, il emportait de la soupe de poisson cuisinée par Mayi.

Le vent souffla pendant plusieurs jours. Puis le calme s'installa, un calme lourd, opprimant, au cours duquel le thermomètre atteignit les cinquante-trois degrés. Après trois jours de chaleur insupportable, le vent reprit peu à peu sa place et la chaleur se fit plus tolérable.

L'époque des ouragans allait s'achever, raison pour laquelle, après un nouveau spectacle de danses, des *leis*, – nom donné aux colliers de fleurs – et les discours sans fin pour nous rendre hommage, le voilier appareilla.

Nous ne pouvions pas résister au désir de visiter à nouveau les îles désertes de l'archipel des Phœnix. Elles nous fascinaient, ces îles désertes, presque sans végétation, au milieu du Pacifique sud.

Birnie fut la suivante des îles désertes où nous accostâmes. On y trouvait également un grand nombre de bouées des filets des thoniers qui ont leur base sur la Samoa US.

Les requins de l'île se montraient particulièrement agressifs, si bien que nous ne nous risquions pas à pratiquer la pêche sous-marine. À bord du youyou, la pêche à la traîne présenta également des difficultés. Avant même d'avoir pu les remonter, les requins dévoraient les poissons pris aux hameçons. Seules les têtes, proprement sectionnées, arrivaient au canot. L'excitation des squales était telle que l'un d'eux mordit l'hélice du moteur hors-bord qui tournait à toute vitesse. Le requin y laissa les dents et le hors-bord s'en tira avec l'hélice tordue.

Mais ce qui au départ devait être une sympathique promenade sur une île déserte aurait pu se terminer fort mal. L'ancre se refusait à lâcher prise. La chaîne s'était accrochée à une tête de corail ; elle était si enroulée qu'il fut impossible d'en venir à bout en dépit de toutes les manœuvres de rappel sur l'ancre autour de l'impressionnante masse corallienne. Une seule façon de résoudre le problème ; la plongée.

Les requins, excités par le bruit de la chaîne qui raclait le corail, patrouillaient autour du voilier. Nous nous jetions à l'eau avec les fusils et les équipements de plongée. Sitôt dit, en triangle, dos à dos, nous nous déplacions à la verticale de la tête de corail. Je m'immergeais pour décrocher la chaîne, tandis que Urko et Zigor surveillaient attentivement les requins et faisaient fuir les plus audacieux. La chaîne libérée, nous revenions au voilier, sans autre complication, toujours en triangle pour protéger nos arrières.

L'île Hull, également déserte, fut l'escale suivante. Durant le débarquement, tandis que nous halions le canot à terre avec l'eau aux chevilles, un requin des récifs heurta du museau la cheville de Zigor. C'est sa manière de vérifier si c'est bon à manger.

L'île abrite un magnifique lagon, dont l'eau chatoie de mille nuances de bleu. Elle est totalement couverte de palmiers qui ressortent d'une épaisse forêt d'arbrisseaux, uniquement accessible à la machette. Des milliers d'hirondelles de mer nichent sur l'île, et elles menaient un tel tapage, que même en criant à tue-tête, on ne s'entendait plus. Les œufs, pondus à même le sol, entre les pierres, étaient fermement défendus par leurs géniteurs. On devait se déplacer en faisant très attention pour ne pas marcher dessus.

Urko trouva, attaché à un arbre, le message d'un voilier canadien qui, plusieurs années auparavant, avait luimême relâché sur l'île. Plus tard, d'une île pourvue d'un bureau de poste, il engagea avec eux un joli dialogue épistolaire.

Au menu du dîner, aujourd'hui nous avons eu :

· Langouste de cocotier (d'une trentaine de centimètres, de couleur bleue, ressemble au crabe ermite. Elle a goût de langouste fumée).

· Riz au coco, suivant une recette colombienne.

· Salade de cœurs de palmier.

· Poisson grillé, tout juste pêché.

· Et, pour égayer la soirée, café colombien.

À cause d'une tempête dans l'Antarctique, la houle s'intensifia, nous empêchant de débarquer sur l'île. Nous en faisions le tour pour essayer d'y trouver un endroit protégé pour prendre terre, mais en pure perte, car les vagues l'enserraient de toutes parts en raison de sa forme assez arrondie. Alors le *JoTaKe* hissa ses voiles, mettant le cap sur Ataufu, la première de l'archipel des Tokelau. Le beau temps nous accompagna tout le long des deux cent quarante milles qui nous séparaient du premier atoll.

Sur cet anneau de corail, coexistaient la plus ancienne tradition des pirogues construites en évidant un arbre à l'herminette, et les moyens les plus modernes de communication par satellite. De grandes antennes paraboliques, d'une valeur incalculable, pointaient vers le ciel. La maison communale, aux murs revêtus de coûteux azulejos, dénotait également un certain anachronisme dans le décor.

De surprise en surprise, nous sommes arrivés au bureau chargé des formalités administratives, et là nous attendait la dernière surprise : on nous réclamait cent dollars de Nouvelle-Zélande, soit environ quatre-vingts dollars US, pour nous mettre en règle, ce qui, ajouté aux dangers du mouillage, nous convainquit qu'il valait mieux prendre le large. Les fonds à l'origine d'un tel étalage de richesse provenaient des redevances empochées sur les thoniers de la Samoa US pour leur permettre de pêcher dans leurs eaux territoriales.

7.

Des Samoa à la Nouvelle-Calédonie

Au terme de cinq jours de navigation durant lesquels le vent n'avait cessé de mollir, nous étions en vue de la Samoa US et, après avoir fait le tour de l'île, nous entrions dans le port de Pago-Pago, prononcé *Panngo-Panngo* en allongeant le *n*, capitale de Samoa, prononcé *Saamoa*. Le port est un excellent refuge naturel, mais le fond n'a pas une tenue suffisante, saturé qu'il est de déchets, en majorité des matières plastiques, que la société de consommation ne parvient pas à éliminer, et l'ancre ne cesse de déraper. Les bateaux chassent et il faut vous embosser sur des bouées de corps-mort, ces blocs de ciment munis d'une chaîne d'amarrage. Dans l'enceinte du port, contre la paroi qui tombe à la verticale sur la mer, sont installées la centrale électrique et l'entreprise Star Kist, une conserverie de thon. Le vacarme de la première et les mauvaises odeurs de la seconde forment un ensemble qui bat tous les records.

Alors que nous était assigné un délai de deux jours pour accomplir des formalités qui prennent une demi-heure, à quai, nous avons fait la connaissance de Francisco, (Boca pour les amis), un Panaméen résident, très au courant des mouvements des bateaux de pêche, qui nous donna tous les tuyaux pour profiter pleinement de notre séjour dans l'île. Il était divorcé d'une Samoane, au motif, selon lui, qu'il n'avait pas épousé une femme, mais toute la famille et la tribu de celle-ci. Il s'était vite rendu compte qu'il travaillait pour que ses beaux-frères, ses nouveaux cousins, ses beaux-parents lui mettent la maison à sac lors de leurs fréquentes visites, s'amourachant, qui du téléviseur, qui du mobilier de cuisine, pour l'emporter avec eux.

Hors saison et contre tout pronostic, la station météorologique de Pago-Pago annonçait une semaine plus tard l'arrivée du cyclone Kelly. Ayant rompu leurs amarres, onze chalutiers coréens avaient fini leurs jours, malmenés par le dernier ouragan et, signe prémonitoire, étaient restés plantés tout le long du récif. Maintenant, on annonçait un vent de cent nœuds sur le port. Les dix voiliers qui, au milieu de la baie, face à la centrale, étaient amarrés à la même bouée que le *JoTaKe*, se cognaient les uns aux autres, ce dont ils se tiraient sans trop de dégâts.

Sur les îles, on parle le samoan, l'une des plus anciennes langues polynésiennes. La race samoane est grande et robuste, de corps athlétique ; mais une grande partie des Samoans de l'île américaine sont des fonctionnaires, chez qui le manque d'activité physique a entraîné la dégénérescence, les transformant en gros lards amorphes aux antipodes du modèle ancestral. Le clan tribal est sous les ordres du chef ou *matai*, suivi des chefs de famille ou *aigas*. L'entraide, entre ceux qui vivent dans l'île et ceux qui travaillent aux États-Unis, fonctionne à travers un système complexe sous la direction du *matai*. Les défunts ne sont nullement un fardeau pour les familles ; ils les enterrent au plus près de leurs habitations, pour qu'ils continuent d'être avec eux, qu'ils puissent s'en occuper et leur tenir compagnie. Ils fleurissent leurs tombes chaque jour, et le jour des morts déjeunent et dînent sur les sépultures au milieu d'un tohu-bohu d'orchestres, de danses et de cantiques. Nous, les marins du *JoTaKe*, nous nous rappelons avoir vu deux tombes sur le parking d'un luxueux restaurant, devant la porte d'entrée.

Ici, comme dans tout le Pacifique, les terres appartiennent à la famille et ne peuvent être vendues.

Les autobus de ligne sont de petits camions sur l'arrière desquels est installée une grande caisse en bois aux couleurs criardes munie de sièges. Presque tous sont dotés d'un téléviseur ; ceux qui n'en ont pas diffusent une musique à casser les oreilles d'un sourd. L'argent du billet est jeté avec force sur la tablette du conducteur, installé en contrebas du compartiment des voyageurs qui, avant d'arriver à destination, battent la caisse du camion comme si c'était un tambour. Les étudiants, chahuteurs surtout quand ils sont en groupe, portent dans le creux de l'oreille la monnaie du voyage et accostent les touristes pour leur demander de l'argent, mais ils ne se fâchent pas si on le leur refuse. Les grands magasins à l'américaine témoignent d'un standing élevé malgré la nonchalance générale.

À voir absolument, les régates qui se disputent tous les ans avec les îles Tonga, dont le roi, aux mœurs et à la mise excentriques, est un fanatique des régates de « baleinières », des embarcations d'une capacité de trente rameurs. Ce sont de véritables traînières sur lesquelles on rame exactement comme en Europe. On ne les trouve qu'à Samoa.

Les colombes de l'île sont de grande taille, le double de leurs sœurs européennes. Mais, pour leur chair, ce sont les énormes chauves-souris, d'un mètre d'envergure, qui sont les plus appréciées. Elles appartiennent à l'espèce *Epomophorus whalbergi*, et ne se nourrissent que de mangues, de bananes, de papayes et autres fruits. Aux Tonga, seul le roi a le droit d'en manger.

Dans l'attente de l'ordinateur que nous avions commandé aux États-Unis, nous consacrions nos journées à réparer d'autres bateaux et à la visite de l'île. Me basant sur un schéma que m'avait passé le *Bebinka*, je montai un décodeur de morse, en soudant plusieurs circuits électroniques que j'introduisis dans un étui de pellicule Kodak, pour pouvoir capter les cartes de météorologie de Hawaii, d'Australie ou de Nouvelle-Zélande.

Samoa Occidentale

Nous avons largué les amarres pour mettre le cap sur la capitale de la Samoa Occidentale, la Samoa indépendante. Apia, avec ses cent soixante-dix mille habitants, est la seule ville de toute l'île. Il y a plus de trois mille ans que les Polynésiens sont installés sur l'archipel. Après d'interminables discussions, les États-Unis prirent possession de la Samoa Orientale, et l'Allemagne de la Samoa Occidentale, qui en 1962 allait accéder à l'indépendance.

L'île est accidentée, prodigue de fleuves et de cascades. Les maisons des hameaux sont dépourvues de murs et de portes ; une murette de cinquante centimètres autour marque les limites de chaque parcelle. À l'intérieur, une seule pièce, aucune cloison. Jour et nuit, tout le monde peut voir ce qui s'y passe. Le soir, les hommes se réunissent à la maison communale, également dépourvue de murs, pour discuter des problèmes d'intérêt général, regarder la télévision locale en s'abreuvant de *kawa*, une boisson légèrement narcotique. Les femmes, pendant ce temps, préparent le dîner et s'occupent de leur nombreuse progéniture. Les traditions tribales ont encore de beaux jours devant elles, et le pouvoir des anciens surpasse largement celui des autorités légales.

Les gens étaient adorables et s'exprimaient fréquemment par jeux de physionomie. C'était le moment où le tourisme commençait à prospérer, ouvrant au pays de grandes perspectives d'avenir dans ce domaine, grâce à l'esprit d'entreprise des Samoans. La principale ressource était alors la main-d'œuvre, qui émigrait et envoyait des devises au pays, vivant encore essentiellement de l'agriculture. Au nombre des produits exportés, on pouvait citer le coprah, l'huile de coco, les bananes et le taro. Il fut un temps où l'exportation de *kawa* vers l'Australie et la Nouvelle-Zélande se révéla très rentable mais depuis que ces pays ont décidé de le classer comme drogue, le négoce a périclité. La bière brassée dans l'île suivant une technique héritée des Allemands est parmi les meilleures du monde.

Presque toutes les plages sont privées, elles appartiennent aux familles, et il fallait s'acquitter d'un ou deux *talas* ; environ trois centimes de dollar, pour y avoir accès.

Wallis ou les derniers rois du Pacifique

Cap à l'ouest, nous appareillions sous une légère brise vers le royaume de Wallis, dont le nom indigène est Uvea. Plus nous allions vers l'ouest, plus le vent s'intensifiait. Les ébrouements d'eau vaporisée – phénomène physique de compression de l'air, lorsque la vague pénètre dans une anfractuosité, suivi de décompression – s'élevaient à des dizaines et des dizaines de mètres vers le ciel. Nous avons pêché les deux premiers thons en passant entre les deux plus grandes îles.

À la tombée de la nuit, nous les avons perdues de vue. Le vent avait fraîchi et nous obligeait à prendre tous les ris de la grand-voile et à réduire le génois à la surface d'un mouchoir. Les petites vagues de la côte sous le vent s'étaient transformées en énormes montagnes d'eau dont les crêtes déferlaient tous azimuts. Avec la tempête, notre arrivée, prévue pour le lendemain à l'aube, s'en trouva avancée aux premières heures de la nuit.

— *Aitá*, selon le GPS nous sommes sur le récif, dit Urko.

— Impossible. On entendrait les brisants, malgré la tempête.

Quinze minutes ne s'étaient pas écoulées que nous entendions les déferlantes se fracasser contre le récif. Sur la carte, il y avait une erreur de quatre milles quant à la véritable situation géographique de l'île.

À 22 heures, par une nuit d'encre, nous arrivâmes à la passe, au chenal d'entrée, devinant le profil de la côte à l'écume des brisants.

La lumière rouge qu'on voyait par intermittence apparaître entre les vagues énormes ne m'incitait pas vraiment à embouquer le passage. Il fallait nous abriter, sous le vent, là où la taille des vagues se réduisait considérablement, et attendre qu'il fasse jour. Nous bordions la côte quand, soudain, apparut le feu vert qui manquait. Je virai quatre-vingt-dix degrés pour enfiler dans cette direction. Nous étions déjà pratiquement à hauteur du récif, quand le moteur refusa de démarrer. D'un bond, Urko à l'aide d'un tournevis mit en contact les deux bornes du démarreur, et le moteur se mit en marche. Peu après, les feux de signalisation de l'entrée totalement visibles, en essayant de maintenir le cap, avec par bâbord et par tribord les déferlantes en guise de nageoires, nous embouquions le goulet sud pour atteindre le royaume d'Uvea.

En dépit des rafales qui tiraient fortement sur la chaîne et l'ancre, nous avons mouillé enfin sur le lagon en attendant tranquillement les premières lueurs de l'aube. Le lendemain matin, nous bordions le lagon du dedans, et esquivant, au milieu de toute la gamme de bleus qu'on puisse imaginer, une infinité de têtes de corail, nous avons jeté l'ancre dans la partie sud-ouest de l'île, à l'abri d'un fort grain que n'avait pas prévu le bulletin météorologique envoyé par radio depuis Hawaii.

Dans l'île, il n'y a pas d'autobus, de telle sorte que nous nous sommes rendus en stop à la capitale pour nous présenter aux autorités et obtenir le visa d'entrée. Dans la petite communauté, tout le monde se connaissait ; il leur était donc facile de détecter n'importe quel étranger, de le prendre à bord et le mener jusqu'à destination, même si cela les faisait dévier de leur itinéraire, toujours prêts à rendre service. Les nouvelles couraient si vite sur l'île que Carlos Segorbe savait dès le lendemain que des compatriotes venaient d'y accoster. Carlos, patron du bar Rosa, de Gazteiz, était installé à Uvea où il avait épousé une splendide Wallisienne aux yeux en amande et à la peau brune du nom de Vaimalama Tuita. Obtenir sa main n'avait pas été chose facile, il avait dû sacrifier à la tradition polynésienne de demande en mariage :

— Je dormirai sur la natte de pandanus devant le domicile du père de ma bien-aimée.

Les jours suivants, nous avons visité l'île sous la conduite de Vai, qui avec le langage des yeux et dans un espagnol parfait, assorti d'un certain nombre de phrases en basque, nous raconta l'histoire de l'île. Nous apprenions ainsi que des siècles en arrière, une expédition de guerriers tongans s'en était emparée. Elle nous fit visiter le palais du roi de Tonga où est exposé, en parfait état de conservation, le four servant à faire griller des hommes, auxquels, à ce qu'on dit, on assenait un coup de gourdin sur la nuque avant de les mettre au four avec une garniture de feuilles, racines comestibles et bananes. Ensuite, en ordre rigoureux, chacun, selon son rang, choisissait les morceaux qu'il voulait.

Elle nous emmena visiter un lac de cratère, dont les parois, de plus de trente mètres, s'élevaient à pic au-dessus de l'eau. C'est là que les Nord-Américains firent disparaître toute la ferraille dont ils ne voulaient plus.

Quelques jours plus tard, l'île célébrait l'anniversaire de son annexion à la République française. Les festivités durèrent plusieurs jours ; il y eut des réunions bilatérales, des danses folkloriques et guerrières, des fleurs, des cantiques, des compétitions de lancer de lourds javelots, des régates de pirogues à balanciers et à voiles... Tous les chefs tribaux vinrent prêter allégeance aux autorités, leur apportant en offrandes des porcs préalablement éviscérés et farcis de racines et de fruits. Le spectacle de plus d'une centaine de porcs alignés devant le roi et sa cour, éventrés et les pattes pointées vers le ciel, avait quelque chose d'impressionnant.

L'équipage du *JoTaKe* salua le roi, qui fut ravi de la visite des touristes *palangis*, nom sous lequel on désigne les Blancs. Vaimalama nous traduisit ses paroles, car le roi ne parlait pas français, et nous les marins ne connaissions que quelques mots de wallisien, dialecte dérivé du tongan.

Les festivités se virent en partie troublées par le mauvais temps. Alors que le roi, très attaché au cérémonial, invitait ses sujets à prendre le *kawa*, un par un et suivant un ordre hiérarchique rigoureux, un vrai déluge se déchaîna. Mais ils ne pouvaient pas ouvrir les parapluies, parce que rien ne devait passer au-dessus de la tête du roi. De sorte que l'équipage du voilier et les chefs de toutes les tribus eurent à supporter stoïquement l'averse sans protection aucune, assis sur des nattes à même le gazon, jambes repliées, tandis que le niveau de l'eau gagnait les fesses et les jambes à mesure que le sol se détrempait. Personne n'aurait osé bouger en présence du roi. La cérémonie du *kawa* fut suivie de danses de chacune des tribus, qui se produisirent devant le roi le reste de la matinée.

À 12 heures fut servi le *kaikai*, le banquet préparé depuis le matin de bonne heure. Au menu, viande et poisson grillés, tortues et bananes également grillés, et des racines, comme le taro, le manioc et l'igname... Par déférence envers les autorités françaises, tout était disposé sur une très longue table, et non par terre, sur des feuilles de bananier, manière traditionnelle de servir les mets dans toute la Polynésie. Nous, les voyageurs, nous étions contentés de poisson et de racines, n'étant pas très sûrs de pouvoir distinguer la viande de chien de celle de porc.

N'importe quel événement était prétexte à nous inviter. Ainsi, entre les cours d'odontologie pour Urko et Zigor – *tahota nifo*, « dentiste » – et les invitations des professeurs des écoles françaises et du directeur de RFO, la télévision française, les jours passèrent rapidement. Et puis, j'avais fabriqué des portes en acier pour l'épicerie que Carlos construisait dans sa nouvelle maison et qu'il devait appeler Ohiana.

Maló te maulí, « Merci beaucoup », Carlos et Vai.

Deux ans après, alors que nous naviguions dans les eaux de Malaisie, nous avons appris que Vai et Carlos avaient eu un rejeton, qu'ils appelèrent Idoia.

Futuna ou l'île des royaumes antagonistes

Le séjour sur l'île touchait à sa fin et le voyage devait continuer. Nous avons embarqué sur le *JoTaKe* plusieurs amis, médecins et journalistes, pour mettre le cap sur l'île de Futuna, au sud-ouest. La température avait baissé. Il faisait « froid » : vingt-cinq degrés.

Dans la brume du petit matin, nous sommes passés

entre Futuna et Alofi pour mouiller l'ancre à Singabe, la capitale. En 1993, l'île fut secouée d'un violent tremblement de terre qui, à certains endroits, la fit pencher de côté de cinquante centimètres.

Le mouillage n'était pas très protégé, mais il n'y avait pas beaucoup de mer. Sur le récif, un objet bizarre attira notre attention, il s'agissait d'un canon, la bouche à feu plantée vers le bas, que les coraux enserraient peu à peu. Selon la tradition indigène, il appartenait au premier navire, l'*Eendracht*, qui en 1616 arriva dans l'île appelée Horn en l'honneur de son découvreur. Le canon suscita beaucoup de convoitises, mais les indigènes s'opposèrent farouchement à ce qu'on les prive d'une telle antiquité, qui maintenant fait partie intégrante de l'orographie du récif et du paysage de l'île.

Le lendemain nous visitâmes l'île presque en entier. D'une végétation exubérante, elle est agreste, montagneuse et verte. Avisée d'Uvea par satellite, la télévision française nous attendait pour réaliser un reportage sur l'un des rares voiliers en visite dans l'île, située à l'écart des routes de navigation. Ici les gens étaient plus primitifs que ceux d'Uvca, mais la télévision avait déjà violé leurs chaumières deux ans auparavant.

Le directeur de RFO, qui maintenant habitait Singabe, avait engagé une jeune fille du royaume sud de l'île alors qu'il y résidait, et l'avait emmenée avec lui. Mais les nordistes la considéraient comme une ennemie qui n'avait pas le droit de travailler de ce côté de la petite île et lui jetaient constamment des pierres.

Entre les danses rituelles, les lanciers armés de sagaies pointées de broches de sanglier et les gens couverts de colliers et de couronnes de fleurs, ce fut le jeudi de l'Ascension et nous assistâmes à la messe. La cérémonie du *kawa* eut lieu ensuite, au cours de laquelle une partie des invités répandit tout le liquide sur le sol, voulant ainsi exprimer au roi son désaccord sur la façon dont il avait traité un dossier d'ordre économique, et réclamer sa destitution.

À la cérémonie du *kawa* succéda l'offrande des

cochons, un peu plus petits que ceux d'Uvea, mais bien plus nombreux. Ils étaient eux aussi ventre à l'air, farcis des mêmes racines, leurs museaux roussis pointant vers le ciel.

Les gens glissaient de gros billets entre les couronnes des danseurs et les seins des danseuses, pour stimuler leur ardeur ; l'argent serait ensuite réparti entre tous les danseurs du groupe.

Les danses, moins agressives que celles d'Uvea, peut-être à cause du caractère religieux de la fête, furent suivies du *kaikai*, disposé en longue file par terre sur des feuilles de bananier. De chaque côté prirent place, jambes croisées et mangeant avec les mains, tous les participants à la cérémonie, parmi lesquels nous étions les seuls étrangers.

Nous sommes allés nous recueillir sur la tombe de Pierre Chanel qui, selon les missionnaires, renferme les restes du saint. En revanche, les indigènes croient qu'il fut exécuté en 1841 par Musumusu, parce que le fils du roi Niuliki, Meitala, voulait se convertir au catholicisme. Puis, suivant la coutume de l'époque, les participants au banquet, le *kaikai*, s'étaient partagé le cadavre. Par conséquent, il est plausible que dans la tombe soient enterrés les reliefs du banquet. Au début du XXe siècle, on enregistrait encore des actes de cannibalisme à Futuna.

Le beau temps nous abandonna d'un seul coup, et le septième jour, toutes affaires cessantes, il nous fallut partir, sous peine de voir, tôt ou tard, le voilier se fracasser contre le récif.

Nous fîmes voile jusqu'à l'île déserte d'Alofi, toute proche, uniquement peuplée des mauvais esprits qui sortent de leurs refuges pendant la nuit. Le jour, les habitants du royaume sud, appelé Alo, ne cultivent qu'une infime partie de l'île, dont ils obtinrent la souveraineté à l'issue de la dernière guerre gagnée contre les nordistes. Ce fut une guerre sans quartier, ce dont témoignent les grottes à flanc de falaise, très difficiles d'accès, et remplies d'ossements humains, restes des cadavres ennemis, si nombreux qu'ils ne pouvaient les manger tous.

L'île restera longtemps tabou pour les nordistes ; ceux du sud ne peuvent l'utiliser que le jour, les esprits ne leur permettant pas d'y pénétrer la nuit.

Nous osâmes quand même y passer la nuit entourés d'esprits et de cochons sauvages dans une cabane sans murs et au toit de paille, éclairée au moyen de panneaux solaires dernier cri, une incohérence de plus des autorités françaises en matière d'aménagement des îles, faisant fi du droit du premier occupant, en l'occurrence, des esprits. Aux premières lueurs de l'aube, nous avons fait nos adieux à Alofi, dernier retranchement des esprits de Futuna.

Fidji, des milliers d'îles

Avec un bon vent, nous sommes repartis d'Alofi vers l'archipel des Fidji, où nous sommes arrivés à la tombée de la nuit au milieu d'une forte bourrasque et à la bouline, ce qui nous entraîna vers l'ouest. Grâce au GPS, nous pouvions naviguer la nuit, sans lune, à travers les invisibles coraux qui à la moindre inadvertance pouvaient nous envoyer par le fond. Au lever du jour, et à l'abri de la houle derrière les barrières de corail, nous avons navigué sur le canal de Somosomo, où nous avons pêché de grosses dorades *mai-mai* grâce aux lignes préparées par Urko et Zigor.

Le *JoTaKe* arrivait aux îles deux cents ans après que le capitaine Bligh du *Bounty* y eut été abandonné par les mutins. L'archipel est ravissant. Formé de trois cents grandes îles et plus de cinq cents plus petites, la population y est pour une moitié mélanésienne et pour l'autre, originaire de l'Inde. Il s'agit des descendants des Hindous importés au siècle dernier par les Anglais comme main-d'œuvre bon marché – sous-entendu gratuite – pour travailler dans les plantations de canne à sucre. D'esprit entreprenant et travailleur, ces gens se sont très vite multipliés, c'est pourquoi ils représentent aujourd'hui cinquante et un pour cent de la population. Ce sont eux qui détiennent le pouvoir économique, bien que, par tradition, la totalité des terres appartienne toujours aux Mélanésiens. Grâce au caractère très pacifique de ces derniers, les actes de xénophobie envers les Hindous étaient rares. Mais le problème n'en était pas moins perceptible pour autant. Pourraient-ils encore, à terme, présider aux destinées de leur propre pays, continueraient-ils à y être chez eux ? La solution n'est sans doute pas pour demain.

Au détroit de Somosomo nous avons franchi les cent quatre-vingts degrés de longitude ; à la moitié de notre tour du monde, nous nous rapprochions du bercail. Les degrés qui, lorsqu'on naviguait vers l'ouest, partaient de zéro vers cent quatre-vingts repartaient maintenant vers le zéro : c'est la longitude est.

Naselesele, Vanua Levu, Tavluni et des dizaines d'autres îles étaient dans le sillage du *JoTaKe* qui voguait vers l'ouest, vers Savu-Savu. Vent en poupe, une navigation idéale, nous étions comblés.

Par le détroit de Somosomo, nous touchions Savu-Savu, petit hameau plein de boutiques, pour nous amarrer à un quai de chargement de coprah. La rue principale était remplie de gens de toute l'île et des îles avoisinantes venus faire leurs achats à l'unique point de ravitaillement. On y trouvait aussi bien des espadrilles que de l'aspirine, de l'alimentation, du pétrole, des casseroles... Une fois résolues nos formalités auprès des douanes, de l'immigration, des services sanitaires, de l'agriculture et des autorités portuaires, nous sollicitâmes et payâmes cash un *Cruising permit*, le permis de circuler dans tout l'archipel, pour nous lancer à la découverte des îles. Jadis les Mélanésiens naviguaient sur des catamarans appelés *drúas*, d'une capacité de trois cents personnes ou plus.

Par une mer agitée et des vagues de quatre à cinq mètres, nous sommes arrivés à Namenalala, une petite île enchanteresse protégée par une barrière de corail. L'entrée de l'atoll, entre deux piliers peints en blanc, fut facile. Juste arrivés au mouillage, nous avons eu la visite de deux indigènes porteurs d'une lettre. Son signataire, un Nord-Américain, nous faisait savoir qu'il avait loué l'île sous prétexte de la « protéger », et qu'il nous faudrait payer cinquante dollars par personne et par jour si nous souhaitions y débarquer. Devant une offre si magnanime d'hospitalité, nous avons décidé d'appareiller séance tenante en dépit du gros temps.

Makongaï était l'île la plus proche, mais assez mal protégée, si bien qu'après une longue bordée, nous avons repris le large jusqu'à Ovalau et, en chemin, nous avons pêché une grosse daurade. Le mouillage d'Ovalau, bien abrité, jouxtait une de ces plages à la une des dépliants des agences de voyages : cocotiers au bord de l'eau et tout le reste bien trop soigné pour être naturel. Sur la petite pancarte habituelle, on pouvait lire : « *Défense d'entrer. Propriété privée* ».

Le lendemain, nous partions vers Suva, capitale des Fidji. Le bon vent que nous avions au départ mollissait de plus en plus. Esquivant la barrière de corail, nous avons atteint Suva au moteur, et capturé au passage un gros thon aux nageoires jaunes. À l'ancre devant le club nautique, nous avons entamé les formalités pour quitter illico ce mouillage où on nous demandait trente dollars par semaine, ce qui n'est rien, mais en échange de rien, c'était beaucoup. Au nouveau mouillage, nous rencontrions les amis d'Alain, du sloop *Bebinka*, avec qui nous devenions également amis. C'étaient des Nord-Américains, Roger et Katherine, qui vivaient depuis quatre ans sur leur trimaran. Tous les deux, génies de l'informatique, m'aidèrent à comprendre mon nouvel ordinateur. De là où nous étions, on entendait de très bonne heure et une bonne partie de la journée résonner les tam-tams, faits de troncs évidés, qui invitaient les gens aux réunions religieuses et communales.

La plupart des Hindous vivent à Suva, ils y brassent leurs affaires et tiennent les magasins où l'on trouve tout ce dont on pourrait avoir besoin. Mais il faut se méfier des voleurs, qui certes ne sont pas violents comme en Amérique centrale, mais saisissaient la moindre occasion pour soulager les touristes de tous leurs objets de valeur. En dehors de la capitale, les Mélanésiens sont des gens très sympathiques et réellement hospitaliers envers les étrangers.

C'est à Suva que nous avons trouvé des planches d'okoumé, bois aux qualités marines avérées, et sur la plage, nous nous sommes mis à construire un nouveau youyou. L'ancien nous avait accompagnés depuis Hondarribia, mais était désormais trop petit, trop lourd et n'était plus de la première jeunesse compte tenu des nombreuses réparations qu'il avait subies. Il jouit d'une paisible retraite sur le lagon de Wallis. Après en avoir longuement discuté avec Urko et Zigor, j'ai dessiné les plans du nouveau canot, puis nous nous sommes mis tous au travail.

Mais tout n'était pas prévu au programme. Il commença à pleuvoir sans discontinuer toute la semaine, puis il y eut quelques éclaircies, et le petit esquif prit tournure sous un abri de plastiques attachés aux cocotiers de la plage, qui le protégeaient de la pluie. Trois jours plus tard, le nouveau youyou, le petit *JoTaKe*, voyait le jour sur les eaux des Fidji, dans le Pacifique sud. Après les premiers essais, le nouveau canot parut excellent, tant à l'aviron qu'au moteur et à la voile. Quelques jours après, la radio annonçait une forte dépression tropicale. Le lendemain, la dépression s'amplifiait pour se changer en cyclone tropical. Et Lucy, c'était son nom, se dirigea vers les îles. Il se remit à pleuvoir et, avec la pluie, de nombreux voiliers nord-américains allèrent mouiller en amont du fleuve. Ils prenaient position, se poussaient et se heurtaient les uns les autres, en quête d'une place trop petite pour eux. Avant la vague de voiliers, le *JoTaKe* avait pris position au fond de la baie de Suva, au milieu des mangroves de l'un des bras du fleuve.

Puis le fleuve se changea en une gigantesque toile d'araignée, que tissaient jusqu'à l'infini les cordages avec lesquels les voiliers tentaient de s'amarrer aux mangliers. Le vent fraîchit d'un seul coup et les voiliers virent passer l'ouragan au-dessus de leurs têtes, au ras des mangliers. Sans aucun danger pour eux, les branches touffues de ces arbres amortirent presque totalement le vent très fort et arrêtèrent les nombreux objets volants que les éléments déchaînés avaient arrachés à leur emplacement.

L'ouragan était passé et les gens, qui grâce à lui

avaient découvert le merveilleux paysage de la mangrove, mirent plusieurs jours à quitter l'endroit. Dans la semaine qui suivit, il y eut deux nouvelles alertes, l'une pour une forte dépression tropicale et l'autre pour un cyclone qui finalement se détourna de lui-même.

Nouvelle-Calédonie

Profitant de la pause que les vents s'accordaient entre deux ouragans, le *JoTaKe* leva l'ancre pour mettre le cap sur la Nouvelle-Calédonie et la traversée fut on ne peut plus « Pacifique ». Le vent, de force deux, à peu près dix kilomètres à l'heure, poussait le voilier par le travers à une vitesse d'environ quatre nœuds, sept kilomètres à l'heure. Et ainsi, vingt-quatre heures, jour et nuit. Les deux coques parallèles du catamaran fendaient l'eau en un doux murmure, interrompu parfois par le *splash* de quelque vague plus grosse que les autres.

Prendre le quart, c'était s'engager à surveiller la bonne marche du voilier, le cap, la vitesse, les feux d'autres bateaux qui pourraient apparaître à l'horizon, pour éviter les collisions, les altérations éventuelles de la force ou de la direction du vent, pour régler les voiles. Il fallait aussi marquer, comme indiquée par le GPS, notre position sur la carte, ce qui nous demandait, avant l'ère du GPS, si toutefois les nuages nous le permettaient, de prendre au préalable la hauteur d'un astre et, au bout de calculs laborieux, de porter le résultat sur la carte en traçant une droite, etc. Tout cela avec une marge d'erreur d'un mille, au minimum.

Mayi prenait le quart après dîner jusqu'à 22 heures. Urko prenait la suite, de 22 heures à minuit et demi. Zigor prenait la relève de minuit et demi à 3 heures du matin. En assemblée, on décida que, s'il n'y avait rien de spécial à signaler ni terre proche, je prendrais mon quart à 3 heures du matin pour finir quand le reste de l'équipage, le jour levé, commencerait à envahir le pont. Pendant la journée, nous participions tous à la surveillance, en plus des tâches qui nous étaient dévolues : travaux de maintenance, artisanat, études, ou simplement lecture quand le temps le permettait.

Mayi, à titre d'intendante de l'équipe, s'occupait de la cuisine et de gérer le budget du ménage. Quand il faisait bon et que la mer lui en laissait le loisir, elle brodait des tableaux de laine, comme elle avait appris à le faire auprès des Indiens mayas au Guatemala, et elle préparait sa prochaine exposition.

La mélomanie était l'un des points faibles de l'équipage. Le radiocassette était rarement oisif. Quand on n'écoutait pas d'enregistrement, on captait un émetteur local pour habituer l'oreille à la nouvelle langue vernaculaire et prendre le pouls du nouveau pays. Nous attachions beaucoup de prix à apprendre partout où nous passions quelques mots pour pouvoir au moins nous présenter à nos nouveaux hôtes. Nous voulions montrer aux gens du cru que nous étions ouverts à tout dialogue et prêts à nous adapter à leurs coutumes, le plus sincèrement du monde et sans fanfaronnade aucune. Le fait de le démontrer par notre attitude était immédiatement payé de retour de la part des indigènes.

La propagation des ondes radio était bonne et nous obtenions des nouvelles de nos familles.

Quant aux nouvelles de notre pays, il valait mieux les écouter sur la BBC de Londres, sur Radio Suisse Internationale ou sur Radio Australie, où les informations nous paraissaient plus impartiales que celles de la radio extérieure de notre pays, où quelques journalistes inféodés au pouvoir fantoche du moment les déformaient jusqu'à l'intox.

— *Aitá*, le vent tourne de plus en plus bâbord amures.

— Bon, il va nous porter plus au nord, laissons faire jusqu'à ce qu'il change à nouveau pour garder le cap.

Nous laissions par tribord Maré, des îles Loyauté, et Aneytum, des Nouvelles-Hébrides, pour nous diriger vers l'entrée sud du lagon de Nouvelle-Calédonie, le plus étendu du monde. La mer était si tranquille et le vent si stable que nous nous enhardîmes à amener le canot pour naviguer au milieu de l'immense Pacifique – qui n'allait plus l'être les jours suivants – pour tirer quelques photos du catamaran naviguant entre les îles Fidji et l'Australie, à des centaines de kilomètres de la terre la plus proche.

Au terme d'une semaine de mer, au premier jour de laquelle une courroie essentielle du pilote automatique lâcha, ce qui nous obligea à piloter à la main le reste du temps, nous fûmes en vue, au petit matin, de la plus grande île de l'archipel, la Nouvelle-Calédonie. La nuit précédente, nous avions vu, droit devant nous, une faible luminosité sur les nuages de la zone où nous supposions devoir trouver l'île, un reflet lumineux qui coupait le « sentier noir du dieu Kanaloa », nom sous lequel les Polynésiens désignent le tropique du Capricorne.

Au milieu de la matinée, nous étions sur la passe Habanna, l'entrée sud vers le lagon intérieur. À cause du jusant, le courant vers l'extérieur était très fort, et en revanche, le vent, quoique toujours portant, était faible. Pour ne pas rompre le charme d'une semaine sans bruit de moteur, j'essayai inutilement, durant presque une heure, d'entrer à la voile ; mais finalement nous avons été obligés de mettre en marche le propulseur, pour traverser le chenal. Nous avons passé la nuit sur la baie Prony, afin de la tester comme refuge contre les ouragans éventuels.

De nombreuses îles parsèment le lagon, où ne manquent pas les traîtresses têtes de corail, capables de faire sombrer le voilier à la moindre inadvertance.

Notre attention fut attirée par les immenses superficies désertiques de l'île, dues en grande partie à la puissante industrie minière d'extraction du nickel. La couleur du paysage est le rouge comme celle du désert australien. Les indigènes de l'île, les Kanaks, ont les mêmes traits négroïdes et la même couleur de peau que les aborigènes australiens, Mélanésiens comme eux, qui neuf cents ans avant Jésus-Christ avaient déjà développé une civilisation sophistiquée, aujourd'hui disparue et dont il ne reste que de faibles témoignages archéologiques. À titre d'exemple, le dernier instrument de musique à vent, une flûte sans bec, disparut au cours des années trente.

Nouméa, la capitale, est une grande ville. Cinquante pour cent de la population y vit, et n'était-ce l'odeur des égouts qui s'écoulent sur l'asphalte, on se croirait volontiers dans une ville européenne. Tout y était incroyablement cher ; c'est probablement la ville la plus chère au monde. Le niveau de vie est très élevé grâce aux salaires, triplés voire quadruplés, et aux innombrables primes par lesquelles le gouvernement français, aux dépens de la CEE, motive ses fonctionnaires – très nombreux – et ses militaro-policiers – encore plus nombreux – pour coloniser l'île. On ne se croirait pas aux antipodes de l'Europe, hormis la présence de quelques rares Kanaks qui détonnent au milieu de tous ces Blancs. La plupart d'entre eux demandent l'aumône ou s'assoient sur le gazon des jardins pour boire des tétrabricks du plus infâme picrate des supermarchés, qu'eux appellent *poper*. Dans les rues, on ressent de manière violente le racisme, surtout si on vous prend pour un Français, et 99,9 pour cent des Blancs le sont.

Nouméa est une ville militaro-policière, où tous les faits et gestes des citadins sont scrupuleusement passés à la loupe, surtout après les mouvements indépendantistes qui se soldèrent par l'assassinat de seize Kanaks aux mains des forces spéciales de l'armée française. Les alentours, à perte de vue, et le port de plaisance de Port Moselle, le club nautique moderne de Nouméa – malgré le fait que s'y déversent les cloaques nauséabonds de la ville – sont surveillés par un circuit fermé de caméras de télévision. Le fait est signalé par des pancartes, ce qui contribue à augmenter encore la pression d'une surveillance de tous les instants. Même les chalets de nécessité sont contrôlés à l'aide d'une carte à puce personnelle qui enregistre l'heure et le jour auxquels l'utilise son propriétaire. Sans doute tout cela est-il lié à l'atavisme carcéral hérité des premiers colonisateurs blancs.

Le tourisme est encore à ses débuts, et la clientèle composée essentiellement de Japonais et d'Australiens. Les couples nippons viennent se marier dans l'île, pour deux raisons : échapper à un cérémonial dont le coût hypothèque leur budget à vie, et réaliser le rêve de partir en voyage de noces vers une ville « européenne », qu'ils ont ici à portée de la main. De nombreux couples, en quête d'émotions fortes, se marient sous l'eau, en combinaisons de plongée, et à cet effet, se sont montées des installations spécifiques sur les îles proches de la capitale, à l'intérieur de l'atoll et sur des voiliers catamarans qui se louent pour la cérémonie.

Au mouillage près du port de plaisance, nous avons commencé à prendre des contacts pour trouver du travail. Mayi prit l'avion pour rendre visite à sa famille à Euskal Herria, pratiquement aux antipodes : vingt-cinq heures de vol sans compter les escales. Les semaines passèrent et, finalement, chacun trouva une occupation : l'un travaillait à la fabrication de planches de fun-board, l'autre comme dentiste remplaçant ; moi, je me mettais à réparer des voiliers et leurs équipements. Évidemment tout cela se faisait « au noir », comme à Tahiti, les mêmes « obstacles pratiques » excluant la délivrance d'un permis de travail aux ressortissants de la Communauté européenne ne pouvant se prévaloir de la nationalité française. La législation est une chose, et la réalité est tout autre.

Après plusieurs mois d'un labeur ardu, au cours desquels, nous avons reçu la visite de trois cyclones et d'une dépression tropicale sans graves conséquences, nous avons pris quelques jours de vacances pour partir à la découverte d'îles inhabitées, où abondaient les chèvres sauvages.

Tandis qu'Urko volait avec son parapente depuis les collines voisines, Zigor et moi remplissions de viande fraîche tous les bocaux de conserves disponibles, et faisions du pâté avec les foies. Durant la partie de chasse, Truck avait débusqué un gros bouc sur la falaise. L'animal se défendait bien sur son territoire, bondissant sans effort là où le petit chien pouvait difficilement le suivre, jusqu'à ce que le teckel réussisse à l'acculer au rebord d'un ravin de plus de cinquante mètres de surplomb. Truck multipliait ses furieuses attaques, jusqu'à ce que le bouc, d'un coup de ses longues cornes, le déséquilibrât. Le teckel fut précipité dans le vide, rebondit sur les rochers pour se retrouver au bord de l'eau, où il resta étendu près des brisants. Pendant une minute interminable, nous avons craint le pire.

— *Aitá*, as-tu vu le chien ? demanda Zigor qui arrivait tout essoufflé.

— Oui, il est là... en bas, lui répondis-je en montrant le ravin.

— Ne bouge pas ! cria Zigor à Truck, qui commençait à se redresser.

En courant, il nous fallut faire un détour de près de deux kilomètres pour arriver jusqu'à lui. Dès qu'il nous vit, le teckel se leva et vint tout joyeux à notre rencontre. Il s'en tira miraculeusement sans la moindre égratignure. Le bouc fut tué au premier coup de fusil et tomba lui aussi dans le précipice où nous l'avons dépecé sur place. Puis, de bonne heure, avant que le vent ne fraîchisse, nous escaladâmes la montagne pour nous lancer en parapente. Sur le chemin du retour à Nouméa nous avons pêché deux gros poissons de l'espèce des téléostéens, qu'arrivés au mouillage, à la barrière de corail entre le lagon et l'océan, nous avons mis au barbecue.

Nous avons appris par des radioamateurs de Tahiti – Radio Cocotier – que le voilier *Furka*, avec Pedro Trucke à son bord, avait sombré après avoir heurté un récif, en remontant la mer Rouge. Pedro avait eu juste le temps de mettre à l'eau le canot de sauvetage grâce auquel il put atteindre la côte du Soudan.

En empruntant un inextricable réseau de pistes de latérite, où les camions des mines de nickel passaient à une vitesse suicidaire, poursuivis par un nuage de poussière rouge, nous avons visité l'île du nord au sud dans la voiture d'une amie. Le côté au vent de l'île est le plus verdoyant et le plus abrupt ; c'est là que se sont réfugiées la plupart des tribus kanaks qui ont échappé à la persécution des colons blancs. La partie ouest, sous le vent, est plus plane, plus sèche et est peuplée par les Caldoches, qui occupèrent ces zones plus fertiles et moins abruptes, plus propices à l'élevage, en délogeant l'occupant indigène lors de véritables tueries. Au musée kanak, on peut trouver des témoignages d'époque, écrits par les survivants, qui accablent les auteurs de ces massacres. Même au sein de la tribu Kanala, où le mouvement indépendantiste est le plus enraciné – les premiers « martyrs » de l'indépendance appartenant à cette tribu –, les gens sont très hospitaliers, et d'autant plus si leurs visiteurs ne sont pas français.

Il reste encore quelques prisons et forteresses du temps où l'île servait de bagne pour les condamnés indésirables en métropole et qui sont les ancêtres de l'actuelle population blanche de l'île, les Caldoches, ainsi qu'ils se nomment eux-mêmes. Pour se démarquer des nouveaux colons, aventuriers attirés par l'odeur de l'argent des mines de nickel, les Caldoches sont fiers de la condition de bagnards de leurs parents ou grands-parents.

Dans l'île abondent les troupeaux de dindons sauvages et les cerfs. Ces derniers proviennent d'un cadeau des Philippines au gouverneur de l'île, mais ils ont tellement proliféré qu'ils sont devenus un véritable fléau. Aujourd'hui, on les élève comme animaux de boucherie, et on trouve leur viande sous toutes ses formes, d'étal en étal, sur le marché.

L'époque des ouragans passée, et Mayi ayant rejoint l'équipage, le *JoTaKe* était paré à appareiller. La première nuit, nous avons relâché à l'île d'Ouen, près d'une ancienne mine de jade, mais sans pouvoir la visiter car il pleuvait des cordes.

L'île des Pins, notre seconde escale, possédait un charme irrésistible. Située à l'extrémité sud de l'atoll, elle faisait partie intégrante de sa barrière. Son relief de roches érodées par la mer attire un nombre sans cesse croissant de touristes, en majorité japonais.

Puis ce fut Maré, qui appartient au groupe des îles Loyauté. Sous administration française, l'île garde sa propre langue, qui diffère de celle des Kanaks, et dans son modeste supermarché, on trouve de nombreux produits de la Grande Terre, nom donné à la Nouvelle-Calédonie.

Vanuatu, anciennement les Nouvelles-Hébrides

Laissant derrière nous Tanna et Erromango, appartenant au groupe des Vanuatu – anciennement les Nouvelles-Hébrides, un long chapelet d'îles qui monte vers le nord – nous avons mis le cap sur Port Vila, sur l'île Efate, où nous avons accosté à 7 heures du matin.

Ce groupe d'îles est indépendant depuis peu de temps, et il vit grâce aux subventions de la France et de l'Australie et au tourisme qui est encore à ses débuts. Les langues officielles sont l'anglais et le français, celui-ci étant le moins parlé des deux. La France offrit les installations de la première et unique télévision de l'île, dont les premières émissions se firent en anglais, d'où vives protestations des Français. Indépendamment des langues officielles, inconnues d'une grande partie de la population, chaque île parle une langue différente. Parfois, sur la même île, quand ce n'est pas dans le même village, il y a coexistence de deux langues.

La célébration de la victoire de la sélection française sur celle du Brésil lors du Mundial de Football de 1998 fut l'apothéose. Les résultats, connus à 7 heures du matin, donnèrent lieu à des manifestations d'allégresse qui durèrent jusqu'au soir, paralysant totalement la capitale, Port Vila.

Le lendemain, 14 juillet, Radio Australia communiqua une nouvelle épouvantable. Un marin suisse, que nous connaissions, venait de se faire dévorer par un grand crocodile d'eau salée aux îles de Santa Cruz, sous les yeux de son épouse qui, du voilier, assista à la scène.

Quelques jours plus tard nous avons appareillé vers la passe Habanna, au nord-ouest d'Efate, pour nous diriger sur l'île de Nguna, où nous avons mouillé avant de partir pour Emae, une autre petite île plus au nord, mais une forte bourrasque vint contrarier nos projets et nous avons poursuivi notre route jusqu'à Epi.

À la première heure de la soirée, nous jetions l'ancre au nord-ouest de l'île d'Epi, dans la baie Ringdowe et nous faisions la connaissance de Tom George, le vieux chef de la tribu, qui était atteint d'une forte grippe.

Nous voyant arriver, le chef se moucha dans la main, l'essuya sur son tee-shirt, puis saisit le rebord du col pour s'essuyer le nez. Ensuite, il me tendit la main. Surmontant ma répugnance, je la lui pris et lui rendis son salut avec mon sourire le plus avenant.

Nous nous sommes assis. Le chef Tom George, sur un tronc renversé, et les visiteurs, sur une natte qu'on étendit sur l'herbe, près d'une paillote, et qui couvrait les excréments secs de cochons, de chiens, de poules et de vaches. À l'intérieur de la paillote, un feu était allumé et la fumée, cherchant une issue par le toit et les murs, enfumait au passage tout ce qui se trouvait dedans. Une petite fille de deux ans, aux cheveux blonds, épluchait à l'aide d'une machette presque aussi grande qu'elle, une orange qu'une fois pelée, elle partagea en quatre avec une inégalable maestria.

Après une longue conversation, au cours de laquelle le chef nous raconta en long et en large sa façon de vivre dans un anglais appris au contact des bateaux qui viennent acheter le coprah, nous avons compris qu'il avait besoin d'un bidon en plastique. Urko en apporta deux du voilier, des vêtements usagés ou *kulmerra*, littéralement, « peau de l'homme blanc » et quelques médicaments, que, comme le veut la tradition, il me remit d'abord à moi pour les donner au chef, qui envoya sa femme à une paillote d'où elle revint avec deux broches de sanglier, le cadeau le plus précieux que puisse faire un chef polynésien à un autre chef. Le lendemain, pour nous dire adieu, il nous fit présent d'une poule qu'ils avaient attrapée avec du coco râpé.

L'escale suivante, nous revenions sur nos pas, à Lamen Bay, où Taso et une de ses épouses, Leikon, avaient créé un petit hôtel dont les chambres étaient des paillotes traditionnelles indépendantes les unes des autres.

— *Albalau, Taso*. « Bonjour, Taso. »

Celui-ci avait un problème dentaire, que Zigor et Urko résolurent. Leikon et la seconde épouse de Taso passèrent elles aussi sur le siège du dentiste, après quoi, toute la tribu et de nombreux villageois des alentours voulurent se faire soigner.

Ce furent trois jours de travail intense où nos dentistes en herbe mirent à épreuve leurs connaissances ; quatre jours où ils n'eurent pas le temps de se baigner et de jouer avec le lamantin qui habitait la baie et qui venait distraire les touristes quand ceux-ci l'appelaient en frappant l'eau de la paume de la main.

— *Marra, marra*. « Homme blanc », ainsi nous appelait Taso dans la langue de l'île.

Et nous lui répondions :

— *Yuermelau, yuermelau*. « Homme noir », en le désignant.

Un mariage et une fête de l'indépendance

La veille de notre départ, nous étions invités à un mariage local.

À 6 heures du matin on commence à préparer les fours à la mode polynésienne. Après avoir creusé un grand trou dans le sable, on le remplit de pierres sur lesquelles on allume un grand bûcher pour les chauffer. Quand elles sont chaudes, commence le rituel pour s'assurer que ça fonctionne. On prélève la moitié des pierres chauffées au rouge qu'on remplace par des feuilles de bananier pour couvrir les pierres restantes. Sur ce lit de feuilles, on dépose les viandes de bœuf, de porc ou de chien, indistinctement, avec une pâte faite de manioc, d'igname et de bananes. Tout cela recouvert de nouvelles feuilles de bananier, on remet au-dessus les pierres incandescentes du début. Puis on recouvre le tout avec du sable. Il n'y a plus qu'à laisser braiser les viandes et leur accompagnement de légumes jusqu'au soir.

Ensuite, en bruyante procession, avec la « fanfare », on accompagna les fiancés jusqu'à l'église presbytérienne, où une bouteille d'acétylène, sans doute rapportée de la dernière guerre par l'un des belligérants, fit office de cloche ; suspendue à un arbre au moyen d'une corde, on la frappait avec une pierre.

Après le mariage religieux, les festivités commencèrent. On découvrit les fours, en enlevant le plus de sable possible, et la famille de l'épousée nous convia au repas. Invités au dernier moment alors que personne ne s'y attendait, on nous fit asseoir sur une *napa*, une natte de pandanus aux couleurs vives et, eu égard à notre qualité de touristes, on nous servit sur des assiettes. Eux mangèrent à la manière traditionnelle, sur des feuilles de bananier. Le repas achevé, alors que nous allions nous lever, le père de la mariée vint nous offrir la natte sur laquelle nous nous étions assis. C'était, nous dit-il, la tradition.

Le soir venu, la jeune épousée, la tête et le visage voilés, reçut les cadeaux des invités assise sur un tas de nattes qui lui avaient été offertes. Mayi lui fit présent d'un flacon d'eau de Cologne, qui suscita les applaudissements de toute l'assistance. À la suite de cela, on nous enduisit de poudre de talc, comme tout le monde. La distribution terminée, nous nous sommes dirigés en joyeuse procession vers la maison des nouveaux mariés, où s'ouvrait le bal qui durerait jusqu'au lendemain.

Nous avons retardé notre départ d'une journée car, lors d'une ultime promenade, nous avions découvert sur les récifs les restes d'un naufrage parmi lesquels il y avait un enrouleur de foc, qui arrivait à point nommé pour faciliter la manœuvre du catamaran.

Au terme d'une agréable navigation, avec juste assez de vent et une mer plate, nous avons relâché à Port Sandwich, sur l'île Malikolo. L'île est remplie de cocotiers, et la baie est le refuge idéal contre les ouragans avec ses parois rocheuses couvertes de végétation tombant presque à pic sur la mer. C'est également un bon abri pour quantité de requins.

Le lendemain à 11 heures nous étions à Banan Bay, pas très bien abritée. La partie sud de l'île appartient aux *small namba*, ceux qui ont un petit pénis, tandis que le nord est occupé par les *big namba*, ceux qui en ont un gros. Il n'est pas facile de faire la différence, les attributs virils des sudistes ne le cédant en rien à ceux de leurs voisins du nord.

La tribu locale se préparait à célébrer le dix-huitième anniversaire de l'indépendance du Vanuatu. On avait commencé à danser dès la veille. Le costume masculin était réduit à sa plus simple expression. Une feuille de pandanus, enroulée autour du pénis, était chargée de le tenir droit jusqu'à la ceinture finement entrelacée de feuilles de cette même plante. Les testicules étaient libres et bien visibles. Les chevilles étaient ornées de grelots faits d'écalures de graines qui en s'entrechoquant marquaient le rythme des chansons. Un groupe d'anciens, vêtus, ou plus exactement dévêtus de la même manière, accompagnaient les danses de leurs cris, de chansons, et d'instruments à percussion.

Les femmes n'étaient pas admises à l'intérieur du sanctuaire et dansaient dans un endroit attenant à celui réservé aux hommes. Pour tout accoutrement, elles portaient une basquine à franges jaunes, faite de fines lanières d'écorce d'arbre, et elles dansaient sur des rythmes qui rappelaient ceux des Polynésiens.

— *Mabo pepere. I wish a photo with « mermer » people*. « Bonjour. Je veux une photo avec les Blancs », disait Saitol, le sorcier de la tribu, entremêlant l'anglais à sa langue natale.

La fête de l'Indépendance, à laquelle étaient aussi accourus les villageois des alentours, fut d'abord célébrée par un office protestant suivi de danses accompagnées de chants nettement marqués de l'empreinte missionnaire. Après les matches de volley-ball, commencèrent les agapes. Assis par groupes sur le sol, autour d'une « table » de feuilles de bananier, nous fîmes un sort à un pot-pourri composé d'une pâte farineuse cuite au four, à base de diverses racines, d'un poisson rôti sur des feuilles vertes, arrosé de lait de coco.

Au dessert, et comme répondant à un signal qui, au

milieu du brouhaha ambiant, ne passa pas inaperçu pour les étrangers, se fit un silence de mort. L'assistance se rangea peu à peu au bord du chemin et puis, à l'entrée du village, le sorcier fit son apparition. Il arrivait d'une démarche lente, solennelle ; les gens retenaient leur souffle. Il s'exhiba devant tout le monde comme s'il s'agissait d'une procession avec un seul participant, les testicules pendants et le pénis, gainé d'une feuille de pandanus, attaché à la ceinture au-dessous du nombril.

Jusqu'à l'apparition d'un second sorcier, venu d'un autre hameau. Ce dernier précédait un groupe de masques à la mine renfrognée, sur fond noir marqué de lignes blanches. Au-dessus des masques ressortaient trois branches d'un mètre de long. L'une d'elles pointait droit vers le ciel ; les deux autres partaient en biais pour former un angle de soixante degrés avec la première. Toutes étaient surmontées d'un panache de plumes de coq. Le bas des masques était constitué d'un bavoir ou d'une frange de paille qui leur arrivait à la taille ; ils étaient complètement nus, à l'exception de leur étui pénien.

Emboîtait le pas au groupe, une silhouette solitaire qui se distinguait des autres par deux grandes défenses de sanglier qui lui sortaient de la bouche et, autour de sa tête, de longues baguettes effilées comme des rayons. Le sorcier du village fit ensuite quelques tours de magie qui, malgré leur simplicité, laissèrent les spectateurs bouche bée. Durant tout le défilé, on aurait entendu une mouche voler.

La cérémonie se termina sur des danses guerrières de silhouettes masquées dont les corps étaient totalement recouverts de feuilles sèches de bananiers, qui les grossissaient à tel point qu'on aurait dit des punching-balls. Nous fîmes cadeau au chef de lunettes de lecture, pour sa presbytie, et ayant pris congé de tout le village sur un *mabo sam*, « bonne nuit », nous décidâmes de nous retirer.

Nous avons mis le cap au nord, mais le vent mollissait et nous avons jeté l'ancre dans la baie Pangkumu, au nord de l'île, près de l'embouchure du fleuve Ruenan. L'eau était boueuse et nous fîmes bonne pêche avec les lignes de fond. À proximité, un séchoir à coprah était l'unique vestige de civilisation.

Rano, une île boisée, minuscule et très peuplée – trois cents habitants –, hormis les difficultés de mouillage, nous accueillit magnifiquement. Dès l'arrivée, nous étions guidés dans l'île par six ravissantes jeunes indigènes qui, après nous avoir fait visiter le village et les cultures, nous emmenèrent vers les lieux saints. Au milieu de rires d'adolescentes et de commentaires incompréhensibles pour nous, les jeunes filles nous éclairèrent sur les rites et les traditions de leurs ancêtres.

Les rituels occupent une place prépondérante. D'un côté de l'esplanade, s'élevait la montagne, de l'autre venaient mourir les flots. Au pied de la montagne se dressaient les autels rituels ; chaque divinité possédait son propre oratoire. Des statues de bois de deux mètres de haut veillaient sur l'esplanade. L'une d'elles exhibait un énorme pénis, et à côté, un oiseau de trois mètres d'envergure, les ailes déployées, sculpté d'une seule pièce dans les racines d'un arbre. Les tambours jouxtant les statues étaient inclinés latéralement, détail que l'on observe sur presque toutes les îles, et ressortaient des mauvaises herbes, bien que le gazon ait été tondu peu de temps avant. Sur la partie supérieure, il y avait une tête sculptée qui était rainurée depuis le menton jusqu'au sol pour la résonance.

Les tambours rituels de l'île Atohim méritent une mention toute spéciale. Cinq tambours gigantesques, en bois sculpté polychrome, dont les visages surmontés de cheveux bouclés paraissent représenter davantage l'envahisseur anglais que leurs lointains dieux autochtones, dominaient l'esplanade.

La baie Palikulo, sur l'île Espíritu Santo, est un mouillage très sûr pour s'abriter d'un ouragan, opinion que ne partageaient probablement pas les deux bateaux qui étaient drossés au récif. Nous y avions trouvé refuge suite à une traversée mouvementée, mer grosse et vent déchaîné, où nous avons pêché, à la traîne, un gros barracuda que nous avons hissé à bord. Tous les gros poissons étaient de notre part l'objet d'un examen attentif ; d'abord visuel, pour vérifier l'état de leurs écailles, leurs ouïes, etc. ; ensuite, nous leur prélevions le foie dont nous mordions un morceau. Si nous lui trouvions un goût normal, le poisson restait à bord ; mais il était immédiatement rejeté à la mer si son goût rappelait en quoi que ce soit l'acide des batteries. Nous le soupçonnions alors d'être atteint de *ciguatera*.

Santo est la capitale de l'île et le dernier centre administratif pour ceux qui se dirigent vers le nord. La rue principale, la seule qui soit asphaltée, abrite la banque, le bureau de poste et deux hôtels dans l'attente du tourisme à venir et mène à la place du marché. Celui-ci, couvert, est le lieu de rendez-vous des indigènes de l'île et des îles voisines qui viennent y vendre leurs produits et qui ne repartent chez eux qu'après avoir liquidé toutes leurs marchandises. En attendant, ils vivent sous le toit du marché, mangeant et dormant sur les éventaires en ciment.

Les vents faibles et changeants qui nous accompagnèrent vers le nord ne nous aidaient en rien. L'escale suivante fut Lataroa, une toute petite île où les autochtones vivaient entourés de la ferraille de la dernière guerre sans avoir réellement conscience de ce que cela pouvait bien être. La petite anse, parsemée de piquets qui soutenaient des crânes de vaches, était le seul lieu à offrir un havre à peu près sûr contre la houle de l'ouest.

À notre approche, trois indigènes agitèrent les bras en signe de bienvenue. Après deux tentatives infructueuses, l'ancre finit par crocher convenablement. Nous avons mis le youyou à l'eau pour nous diriger vers la petite plage, où les vagues déferlaient. Les indigènes avaient disparu. Nous avons débarqué entre deux lames en criant *Hello !* à plusieurs reprises.

Très timidement, de derrière les rochers, apparut un indigène, machette à la main et qui semblait jouer avec elle. Peu après, voyant qu'il ne se passait rien, les deux autres Noirs apparurent. C'étaient les seuls habitants de l'île. Il nous fut possible de communiquer avec l'un d'eux, qui parlait un anglais très rudimentaire.

— Nous appartenons à une tribu qui habite sur la grande île, à trois heures d'ici en allant vers le nord, nous dit-il. Dans trois mois trois autres viendraient les relever.

À côté des hangars en tôle ondulée de la guerre, ils avaient construit de solides cabanes, une pour chacun, dont les murs, faits de lames de bambou entrelacées, étaient d'une résistance à toute épreuve. Des puits bouchés, des réservoirs perforés, et des engins de guerre rongés de rouille complétaient l'ensemble.

Çà et là, des lopins de terre entourés de clôtures étaient leurs potagers. Ils se dédiaient à l'élevage de vaches et de chèvres pour nourrir leur village, d'où, de loin en loin, quelqu'un descendait chercher une vache ou des chèvres. Sur les petites îles des alentours, il y avait également des troupeaux de vaches et de chèvres, mais elles n'avaient pas de résidents permanents. Ils avaient une truie et ses porcelets sur un terrain clôturé de bambous et, à côté, un grand aigle à l'aile cassée. Il avait essayé de voler un petit et avait été abattu en plein vol d'un jet de pierre bien ajusté.

Furtivement, le chef du groupe louchait de temps à autre sur le pendentif que je portais en sautoir.

— Qu'est-ce que c'est ?

— Une dent de requin.

— Grand ?

— Environ cinq mètres. Elle te plaît ?

Silence.

— Prends-la, elle est à toi. Je t'en fais cadeau.

L'indigène ne pouvait en croire ses yeux jusqu'à ce qu'il voie le pendentif à son cou. Il trépignait d'allégresse, comme un enfant, à la vue de l'ivoire sautillant sur sa poitrine noire.

Le 14 juillet, cela faisait quinze ans, jour pour jour, que cette aventure avait commencé. Nous avons jeté l'ancre sur la baie Champagne sans un brin de vent. Le long de la plage de deux kilomètres et demi, les cocotiers arrivaient jusqu'à la limite de la pleine mer. Le sable d'une blancheur irréelle était d'un grain tellement fin qu'on aurait dit de la farine de froment. Les indigènes de Hogh-harbour, le village situé à deux kilomètres à peine, racontent que les Nord-Américains qui combattirent d'un bout à l'autre de l'archipel durant la Seconde Guerre mondiale venaient sur cette plage pour faire la bringue chaque fois qu'ils étaient en permission.

Gaua, ancien nom de l'île Santa María, située au nord, était la première du groupe des îles Banks que nous touchions. L'obscurité totale nous empêchait d'accoster et nous sommes restés en panne toute la nuit, trouvant refuge du côté non exposé au vent. Dès qu'il fit jour, nous avons mouillé sur la baie Lakona. Le comité de réception était composé de deux canoës. Sur l'un arriva l'instituteur, Willyan, et sur l'autre Susan, la femme du chef de tribu, John Star, qui se trouvait à l'autre bout de l'île pour régler un différend de limite de propriété. Après la visite du hameau, Susan nous montra, avec fierté, son trésor le plus précieux : un lapin noir que son mari lui avait rapporté des semaines auparavant de la capitale de l'archipel. Elle nous demanda si en Europe il y en avait de pareils. Toute la journée du lendemain, Zigor et Urko traitèrent les mâchoires du hameau.

À l'ancre près d'une cascade d'une cinquantaine de mètres de haut, à côté d'une plantation abandonnée et envahie par la forêt, nous avons cueilli plusieurs régimes de bananes légumes, qu'on ne peut manger que cuites. Nous plongions sur les récifs de Rowa, à vingt milles au nord de Gaua, où plus personne n'habite, l'atoll ayant été rasé deux ans auparavant par un ouragan, les survivants s'étaient réfugiés sur l'île toute proche d'Ureparapara. La pêche fut assez bonne, encore que nous ayons dû la disputer à de nombreux requins, qui se montraient très intrigués par une présence humaine dans leurs eaux. L'arrivée du *Soren Larsen*, un énorme voilier en bois, du

XIXe siècle, aux voiles carrées et qui battait pavillon anglais, troubla notre solitude en déversant sa cargaison de touristes néo-zélandais.

Le vent soufflait de plus en plus fort, rendant le mouillage insoutenable, et il nous parut préférable d'affronter les coups de roulis pour nous réfugier sur le lagon d'Ureparapara. Le *Soren Larsen* fit de même. L'île est la bouche d'un énorme volcan et on y accède du côté nord par un étroit goulet. Les parois du volcan, très abruptes, sont couvertes d'une épaisse végétation et s'élèvent à plus de cinq cents mètres au-dessus de la mer.

Deux bourgades regroupent la totalité de la population, évaluée à environ cinq cents âmes. Celle de l'intérieur de l'anneau, Norbarbar, est plus grande que celle de la périphérie, au sud-ouest de l'île.

Les rafales de vent ne cessèrent d'augmenter jusqu'à la nuit tombante, pour atteindre les cinquante nœuds. Elles firent dériver le *Soren Larsen*, qui dut trimer toute la nuit pour se maintenir au mouillage. Les bourrasques durèrent trois jours, vaporisant l'eau en brouillard à l'entrée du volcan. L'ancre du *JoTaKe* remplit pleinement son rôle tout le temps que dura la dépression tropicale, et nous en profitâmes pour visiter l'endroit : les indigènes de leur côté en profitèrent pour s'épouiller les uns les autres et se pourlécher après avoir dégusté chaque pou qu'ils capturaient.

Joseph Tanmanwos, un jeune aux idées avancées qui vivait avec son épouse à l'écart du village, nous apprit à faire du feu en frottant ensemble deux bouts de bois, comme cela s'était toujours fait avant l'arrivée des premiers touristes. Ayant pris congé de lui et de son frère, à qui j'avais soigné deux énormes furoncles, nous appareillâmes par une mer peu agréable.

Les îles Santa Cruz, Vanikoro

À la tombée du jour, la mer, démontée, de plus en plus houleuse, s'intensifia au point de devenir infernale. Une multitude d'objets, jusque-là restés sagement à leur place sur le voilier, reçurent leur première humiliation : dormir par terre. Cette nuit-là nous ferlâmes les voiles pour ne pas arriver trop tôt à l'île suivante, Vanikoro, la première du groupe des Santa Cruz.

La barre à l'entrée nord-est du récif extérieur inspirait une grande méfiance, mais pire était la passe nord pour franchir la barrière de récifs. Embouquer nous prit plus d'une heure. Les vagues, de huit mètres, se brisaient derrière. Et, pour couronner le tout, un courant contraire de près de sept nœuds nous freinait considérablement. En réalité, nous reculions jusqu'à ce que la lame suivante nous pousse à une vitesse incalculable.

— Tous sur le pont, ici, à mon côté ! Et que tout le monde ouvre l'œil !

Je dus faire appel à tout mon sang-froid pour gouverner le voilier à travers le goulet. Les vagues déferlaient avec une telle violence qu'il nous était impossible de distinguer si c'était contre le courant, le fond de la passe ou contre quelque haut-fond. Difficile, sinon impossible, de le savoir ! Il n'y avait qu'un moyen : essayer.

— Allons, ma fille, sois gentille ! ainsi m'adressai-je au voilier. Comme ça, ma jolie ! et le catamaran décolla dans un surf impressionnant.

Il s'éleva d'abord jusqu'à la crête de l'énorme déferlante qu'il dévala ensuite tout du long. L'eau était absolument transparente ; on aurait pu affirmer qu'il n'y avait pas d'eau. En dégringolant le long de la vague, il nous semblait, telle était la limpidité de l'eau, que nous allions nous écraser contre les rochers et les coraux du fond de la mer.

Plus près de l'île, apparut un canoë avec l'un des fils du chef, Ben Tua, de la tribu buma, en compagnie du maître d'école, Francis, et d'une dizaine d'enfants. Les indigènes, au courant des difficultés de mouillage dans l'île, venaient aider, mais cela ne nous servit pas à grand-chose. Le *JoTaKe* dut se trouver un autre endroit, très loin du village et qui n'offrait pas une grande sécurité.

Au cours de l'après-midi, le canoë revint avec vingt-quatre nouveaux passagers qui nous apportaient un carton d'invitation pour la fête de Saint Pierre, patron de la paroisse, qu'ils célébraient le lendemain.

Nous sommes arrivés au hameau sur le canot auxiliaire alors que tout le monde était à la messe. Celle-ci se terminant, les autorités sortirent nous saluer sur le seuil de la paillote qui tenait lieu d'église. L'officiant, le lobe de l'oreille perforé d'un grand trou, y avait introduit un bouquet de fleurs long d'une dizaine de centimètres, comme s'il s'agissait d'un ornement mural. Certains avaient la bouche toute rouge, sanguinolente, et crachaient souvent ; d'autres, parés de fleurs et de plantes, sur la tête, aux bras, à la taille et aux jambes, ressemblaient à de vivants pots de fleurs. La plupart des paroissiens, femmes et hommes, de culture océanienne, exhibaient de nombreux tatouages de couleur bleu foncé, et aussi bien le prêtre que la majorité des fidèles avaient la bouche sanglante de bétel.

Puis le fils aîné du chef de tribu, Timothy, nous invita chez lui. L'habitation, tout en rondins et en paille, mesurait environ seize mètres carrés. Un des côtés était occupé par une soupente, en treillage, sur laquelle on avait étendu des nattes : c'était la chambre à coucher. De l'autre, une table avec deux casseroles, plusieurs revues rapportées d'un voyage à Honiara, ainsi que quelques effets personnels. Juste à côté, accrochés à une poutre, un petit arc et son carquois. Les flèches, faites de feuilles de palmier, étaient destinées à la chasse aux énormes chauves-souris de l'île – un mets exquis – dont les dents servent à fabriquer des boucles d'oreilles et des colliers.

On nous fit visiter le hameau. Tout y respirait l'ordre et la propreté, et nous voyions pour la première fois des paillotes à étage. Au centre, se tenait une sorte de vente aux enchères où l'on vendait des cylindres de bambou remplis de viande de tortue et des paquets de nourriture enveloppés dans des feuilles de bananier. L'argent était pour l'église ; la nourriture, pour le banquet.

On nous pria de nous asseoir par terre, devant une nappe de feuilles de bananier d'une quinzaine de mètres de long, au milieu de la longue file de convives qui se mirent à défaire les paquets qu'ils venaient d'acheter, pleins de racines cuites de toute sorte, de poisson et de viande de tortue. Celle-ci était préparée de deux manières : les têtes, les queues et les abats étaient cuisinés directement sur le feu, tandis que les parties plus nobles, coupées en morceaux, avaient été introduites dans un cylindre de bambou, obturé d'une poignée d'herbes, qui servait de récipient pour la faire cuire à la vapeur. On extrayait la viande au moyen d'une écharde prélevée sur le bambou.

Cinq adolescentes étaient assises en face de nous, parées, comme les invités, de colliers et de couronnes de fleurs. L'une d'elles sortit une tête de tortue d'une des cannes de bambou pour la lancer à une camarade, qui la reçut en pleine figure. Tandis qu'elles s'esclaffaient, la seconde jeune fille s'empara de la tête et commença à jouer avec. La tête avait un œil qui pendait, et les morceaux de peau squameuse, de couleur vert foncé, tombaient en lambeaux le long de son bras. Pressant alors le petit bout de cou de la tortue, elle lui faisait ouvrir et fermer la bouche, ce qui laissait voir un grand bec, comme celui du perroquet. La graisse, gluante et de couleur verte, dégoulinait sur son avant-bras. Soudain, comme par lassitude, prise de fou rire, elle lança cette tête à la figure d'une de ses compagnes. Mais celle-ci s'y attendait et l'esquiva à temps, non sans être éclaboussée, sur le visage et les seins nus. Prenant la chose avec humour, elle commença à sucer l'œil pour finir par la tête, au milieu des rires de ses camarades. L'équipage du voilier eut beaucoup de mal à dissimuler ses impressions !

Ensuite on desservit les « tables », et le sable fut nettoyé pour les danses tribales. La *tapa*, une écorce d'arbre traitée pour en faire un tissu jaunâtre et malléable, était le seul vêtement, avec une corde de fibre de coco en guise de ceinture, qui couvrait l'entrejambe des danseurs, tous de sexe masculin. Leur tête était ornée de couronnes de feuilles ainsi que leurs biceps et leur taille. Ils se mirent à danser en rond, autour du musicien, dont l'unique instrument était une canne de bambou de vingt centimètres de diamètre et d'un mètre trente de long, qu'il frappait, en cadence, sur un morceau de canoë placé sur le sol. Pour accompagner le chant, il lui arrivait dans certaines danses de frapper le canoë avec deux baguettes, comme un tambour.

Pendant ce temps, tout le village accompagnait le musicien en chantant. Quelques danses mettaient en scène des guerriers qui arboraient arcs et flèches, toujours de la main gauche, et crachaient à profusion le « sang » de leur chique de bétel.

Parfois, les femmes et les enfants formaient une ronde, autour du groupe de guerriers et se joignaient à leur danse. Jugeant que les pas n'étaient pas très compliqués, Mayi et moi fîmes de même, à la grande joie des assistants. Tant et si bien que nous étions sans cesse bissés, et seule la fatigue mit tout le monde d'accord sur un point : rentrer chez soi et dormir.

Il pleuvait à torrents et, en attendant l'accalmie, nous réparions la machine à coudre du chef, divers outils, un moteur hors-bord pour le village de l'autre bout de l'île, soudions des pièces, percions... mais il nous fallut renoncer à remettre en état une radio dont les circuits étaient brûlés.

Un crocodile assassin

Le retour du beau temps nous donna envie de reprendre notre périple et de changer d'île.

Laissant derrière nous les épaves de *La Boussole* et de *L'Astrolabe*, – frégates françaises qui, des siècles auparavant, sous le commandement de La Pérouse, avaient coulé sur le récif –, nous enfilions la passe au nord pour mettre le cap sur Utupua.

Il est surprenant de retrouver des populations polynésiennes sur les plus petites îles d'une région totalement mélanésienne. Utupua, en polynésien, signifie « pou de porc », et comme Ureparapara, est le cratère d'un volcan ; mais elle est entourée d'un magnifique récif qui assure sa protection.

Nous avons mouillé l'ancre au fond d'une baie, Basilisk Harbour, parfaitement abritée mais, en raison de la configuration des montagnes d'alentour, sujette à de très fortes rafales de vent. L'eau était noire du tanin des feuilles des palétuviers qui bordent la baie et des alluvions apportées par les ruisseaux qui s'y jettent. Soudain une espèce de tronc d'arbre de couleur sombre, donnant l'impression de dériver très lentement, apparut : c'était un grand crocodile d'eau salée, qui, à la stupéfaction de l'équipage, fit deux fois le tour du *JoTaKe* avant de disparaître comme il était venu.

À la tombée de la nuit une pirogue dépourvue de balancier, venant d'un village, nous apporta un message nous informant que la radio, seul moyen de communiquer avec la capitale, était tombée en panne, ce qui laissait supposer que l'antenne de l'émetteur était endommagée. On nous apprenait par la même occasion que, la baie étant infestée de crocodiles, la baignade y était déconseillée.

Le lendemain, nous nous rendîmes au village, Nembao, dont les trente chaumières s'alignaient le long de la passe, du côté nord de la baie. La plupart des adultes avaient la bouche rouge de bétel, et la denture en très mauvais état. La *custom beer*, la « bière traditionnelle », comme ils l'appellent, est une drogue douce, aux caractéristiques similaires à la coca, composée d'une sorte de datte, la noix d'arec, de chaux vive et des feuilles de poivrier, le bétel. Mastiquer ensemble ces trois composants a un double effet, euphorisant et anesthésiant. La réaction des enzymes à ce mélange fait prendre à la salive une couleur rouge sang.

Nous avons ressoudé l'antenne de l'émetteur de radio avec un fer improvisé, un gros clou chauffé sur un fourneau à pétrole, rechargé la batterie agonisante, pour aussitôt nous mettre en relation avec Honiara, la capitale de l'archipel des Salomon.

Les habitations étaient différentes de celles que nous avions vues jusqu'alors. La plupart étaient construites à un mètre au-dessus du sol, ce qui les isolait de l'humidité de la plage et permettait une bonne ventilation. Côté « rue », elles étaient dotées d'une terrasse pour se réunir aux heures où, malgré le bouclier protecteur des palmiers, la chaleur est suffocante sous un soleil de plomb. Les murs, de paille entre-tissée de plusieurs couleurs, et les toits en majorité de feuilles de palmier entrelacées et à double pente, donnaient à chaque maison un aspect totalement différent, bien que construites avec les mêmes matériaux.

Les constructions actuelles, d'inspiration occidentale, s'appuient sur une base carrée, mais la cabane traditionnelle a une assise ronde. Le village en avait encore quelques-unes qui servaient de logement provisoire aux visiteurs. Comme dans toutes les maisons du Pacifique, on enlève ses chaussures avant d'entrer. On enfume l'atmosphère pour que le palmier tressé dure plus longtemps – environ huit ans – et pour empêcher les parasites de faire leur nid dans la paille du toit. On allume le feu à même le sol, sur le sable, et les marmites sont suspendues au treillis du plafond, à plus de deux mètres de haut. On couvre la surface restante de nattes de pandanus, qui servent à la fois de siège et de couchage.

Au milieu du village se trouvait le cimetière, où on enterre les morts enveloppés dans une toile. Parmi les tombes, dont l'emplacement est simplement marqué de galets coralliens – parfois orné d'une croix de bois –, on en remarquait une pour sa stèle funéraire, un tronc sculpté sur lequel on pouvait lire : *Fritz Messerli. Berne. 7 juillet 1958. Tué par un crocodile. 14 juillet 1998. Athene new. Utupua/Île Salomon*. Le nom du voilier jouxtait une ancre sculptée et un voilier couronnait la stèle.

La nouvelle, diffusée par Radio Australia, avait fait dresser les cheveux sur la tête à tout le Pacifique. Et nous étions là, devant la dépouille du Suisse qui, cela faisait à peine un mois, avait été attaqué par un saurien. Les trous et les monticules de sable indiquaient que les crabes s'étaient déjà approprié la tombe.

Le voilier suisse, avec un couple à son bord, était arrivé à l'endroit même où maintenant se trouvait le *JoTaKe*. Les rafales de vent avaient fait dériver l'embarcation, qui s'était retrouvée la poupe à quelques mètres du récif. Fritz, faisant ni une ni deux, se jeta dans l'eau trouble, muni de ses lunettes, du tuba et des palmes et se dirigea vers la proue pour vérifier l'ancre. Puis il revint vers la poupe pour indiquer à sa femme, qui ne le quittait pas des yeux, qu'il allait essayer de voir à quelle distance se trouvait le récif. C'est alors que la femme vit la tête de l'énorme crocodile qui s'approchait. Elle cria en vain pour alerter son mari qui avait la tête sous l'eau. Le crocodile plongea, saisit Fritz par la jambe pour l'entraîner vers le fond. Après quelques secondes, qui n'en finissaient pas, la tête du Suisse surgit à la surface de l'eau, poussant des cris épouvantables, au milieu des tourbillons, de l'écume, du sang et des coups de queue du crocodile. Fritz fut attrapé une seconde fois par le reptile et disparut définitivement sous les eaux, devant les yeux horrifiés de son épouse.

Quatre heures plus tard, vers 20 heures, un canoë, qui revenait d'une journée de labeur dans la forêt, donna l'alerte au village, situé à cinq milles de là. Vers les 22 heures arrivèrent six canoës, chargés de tous les hommes disponibles, pourvus de torches pour essayer de trouver le cadavre. À minuit ils le découvrirent à deux cents mètres du lieu de l'attaque, entre les racines des palétuviers. Le crocodile s'offrait un festin avec Fritz quand les torches l'aveuglèrent ; effrayé par les cris, il s'enfuit au plus vite.

Au cadavre il manquait la jambe gauche, et il avait un bras pratiquement arraché de l'épaule. Le reptile avait dévoré tous les viscères, de l'estomac aux parties génitales, et commençait à briser les côtes pour se repaître des poumons quand il fut interrompu dans sa besogne. Les indigènes aidèrent la femme à ramener le voilier devant le village et enterrèrent les restes de Fritz dans le cimetière communal.

Le crocodile est aussi dangereux dans l'eau que sur terre. Dans l'eau, il nage comme un requin et s'immerge sans respirer durant quatre heures ou plus, s'il le faut. À la surface de l'eau, il ne laisse voir que les naseaux et les yeux, ce qui fait qu'on le confond facilement avec un vieux tronc d'arbre. Malgré son apparente immobilité et son allure pataude, à terre, il est capable d'atteindre une vitesse incroyable dès qu'il se dresse sur ses courtes pattes. Il ne laisse aucune chance à sa proie. Cet animal, vieux de deux cents millions d'années, est considéré comme un authentique chasseur d'homme dans une large zone à cheval entre le Pacifique et l'océan Indien. Comme seul moyen de freiner ce grave péril, le Département en charge de la faune des forêts australiennes préconise la chasse aux spécimens les plus dangereux.

Le plus grand massacre de crocodiles dont on ait entendu parler eut lieu pendant la Seconde Guerre mondiale, quand les soldats japonais battaient en retraite dans la jungle birmane, poursuivis par les Nord-Américains. Bruce Wright relate ainsi les événements dans son livre *Wildlife Sketches* : « Cette nuit-là fut la plus horrible de toutes celles qu'ait jamais vécues le membre d'équipage d'une embarcation militaire. Les tirs au rifle dans les marécages noirs comme la poix, les hurlements entrecoupés des hommes qui tombaient sous les mâchoires des énormes reptiles et l'inquiétant barbotage des crocodiles qui nageaient en rond, créaient une cacophonie rarement entendue en ce monde... Du millier de Japonais qui s'enfoncèrent dans la mangrove, seuls vingt furent retrouvés vivants. »

Cette nuit-là, l'équipage du voilier partit à la chasse. Nous remontions silencieusement le fleuve à la pagaie, en esquivant racines et branches. Les palétuviers formaient le long du fleuve une paroi quasi inextricable de racines et de branchages, qui faisait souvent obstacle à notre progression silencieuse. Pas le moindre rai de lumière ne filtrait. Sur le trajet, nous avons laissé de côté plusieurs cibles car, à en juger par la grosseur des yeux qui reflétaient la lumière de notre lampe, ils n'atteignaient pas la taille de celui que nous avions vu la veille, capable de tuer un homme d'une manière foudroyante. À deux kilomètres en amont, nous avons aperçu le premier grand crocodile : les yeux, comme des charbons ardents et de la grosseur de deux balles de ping-pong, indiquaient clairement sa présence. Tout doucement, nous nous sommes approchés sans provoquer le plus léger bruissement. Mais l'animal était sur ses gardes et, quoique aveuglé par le puissant jet de lumière, il plongea sans causer le moindre remous à la surface de l'eau.

Nous sommes retournés au voilier, ayant perdu l'espoir de retrouver le crocodile assassin. Nous allions nous coucher quand Urko dit :

— Je vais quand même jeter un dernier coup d'œil, on ne sait jamais.

— Merde ! Il est là où on l'attendait le moins ! On aurait pu passer toute la nuit à le chercher sur le fleuve !

L'animal n'avait pas mis longtemps à apprendre. Il avait associé le bruit des moteurs, de l'ancre, le clapotis des rames, celui des palmes, à la présence de l'être humain, proie facile et ripaille assurée. Il était là, tout près du voilier, guettant les gestes de l'équipage pour tomber à l'improviste sur sa proie.

Sautant à nouveau sur le dinghy, sans faire le moindre bruit, nous nous sommes dirigés vers les deux yeux, rouges comme des escarboucles. Le crocodile se trouvait en eaux peu profondes, sur le bord, près de la mangrove.

— Je sais déjà ce que tu veux faire, tu es très intelligent, susurrai-je. Mais je ne vais pas te laisser faire.

Conscient du handicap que représentait pour lui de lutter là où il se trouvait, et malgré le fait qu'il était aveuglé par le puissant projecteur, le crocodile tenta de gagner des eaux plus profondes. Mais Urko le suivit avec le dinghy. Il fallait lui couper la route, s'il réussissait dans sa tentative, nous ne l'aurions jamais.

— Tu n'y arriveras pas, dit Urko.

Malgré le balancement du youyou, j'essayai, à la proue, de pointer le canon de mon fusil sur les deux yeux qui se déplaçaient sur l'eau à une vitesse incroyable. Zigor, pour sa part, laissant la pagaie, se saisit du harpon baleinier basque, relié au canot par un long cordage.

Gardant mes distances, je pressai la détente. Le fusil fit *clic*, mais rien ne sortit du canon.

— *Kaka zaharra !* « Vieille merde ! » m'écriai-je.

— *Eta kartutxoak ere bai*. « Et les cartouches, c'est du kif ! » répliqua quelqu'un derrière moi.

Et alors que, au milieu de la nuit noire comme un four, le matelot de proue remplaçait les deux cartouches par des neuves, le crocodile arrivait à hauteur du canot qui lui barrait la route. J'ai tiré, mais sans réussir à atteindre la tête.

Traqué et blessé, le crocodile commença, avec ses soixante-cinq crocs, à mordre les têtes de corail, éclaboussant, écumant, et provoquant des vagues à faire chavirer le canot. L'impressionnant animal essaya de se faufiler sous l'embarcation pour passer de l'autre côté. Faisant le gros dos, il souleva le canot et passa en dessous dans l'espoir d'échapper au piège. Encore heureux qu'il ne se soit pas avisé de mordre le dinghy, ce qui ne lui aurait posé aucun problème.

Sur ces entrefaites, Zigor qui avait retrouvé son équilibre, leva le harpon baleinier et le lança si exactement qu'il le planta dans le dos du crocodile, lequel se mit à tirer le canot de toutes ses forces pour l'entraîner vers des eaux plus profondes.

Alors je fis feu à deux reprises sur la tête du saurien assassin, mais sans trop y croire, visant ce centimètre carré juste derrière les yeux, seul endroit vulnérable du monstre. Six charges de plus furent nécessaires pour en venir à bout. Il fit un bond spectaculaire d'un mètre de haut, puis retomba, inerte, juste à la limite des eaux profondes.

— Cette fois, c'est toi qui as perdu, lui avons-nous dit en pensant à l'ami Fritz.

Non sans une certaine méfiance, nous nous sommes approchés pour le remorquer vers le *JoTaKe*. Une fois sur place, mettant le youyou à couple, unissant nos efforts, nous avons hissé le cadavre sur le pont où il attendit jusqu'au matin.

Quand il fit jour, une fois l'événement immortalisé par nos caméras, nous nous sommes rendus au hameau. Comme à l'habitude, ce fut le groupe d'enfants en train de jouer sur la plage qui signala l'arrivée du canot, cette fois avec un passager de plus. En moins de cinq minutes, tout le village était venu là pour contempler le cadavre de l'ennemi si redouté. Nous avons fini par conclure un accord : les dents et la peau étaient pour nous, eux le dépèceraient et se partageraient la viande.

Il y en avait tant qu'on en fit aussi profiter les autres villages de l'île. Plusieurs dents étaient cassées ou fendues, à cause des têtes de corail que, fou furieux, il avait mordues quand il s'était vu pris au piège. Au cours du dépeçage, le chef du village et tout le conseil des anciens vinrent sur la plage pour voir la bête et exprimer toute leur gratitude aux chasseurs.

La chair du crocodile, pauvre en graisses, est très savoureuse. La poitrine et le cou ont goût de poulet, et la queue, dont le goût rappelle celui du poisson, a une texture semblable à celle de la langouste, quoique plus compacte.

Nous avons visité le hameau d'Avita, dont les habitants sont originaires de l'île de Tikopia, située plus à l'ouest que celle d'Utupua. À l'écart des routes de navigation, son mouillage difficile rend les visites rares.

Les villageois sont encore vêtus de *tapas* et, à cause du vent très fort, les maisons, une trentaine au total, sont si basses qu'il faut s'agenouiller pour y entrer. Une fois dedans, on ne peut s'y tenir qu'assis. En sortant, on ne doit pas tourner le dos à ses occupants, il faut, sur les genoux, gagner la porte à reculons.

Le lendemain, nous étions invités au village Asinboa,

de l'autre côté de la baie. Là, nous réparions plusieurs hors-bord, une tronçonneuse, et colmations le trou du fond de l'embarcation, de fibre de verre et six mètres de long, seul moyen de transport et de communication avec l'île la plus proche, la capitale de l'archipel, distante de soixante milles. Toutes les machines à coudre du village passèrent entre les mains de Zigor, orfèvre en la matière, les unes pour qu'il les répare, mais la plupart pour les réglages indispensables.

Un canoë était occupé à tendre en demi-cercle une natte tressée de feuilles de cocotier, en guise de filet, d'une centaine de mètres de long, commandé depuis la plage. À marée basse, l'engin baignait dans trente centimètres d'eau. C'est alors que tous les villageois, armés d'arcs et de flèches, s'approchaient du filet pour chasser le poisson retenu dans le demi-cercle. Adultes et enfants, hommes et femmes, même enceintes et sur le point d'accoucher, les seins à l'air, tous sans exception embrochaient sur leurs flèches le poisson du déjeuner.

Aussitôt, le chef du village nous invita à manger dans une chaumière. Assis sur le sable, on nous servit, au milieu des racines habituelles, des boîtes de *Solomon Taiyo*, qu'on ouvrit cérémonieusement. Les Japonais avaient installé sur les îles plusieurs conserveries de thon pêché par leurs propres bateaux dans les eaux de l'archipel, ce dont ils tirent doublement profit : du poisson, qui a pratiquement disparu de chez eux, et d'une main-d'œuvre locale très bon marché. Le produit de moindre qualité se consomme à bas prix sur place ; celui de qualité supérieure s'exporte au Japon.

De sorte que nous mangions des racines cuites et du thon en abondance, à la suite de quoi nous avons continué à réparer des machines, entourés d'une foule de curieux, qui avaient été cannibales durant la première moitié du XXe siècle et qui considèrent la pratique de la mécanique et de l'électronique comme des rites magiques, incompréhensibles.

À peine cinquante ans en arrière, la partie haute de l'île abritait encore deux villages de chasseurs de têtes. Ces dernières années, ces gens se sont peu à peu adaptés à la vie sur la côte et mélangés avec ses habitants. Ensuite, la forêt a gagné la bataille sur les constructions abandonnées du haut de la montagne, et le cannibalisme et ses sanctuaires ont péri, dévorés par une nature encore plus primitive qu'eux.

Après une brève pause arriva le vrai déjeuner, celui préparé par toute la tribu. À l'ombre de quelques arbres à pain, à l'excellent fruit farineux, la « table », de feuilles de bananier et d'une vingtaine de mètres de long, fut installée par terre, et tout le village y prit place. La table était bien pourvue. Du poisson en quantité, du poulet, des racines de toute sorte et quelques légumes cuisinés au lait de coco. Évidemment ne pouvait manquer à l'appel le riz blanc cuit à l'orientale, c'est-à-dire, avec si peu d'eau qu'en définitive vous avez un riz pâteux et en grumeaux, avec tout son amidon, et d'aspect écœurant pour les yeux occidentaux.

Après le repas vinrent les danses. Les hommes d'un côté et les femmes de l'autre, vêtus et parés de quelques rares feuilles, ils s'approchaient et s'écartaient les uns des autres sur deux files, jusqu'au musicien chanteur qui, avec un instrument à percussion, marquait le rythme tout en psalmodiant la légende des ancêtres. C'était le *wizard*, le sorcier, descendant direct des chasseurs de têtes des hameaux de la montagne, fidèle gardien des traditions ancestrales, qui, lors d'une vision, avait vécu ces danses multiséculaires qu'il tirait de l'oubli pour l'édification des futures générations. Nous étions les premiers Blancs à qui l'on permettait de voir la danse des vrais chasseurs de têtes. L'équipage du *JoTaKe*, à son tour, joua du *txistu* et de l'harmonica, chanta et dansa les traditions de sa région, en un intense échange culturel.

Ensuite, trois villageoises tressèrent des feuilles de palmier avec lesquelles elles confectionnèrent trois paniers qu'elles emplirent de racines comme cadeau d'adieu. La mer s'étant retirée à plus d'un kilomètre, afin de remettre à flot le canot, des volontaires des deux sexes l'y transportèrent, sur leurs épaules, pieds nus sur le corail tranchant, jusqu'à obtenir la calaison voulue pour lui permettre de naviguer.

8.

Adieu au Pacifique

L'archipel des Salomon

Au crépuscule, nous levions l'ancre d'Utupua, mettant le cap sur Honiara, dans l'île de Guadalacanal. Une mer calme et une légère brise de poupe nous garantissaient une traversée idéale, même s'il fallut avoir recours au moteur deux heures durant pour nous rapprocher de l'île de Santa Ana et profiter de la brise de terre qui se lèverait au cours de la nuit.

Au terme de quatre jours de navigation avec des vents très variables, nous sommes arrivés à Honiara. Au mouillage devant le club nautique, nous avons retrouvé le voilier *Bebinka* et son navigateur solitaire Alain Hoeneisen que nous n'avions pas revu depuis Kanton. Nous nous étions donné rendez-vous par radio pour que, avant d'appareiller pour le Japon, Alain m'aide à résoudre un problème d'ordinateur.

Honiara est comme une petite capitale de province qui se souvenait d'avoir vécu une des batailles les plus longues et les plus sanglantes de la Seconde Guerre mondiale. À mi-chemin entre le Japon et l'Australie, cette capitale est, stratégiquement, d'une importance vitale pour dominer le Pacifique. Sur toutes les îles, mais particulièrement sur celle-ci, on trouve des stocks importants de matériel militaire. Quelques jours avant notre arrivée, on avait découvert par hasard un grand magasin souterrain plein à craquer de surplus d'armement en parfait état de fonctionnement.

La population indigène porte son identité tatouée sur le visage. Selon la tribu d'origine, on observe une différence entre les signes gravés sur le front ou les joues. Le reste du corps est lui aussi abondamment tatoué de marques à caractère personnel.

Sur le port, nous avons vu un navire missionnaire – qui faisait également office de lieu de culte et d'hôpital – *The Island Mercy*, d'une centaine de mètres de long. Il appartenait à une puissante église protestante qui évangélisait l'âme des infidèles et soignait également leur corps, mettant à leur disposition six médecins bénévoles, plusieurs blocs opératoires, un cabinet d'ophtalmologie et deux cliniques dentaires. Tout était installé sur le navire, qui visitait régulièrement les îles dépourvues de toute infrastructure médicale. La coordinatrice médicale néo-zélandaise du bateau fit don au *JoTaKe* de matériel et de médicaments pour que nous les aidions dans leur tâche envers les malades, et particulièrement ceux qui souffraient de problèmes dentaires.

Malaita, une île corallienne située en face de Guadalcanal, est peuplée de villages lacustres. Elle possède un groupe extraordinaire d'une vingtaine de musiciens et de danseurs de tous âges, qui jouent d'instruments très originaux. Ce sont tambours, flûtes, flûtes de Pan doubles et simples, toutes sortes d'instruments de percussion, en bambous de différentes tailles et grosseur. L'instrument principal, une flûte de Pan, de plus de deux mètres de long, posée sur des trépieds, ressemble plutôt à l'orgue d'une vieille église.

Au terme d'un séjour de près de trois semaines, nous avons mis cap à l'ouest. Sur l'un des atolls où il visitait de vieilles ruines, Alain, qui se dirigeait vers le Japon, fut dépouillé de tous ses effets personnels.

Entre l'île de Sabo, haute et conique, et Guadalcanal, les eaux du détroit sont dangereuses à cause des courants contraires. Des oiseaux de la taille d'une poule y pondent leurs œufs à un mètre et demi de profondeur pour les faire couver à la chaleur du sable volcanique. Dans la tribu, chaque famille possède un espace délimité avec des pierres, et est propriétaire des œufs qui y sont déposés.

En route pour Marovo Lagun, notre prochaine escale, nous sommes passés par Kurimarau et les Russel, ravissantes petites îles, habitées par des sculpteurs sur bois. Dans le lagon, chaque village a sa spécialité, les uns sculptent des masques, ou des tables, les autres travaillent l'ébène.

Nous embouquions le Bili Passage et, à peine arrivés au mouillage, nous étions abordés par six canoës. C'étaient les sculpteurs à l'affût du touriste qui venaient nous vendre le fruit de leur travail. Ils montaient sur le pont pour exposer leurs statuettes, qu'ils apportaient enveloppées dans des chiffons pour les protéger. Mais ils ne montaient pas tout seuls, chaque fois qu'ils défaisaient les chiffons, une bande de cafards gros et petits s'éparpillaient sur le pont et couraient en tous sens en quête d'une cachette.

Le lagon est tranquille et propice à la navigation, parsemé d'îlots et de basses qui empêchent la mer de se former. Mais tout n'y est pas aussi rose : les gens sont corrompus par le tourisme pour riches, à la clientèle essentiellement nord-américaine et australienne, qui se fait une gloire de jeter l'argent par les fenêtres. Parfois les relations deviennent tendues avec les vendeurs abusifs, ce qui rend le séjour désagréable. Le village de Telina en est un bon exemple. Certes les sculptures y étaient excellentes, mais à qualité égale, leurs prix étaient trois fois plus élevés qu'à Honiara, la capitale.

À Gizo, le port le plus occidental des Salomon, nous nous sommes acquittés des formalités de sortie du pays. Le bureau de l'immigration était fermé, son unique fonctionnaire étant parti à la pêche. Il fallut donc attendre son retour pour qu'il puisse apposer le cachet de sortie sur les passeports. Nous avons visité Vella la Vella et fait une escale technique à Treasury, l'île au trésor.

À peine arrivés, nous étions entourés par une nuée de pirogues à balancier, remplies de gamins effrontés, accompagnés comme il se doit de leur contingent de mouches, aussi enquiquinantes qu'eux. Ces sales gosses devenaient agressifs si l'on n'accédait pas à leurs exigences de *loly, loly*, une espèce de sucette que les Australiens leur distribuent à la pelle partout où ils passent.

Le lendemain, nous faisions voile vers la Papouasie, avec un joli vent de poupe, de temps à autre interrompu par des rafales. Un beau *wahoo*, une sorte de maquereau, fut notre ordinaire pendant deux jours. Par tribord nous laissions Bougainville, dont la population civile était toujours en armes, bien qu'un accord de paix ait été conclu à l'issue de la guerre d'Indépendance, mais le pays n'offrait pas les garanties suffisantes pour qu'on puisse y séjourner.

Nous commencions à voir de nombreux cargos qui prenaient la direction nord-sud, ce qui nous fit redoubler de vigilance : nous étions sur la route Australie-Japon. Le vent se calma et nous avons mis les moteurs en marche pour lutter contre le fort courant. Entre les îles de Nouvelle-Bretagne et de Nouvelle-Irlande, la force du courant s'intensifia considérablement pour atteindre cinq nœuds au milieu du détroit. Nous nous rapprochions de la côte de Nouvelle-Bretagne en quête d'un contre-courant. Le sort favorisa le *JoTaKe*, et à midi, heure locale, nous doublions le cap Gazelle et embouquions vers Rabaul.

Papouasie-Nouvelle-Guinée

La Papouasie que nous allions visiter – indépendante de l'Angleterre et de l'Allemagne depuis 1975 – est une très grande île, entourée d'un grand nombre d'îlots pour seulement quatre millions trois cent mille habitants. On y parle entre sept et huit cents idiomes différents, chacun d'eux correspondant à une ethnie ou à une tribu, dont la couleur de peau oscille entre le noir mélanésien et le blanc cassé ou marron clair. Chaque groupe ethnique conserve ses rites, traditions et coutumes, ce qui fait de la Papouasie un lieu rêvé pour les amateurs de folklore : les Kukukukus, par exemple, sont d'authentiques chasseurs de têtes, mais les Barok se visitent mutuellement en songe. Le groupe ethnique hiri motu, intégré par cent cinquante mille individus, parle la langue du même nom, qu'on appelle aussi « langue policière », la police d'État l'ayant adoptée comme langue de travail.

Dès l'arrivée, Rabaul impressionne par sa beauté, dirions-nous, explosive. La ville est bâtie au fond d'une baie fermée, à l'entrée de laquelle deux volcans, telles des sentinelles, montent la garde. Heureusement l'un des gardiens dort, mais il n'en est pas de même pour l'autre, d'où émanent, en explosions constantes, de formidables colonnes de gaz et de scories qui s'élèvent à une grande hauteur, ce qui les rend visibles de très loin. Le volcan, en activité, entra en éruption en 1994, et depuis lors il n'a jamais cessé d'émettre des gaz, de la lave et des scories. La chaleur était étouffante, la poussière rend l'air irrespirable, et l'odeur de soufre augmente encore la suffocation. Les travailleurs portuaires qui n'ont pas pu quitter la zone doivent obligatoirement porter des masques à gaz.

En raison de la sédimentation des scories, la ville, située du côté opposé au vent, a vu son sol s'élever d'environ deux mètres. Tous les édifices ont leur rez-de-chaussée enterré, et comme la plupart ne comportent qu'un ou deux étages, ils sont finalement voués à disparaître. D'autre part, les toits ne sont pas conçus pour supporter l'énorme poids des cendres que le volcan y dépose peu à peu, ce qui à la longue provoque leur effondrement. Le petit yacht-club finit par trépasser, incendié et rasé par les éruptions du volcan.

Pour éviter les problèmes générés par la lave, la presque totalité de la ville s'est déplacée à cinquante kilomètres, sans pour cela éluder les fréquentes secousses sismiques de la zone. Deux petits hôtels administrés par des familles australiennes demeuraient ouverts pour les rares et téméraires touristes curieux de voir un volcan en activité. Le plus frappant, ce sont les tours métalliques, naguère les antennes de la radio, qui maintenant ne diffusent plus rien.

Le voilier s'intégra rapidement au paysage noirâtre. Le jour même de notre arrivée, sa blancheur immaculée se couvrait d'un manteau noir, la cendre s'infiltrait implacablement dans tous les recoins du voilier, s'immisçant jusqu'au tréfonds du pilote automatique dont elle encrassa les engrenages.

Pour un Papou, il est tabou d'avoir à prononcer son propre nom, ce qui explique que, se référant à eux-mêmes, ils emploient toujours la troisième personne.

— Comment t'appelles-tu ?

— Lui, il s'appelle Katipeto.

— Non, c'est à toi que je pose la question.

— Oui, lui, il s'appelle Katipeto.

De sorte que, souvent, il n'y avait pas moyen de vérifier s'ils se référaient à eux-mêmes ou à une tierce personne.

En appareillant pour la Nouvelle-Irlande, nous sommes passés tout près du volcan en éruption. En dépit des vingt mètres de fond et de l'absence de fleuves à l'entour, l'eau était de couleur chocolat tirant sur le jaune.

Le long de la côte sud de la Nouvelle-Irlande, il n'y eut pratiquement pas de vent, nous avons profité de la moindre brise de terre pour avancer sans moteur. Les gens des hameaux étaient beaucoup plus timorés que ceux de Rabaul, plus primitifs et aussi plus pauvres. La plupart couraient se cacher au passage du voilier. Les montagnes du côté sud, plutôt rocailleuses, étaient arides.

Nous faufilant parmi une multitude de petites îles et de chenaux bourrés de hauts-fonds, nous sommes arrivés à Kevieng avec une visibilité presque nulle et au milieu d'une forte bourrasque. La capitale de la Nouvelle-Irlande est une petite bourgade qui ne manque pas d'activité. Elle abrite entre autres une conserverie de thon dont elle tire l'essentiel de ses ressources, une école de pêche, deux banques, un hôtel, modeste mais confortable, et un supermarché où ne manque rien d'essentiel. Les gens sont primitifs et très hospitaliers.

Sur le comptoir de réception de l'hôtel, il y avait une tête de crocodile d'eau salée qui par sa taille, à peu près quatre-vingt-dix centimètres, devait correspondre à un animal de dix mètres. La plus petite de ses dents était comme mon pouce.

Le lendemain, après avoir visité le marché, nous appareillions vers les îles de l'Amirauté. Le vent nous accompagna durant le voyage, et le courant, d'un nœud, nous fut favorable. Peu avant d'arriver au phare le plus occidental de l'archipel, sur l'île de Nauna, nous passions tout près d'une énorme bouée, un cylindre de fer d'un mètre cinquante sur quatre, mouillé sans aucun balisage, probablement un leurre pour attirer le poisson et également un danger potentiel pour la navigation, surtout nocturne.

Il semblait que les bourrasques prenaient un malin plaisir à se présenter au moment de toucher terre. Ranbutyo est le nom de l'île que, sans pouvoir en deviner le contour, il nous fallut border au milieu d'une très forte bourrasque. Le calme revenu, nous jetions l'ancre sur une plage de sable blanc, complètement sauvage, avec des cocotiers jusqu'au bord. La plage était jonchée de conques de nautiles, ce céphalopode qui pour naviguer se soumet aux mêmes lois physiques que les sous-marins.

Manus est la plus étendue de l'archipel. Elle compte environ six mille habitants, est dotée d'un téléphone via satellite, alimenté par des panneaux solaires. Ses habitants s'adonnent à la culture de la vanille et du cacao, à la pêche et à la récolte du coprah. De nombreuses îles du Pacifique se consacrent à la culture de la vanille, une orchidée qui n'a pas besoin de terre pour pousser. Comme sur les récifs il n'y a pas d'insectes, la pollinisation nocturne des plantes, indispensable à leur reproduction, se fait à la main.

Éole faiblissait et, pour économiser du carburant, il fallait exploiter au maximum la plus légère brise. Quand le vent venait à manquer, nous faisions halte sur les récifs ou les îlots déserts du chemin pour pêcher dans des fonds sous-marins d'une ineffable beauté. Nous jouissions de la nature jusqu'à ce que le vent se lève à nouveau.

Au milieu d'une nuit, les voiles amenées, nous sommes partis à la dérive. Sous les rayons de lune, nous avons distingué la silhouette de la première du groupe Purdy, ces îles aux noms curieux, comme Rat, Chauve-souris, Taupe et Mulot. Petites et totalement désertes, elles se trouvent à mi-chemin entre les îles de l'Amirauté et le nord de la Papouasie-Nouvelle-Guinée.

Le côté au vent des récifs présente, en général, une plate-forme large et lisse, où la houle, sous l'effet du vent, ne laisse pas les coraux se développer. Il est impossible de mouiller à cet endroit. Il fallait donc gagner le côté opposé au vent où nous avons découvert une plate-forme similaire, signe que le vent alternait. Contournant l'île, nous avons trouvé un mouillage offrant un minimum de sécurité.

Quand le voilier courait un certain risque, un membre de l'équipage restait à bord tandis que les autres débarquaient pour explorer l'île. Au cas où débarquer à l'aide du youyou se révélerait impossible, le matelot de quart le pilotait jusqu'à une distance raisonnable, et là, entre deux déferlantes, les autres débarquaient ; l'eau leur arrivant parfois jusqu'à la taille, les mains au-dessus de la tête, ils tenaient l'appareil photo et la machette, en essayant de garder l'équilibre sur les arêtes coupantes du récif... Lors d'abordages plus mouvementés, par mer grosse, où le canot risquait de chavirer, nous y attachions un bidon hermétiquement fermé, comme ceux que nous avions utilisés dans la forêt guyanaise ou en Amazonie. C'est ainsi que nous avons débarqué sur l'île.

Une étroite frange de sable blanc en faisait le tour. Les cocotiers étaient chargés de fruits. En nous frayant un passage vers l'intérieur, nous avons trouvé des bananiers et des arbres à pain, preuve que l'île avait été habitée par le passé. À demi enterré dans le sable, près des bananiers, je découvris un coquillage. C'était une sorte de bigorneau, d'une dizaine de centimètres, travaillé pour en faire un outil coupant. Il sautait aux yeux que c'était l'œuvre d'un ancien habitant de l'île. Plus récente, probablement de la Seconde Guerre mondiale, nous avons trouvé l'ancre d'un vaisseau amiral, d'à peu près trois mètres de hauteur, en bon état de conservation. Au-dessus d'elle, en son milieu, un grand arbre avait poussé. Elle aurait sans doute pu nous narrer moult épisodes de guerre, de débarquements frustrés, d'attaques par surprise, de Néo-Zélandais, de Nord-Américains, de Japonais, d'Australiens, de l'horreur, de la folie humaine. La plage était jonchée de nombreuses carapaces vides de langoustes qui avaient mué, ce qui indiquait que le récif en était plein. La langouste dans l'océan Pacifique se pêche de nuit, à la lanterne. Il est excessivement rare qu'elle se laisse voir à la lumière du jour.

À l'inverse des autres îles du groupe, la Bat offre un excellent refuge, quoique difficile d'accès, pour la mer du nord. Le fond, de sable blanc, constitue un bon ancrage. Sur les autres îles, au mouillage médiocre, il y a des mouettes et des hirondelles de mer à foison, mais sur celle-ci, on n'y voit aucun oiseau. Peut-être fuient-ils les pêcheurs qui viennent se réfugier ici durant les tempêtes. L'eau est transparente, du côté opposé au vent, le récif est rempli de poisson et de coquillages. Les tridrachmes, bénitiers des églises, sont énormes ; avec un seul d'entre eux nous en aurions, à quatre, pour plusieurs jours. Malgré tout, nous n'avons pas le courage de sacrifier un tel animal.

L'île est un petit paradis, mais il fallait abréger le séjour, car bientôt nous risquerions de voir le vent du nord de la Papouasie tourner. Dans cette perspective, nous sommes repartis vers le nord de l'île la plus primitive et la plus mystérieuse, à la frontière entre les océans Pacifique et Indien.

La mort de près

La brise était si infime que le voilier ne dépassait pas les trois nœuds. À mesure que nous approchions de la grande île, les troncs flottants et les déchets végétaux se multipliaient. Il fallait constamment être sur ses gardes.

Avec un couteau bien aiguisé, je sculptais des silhouettes de poissons et de crocodiles sur un bâton. À la suite d'un faux mouvement, la lame glissa et vint se planter dans mon poignet, sur la face interne de l'avant-bras gauche. Au rythme des battements de cœur, le sang se mit à gicler de l'artère, teignant de rouge tout ce qui se trouvait à l'entour.

— Merde, cette fois-ci, c'est pour de bon. Mayi, je me suis coupé ! m'écriai-je, tentant de stopper l'hémorragie en pressant mon avant-bras contre ma cuisse gauche, tout en cherchant de la main droite une serviette ou un chiffon pour mieux tamponner la blessure.

— Mon heure a sonné ; c'est foutu. Je vais m'endormir, perdre connaissance et ce sera fini.

J'étais serein, mais j'avais le sentiment que, finalement, pour moi, c'était trop facile, car qu'est-ce que ma femme et mes enfants allaient faire de mon corps ? Nous sommes à cent cinquante kilomètres de toute terre habitée, ce qui au bas mot signifie deux jours de navigation, qu'ils mettent ou non le moteur. Ils n'auront sûrement pas le courage de m'envoyer par le fond, comme cela se faisait autrefois, je ne l'aurais pas moi non plus. Et il n'y a pas suffisamment de sel à bord pour me conserver. Avec une telle chaleur, en moins de deux jours, j'aurai commencé à me décomposer, et j'empesterai. Quand ils arriveront à terre, ce ne seront que formalités consulaires, paperasse, démarches et dépenses à n'en plus finir. Si, déjà, les formalités sont ce qu'il y a de plus odieux dans la navigation, alors, avec un macchabée en putréfaction à bord, je ne vous dis pas... Quelle est la représentation espagnole la plus proche ? L'ambassade de Sydney, ou le consulat de la Nouvelle-Calédonie, qui s'en remettra à Paris ? Quoi qu'il en soit, des semaines de paperasse avec des fonctionnaires qui n'ont jamais été confrontés et ne le seront jamais, à une telle situation, pourboires pour arroser toutes sortes de gens qui ne te comprennent même pas, et enterrement *in situ* dans le meilleur des cas... Combien de temps me reste-t-il à vivre ? À en juger par le flux de sang, tout juste quelques minutes.

Urko et Zigor, appelés d'urgence par Mayi, bondirent dans le cockpit. À ma mine décomposée, ils surent que quelque chose de grave était arrivé. La mare de sang les confirma dans leurs craintes.

L'espace de quelques secondes, tous les ennuis qu'allaient subir ceux qui restaient à bord défilèrent dans ma tête. Ce qui me gênait par-dessus tout, c'était cette sensation d'impuissance. Mais, à mesure que les secondes passaient, et que les pensées se succédaient, les plaquettes du sang déployaient une activité fébrile. L'avant-bras se mit à enfler démesurément. Quelque peu rasséréné, je tentai de les tranquilliser :

— Bon, dans la pire des hypothèses, il faudra poser un garrot et peut-être m'amputer de l'avant-bras ; mais pour cette fois encore, je l'ai échappé belle.

— *Aitá*, nous allons examiner la blessure, dit aussitôt Urko.

Et, écartant avec d'infinies précautions le bras que j'avais maintenu tout ce temps serré contre la cuisse, il examina l'entaille qui saignait, mais moins, plus à gros bouillons comme avant. C'était plutôt bon signe.

Il restait à vérifier l'état des tendons. Tout doucement, je m'efforçai de bouger, l'un après l'autre, les cinq doigts de la main. À notre grande satisfaction, on constatait que tous répondaient au signal que le cerveau leur envoyait. Certains étaient bien meurtris, mais c'était superficiel.

Ils bandèrent la blessure, pour arrêter totalement l'hémorragie. Tout l'avant-bras, très enflé, faisait horriblement mal. Je m'étendis sur le sol, à côté de la flaque de sang et j'essayai de me détendre.

De tout ce qui se passa par la suite, je n'ai gardé qu'un seul souvenir, celui de Zigor m'agrippant les chevilles pour tenir les jambes en l'air, tandis qu'Urko, agenouillé à mon côté, me tapotait le visage en disant : « Ça y est ! Il reprend ses esprits ! » Je m'étais évanoui.

Puis il fallut recoudre. Allongé sur la table de la salle à manger, sous anesthésie locale, on me fit cinq points de suture. Je fus longtemps le bras bandé et en écharpe, pour une blessure qui, une fois cousue, paraissait insignifiante.

À minuit, nous longions l'île de Vokeo. Verticale et inaccessible, c'est le cratère d'un haut volcan éteint. Nous pouvions voir trois autres îles-volcan ; deux étaient en éruption et leur rougeoiement parfaitement visible dans la nuit, l'une d'elles était Bau, l'autre était si récente qu'elle n'était pas encore cartographiée : sa position est latitude Sud 3° 37' et longitude Est 144° 49'. Plusieurs heures après avoir dépassé Vokeo, nous passions au-dessus du cratère d'un volcan sous-marin en activité. L'odeur de soufre était forte et la mer toute jaune. La température de l'eau monta de plusieurs degrés d'un seul coup.

À 4 heures du matin, nous étions en vue du cap Moen, au nord de la Papouasie-Nouvelle-Guinée. Le sillage du voilier prit soudain une couleur phosphorescente, en raison de la proximité du fleuve Sepic, aux eaux riches en plancton.

Wewak est une grande bourgade dont le port n'offre aucune sécurité. La population est de race négroïde ; leur nez est moins aplati que celui des aborigènes australiens. Tout comme s'il s'agissait d'une carte d'identité, les gens ont le visage tatoué des signes de leur île d'origine et de leur tribu, de même qu'aux îles Salomon. La majorité d'entre eux portent de nombreux autres tatouages, censés rehausser leur beauté. Le caissier de la banque où nous nous rendions pour changer de l'argent avait les cheveux crépus, coiffés en boule comme les Africains, et le lobe des oreilles percé de trous de la taille des pièces de cinq cents pesetas, étirés jusqu'aux épaules ; celui du guichet d'à côté avait la cloison du nez percée en vue d'y placer, durant les festivités, un os d'une vingtaine de centimètres de long, comme les cannibales des bandes dessinées.

La ville est le centre commercial de toute la zone. Des

embarcations en tous genres transportent les gens qui viennent des îles, et des points de la côte inaccessibles par voie de terre, jusqu'à ce village, et ils voyagent tous avec leur matelas, presque toujours de mousse, partie indispensable de leurs bagages. Dans la rue, les gens se saluent en bougeant les sourcils, le même geste qu'utilisent les Polynésiens pour dire « oui ». Comme dans les îles Salomon, la noix de bétel fait partie de leur vie, et le sol des rues est teint en rouge, couleur des crachats de la « bière traditionnelle ». Beaucoup d'hommes portent le lavalava, le traditionnel paréo du Pacifique, et un sac à main, ce qui nous parut très féminin. De même que dans les grandes villes, il faut ici aussi faire attention aux voleurs, qui n'emploient jamais la violence mais, en revanche, sont très habiles.

— Regardez là-bas, on dirait une baleine.

— Où ça ?

— Là-bas. Regarde comme elle saute sur l'eau. Il n'y en a pas qu'une ; il me semble qu'elles sont plusieurs.

— On change de cap ?

— Allons voir.

Dans un grondement de tonnerre, les cétacés, d'un poids de plusieurs tonnes, tout à leurs ébats amoureux, faisaient des cabrioles. Au crépuscule, leurs masses sombres, en retombant sur l'eau, soulevaient de grosses vagues.

Mais, comme s'ils éprouvaient une certaine pudeur, leurs jeux se faisaient plus discrets à mesure que le catamaran se rapprochait. Nous étions maintenant tout près, à cinq mètres, d'un énorme mâle. Il mesurait une quinzaine de mètres, autant que le voilier. Non loin de là, il y en avait un autre.

C'étaient des cachalots de l'espèce *Physeter macrocephalus*. Les femelles, un peu plus petites, étaient nombreuses, une quinzaine, mais il n'était pas facile de les compter car il y en avait toujours plusieurs d'immergées. Les jets de vapeur émis par leur respiration obliquaient légèrement vers l'avant, et sentaient la marinade, l'usine de conserves, la salaison. Mayi avait l'air préoccupé. « S'il prenait envie à une de ces bestioles de nous flanquer un coup de queue, bientôt nous ne serons plus là pour le raconter », songeait-elle.

Mais rien ne se passa. Le show se termina à la nuit tombante, et le *JoTaKe* poursuivit sa route vers Vanimo.

À midi, nous touchions Vanimo, petite bourgade limitrophe d'Irian Jaya, où nous avons accompli les indispensables formalités de sortie du pays. Elle dispose d'un petit aéroport sur les exploitations forestières de l'intérieur de l'île, seulement accessibles par voie aérienne. Quelques mois auparavant, toute la zone côtière avait été dévastée par un raz de marée, qui avait fait des milliers de victimes.

Il pleuvait presque tous les jours. Aux premières heures de la soirée surgit un fort vent d'ouest, contraire à la route du voilier, dont l'effet se prolongea jusqu'à la moitié de la nuit.

Irlan Jaya (Barat)

Profitant de l'absence de vent, nous avons appareillé à 3 heures du matin, cap sur Jayapura, où nous sommes arrivés à 2 heures de l'après-midi, après avoir franchi le méridien 141°, limite entre les États de Papouasie-Nouvelle-Guinée et d'Irian Jaya, la Papouasie sous domination indonésienne.

La ville est grande. Dans le style des métropoles modernes, elle aligne de grands ensembles et des centres commerciaux où il ne manque que les autochtones, toute la population du centre ville étant de race jaune, indonésienne ou chinoise. À l'écart de la baie, s'est réfugiée, sûrement depuis des temps immémoriaux, la communauté indigène de l'île, comme dans un ghetto.

Indigène était la population qui, nue et couverte de boue ou de haillons, pelletait et passait graviers et argiles à la batée. Tout à côté de la base militaire, elle fouillait les débris tombés à la mer lors des explosions à la mine du haut de la montagne. Le spectacle était fantasmagorique :

vieillards, femmes et enfants, tous de la même couleur marron malgré leur peau noire, tamisaient frénétiquement, dans leurs batées, le minerai, à la recherche d'une pépite d'or qui aurait échappé à la convoitise des chercheurs indonésiens. En haut, sur le gisement, les tirs de mines tonnaient sans répit.

Mais les autorités militaires arrivèrent et, avec elles, la bureaucratie. La machine bureaucratique se mit à boulotter de la paperasse. À mesure que, sur instructions du commandant de la base navale, le capitaine du port me demandait des documents énumérés sur une longue liste, dont il examinait soigneusement signatures, dates et timbres fiscaux, je les lui passais. Mais il en manquait un, un permis spécial pour traverser les eaux indonésiennes, qui ne pouvait être délivré qu'à Jakarta, la capitale, pour la modique somme de quatre cents dollars, et qui devait préciser pour chaque passage du voilier, le lieu, la date et l'heure d'icelui. L'obtenir nous aurait pris au moins une semaine. Impossible pour le voilier d'attendre tout ce temps, une semaine de retard pouvant signifier l'arrivée définitive des vents contraires sur toute la zone, auquel cas, la navigation vers l'ouest serait bien compromise.

Devant l'impossibilité d'obtenir ce document, on nous invita à quitter les eaux indonésiennes. Nous avons sollicité alors une autorisation de vingt-quatre heures pour acheter des vivres frais et faïre de l'eau, et cette requête nous fut également refusée. Après un tel manquement aux lois de l'hospitalité entre marins de la part des autorités indonésiennes, le *JoTaKe* abandonna immédiatement la ville.

La côte nord de la Papouasie baigne en eaux troubles, lesquelles charrient de nombreux troncs d'arbres à la dérive, en raison de la grande quantité de fleuves qui arrosent la région. La navigation y est donc très dangereuse. Le courant, qui jusque-là nous était contraire, devint favorable vers les cent trente-cinq degrés de longitude est, et le vent nous aida, par moments, à progresser vers l'ouest, jusqu'au détroit de Sagewin, où le courant vira à nouveau.

Mais le moral était au beau fixe ; nous avions franchi le Pacifique sur toute sa largeur et maintenant allions pénétrer dans l'océan Indien.

Les petits travaux de bricolage ne manquaient certes pas à bord. Hier, c'était le petit moteur du pilote automatique qui donnait des signes de faiblesse, et il fallait lui changer les charbons. Aujourd'hui, c'était le booster de refroidissement du moteur qui tombait en miettes et, faute de pièce, il fallait se contenter du booster de rechange du moteur Volvo et l'adapter au moteur Yanmar.

Le vent tourna et demeura contraire une semaine durant. Nous plongions sur des fonds merveilleux, dans l'attente d'un changement... puis nous attendions, et plongions, et nous languissions. Vingt jours déjà sur l'archipel des Moluques, et nous n'avions progressé que d'une cinquantaine de milles en direction du sud-ouest, vers Timor. Les îles étaient ravissantes, et les plongées extraordinaires, mais on ne pouvait pas en dire autant de la navigation, car dans ce domaine nous jouions de malchance.

Comme ces circonstances semblaient s'éterniser, nous avons décidé de mettre le cap sur les Philippines. De là, avec des vents portants, il était possible de descendre vers le sud par la mer de Chine, et longer la côte de Bornéo vers le détroit de Malaka. La proue du voilier pointa donc vers le nord pour refaire en sens inverse une partie du chemin que nous avions eu tant de peine à parcourir quelques jours auparavant, et pour la énième fois nous avons traversé l'équateur.

Ayant essuyé une forte averse, nous avons enfilé la baie de Gag. À tribord, sous un grand drapeau indonésien, s'alignait le petit village de pêcheurs, d'environ cinq cents habitants, dont la mosquée, surmontée d'une coupole de fer-blanc peinte en rouge délavé, torsadée et terminée en pointe, ressemblait à une glace à la fraise dans son cornet.

À bâbord, de l'autre côté de la baie, s'élevait un quartier aux maisons très régulières, presque toutes semblables, d'une couleur verdâtre et d'aspect militaire. Nous avons opté pour ce côté, un joli yacht à moteur y étant amarré au quai sur pilotis.

— Si ce sont des militaires, nous nous jetons dans la gueule du loup. Espérons que, pour cette fois au moins, Allah nous accompagne, me dis-je, tout en me dirigeant vers le joli yacht blanc.

Et Allah m'exauça. Nous avons accosté le quai de la BHP/PT, un champ de prospection de nickel de la plus grande compagnie australienne prospectrice de pétrole et de toutes sortes de minéraux.

Nous étions immédiatement invités à déjeuner dans les salles à manger de la compagnie. À la fin du repas, l'équipage du voilier proposa son assistance pour le cas où quelqu'un aurait besoin d'un dentiste.

— Attendez un moment, je reviens tout de suite, dit le directeur général du site en se levant de table.

Un quart d'heure après il revenait en disant :

— J'ai la permission de la Direction Générale de la Compagnie de vous proposer un marché. Nous pouvons vous fournir du gasoil, de l'eau, des vivres et des légumes frais en échange d'un rapport sur l'hygiène buccale des ouvriers prospecteurs.

— Marché conclu, lui répondis-je.

La semaine suivante fut très chargée. Tous les travailleurs de l'usine passèrent par la clinique dentaire installée dans l'hôpital pour y subir un examen buccal complet. Entre les *buka*, « ouvre », les *tutup*, « ferme », quelques *no saki*, « pas mal ? » et les *habis*, « terminé », la semaine y était passée.

Nous avons rédigé un rapport exhaustif sur ce que nous avions observé, en y ajoutant nos suggestions, et consacré le reste de la semaine à soigner les cas les plus urgents, ils étaient nombreux, tant à la compagnie prospectrice qu'au village voisin. Il y avait une armée de moustiques, et soixante pour cent des habitants étaient atteints de malaria.

Nous avons dormi toute la semaine dans les bungalows réservés aux visiteurs des installations. Nous disposions d'air conditionné, de matelas confortables et, surtout, de douches avec eau chaude à volonté, luxe dont l'équipage du voilier avait oublié depuis longtemps l'existence. À tous les repas, nos amphitryons nous gâtaient avec d'excellents plats typiques, élaborés par des cuisiniers indonésiens venus de Jakarta.

Les indigènes du village se rendaient à leur travail dans les champs, le visage peint en blanc, signe distinctif de beauté, avec un sac à dos rigide, en forme de tronc de cône, en osier et aux bretelles faites d'écorce d'arbre.

Les réservoirs remplis de gasoil et la réserve de vivres frais que le yacht avait rapportés la veille de Sorong, sur le détroit de Dampier, nous mettions le cap sur Halmahera, au nord, l'île aux contours capricieux, semblables à ceux de Sulawesi. *Terima kaxi*, « Merci », pour les marins du *JoTaKe*, ce fut une expérience extraordinaire.

La navigation fut bonne, si l'on fait abstraction des fréquentes et fortes bourrasques qui ne nous aidaient en rien à gagner le nord. Vers midi, en doublant la pointe nord de l'île Morotai, une formidable rafale de vent arracha l'enrouleur du génois et brisa une cadène, qui cogna et démolit tout ce qu'elle rencontra sur sa trajectoire jusqu'à ce qu'elle s'immobilise.

Le spectacle qui s'ensuivit était déprimant. Les glissières d'aluminium de l'enrouleur étaient tordues ou cassées ; la cadène, en acier inoxydable, avait cédé, probablement à cause d'une corrosion galvanique interne ; et le génois présentait une déchirure tout du long.

Nous avons tout de suite changé de cap, nous dirigeant sur une baie proche, à l'île Morotai, pour effectuer les réparations. Y accéder ne présenta pas trop de difficulté, malgré les nombreuses barres de corail à fleur d'eau. Une fois à l'intérieur de la baie, nous démontâmes tous les éléments endommagés pour entamer les réparations.

Après tout un après-midi de labeur, le soir venu, un canoë avec pas mal de monde, surgit d'une scierie voisine et s'approcha du voilier. À bord du canoë, personne ne parlait anglais. Un individu, en civil, se hissa sur le voilier sans mot dire et, une fois à bord, il répétait *polisi, polisi*, en se désignant lui-même.

— *Passports*, dit aussitôt l'individu.

Non sans une certaine méfiance, je les lui tendis.

Le personnage qui, comme nous pouvions le constater, savait à peine lire, rechercha parmi les mille cachets des passeports, un qu'il connaissait, celui de son pays. Comme, au bout d'un moment, il ne le trouvait toujours pas, désignant la terre, il dit *migrasi, migrasi*, « immigration ».

Évidemment, je fis comme si je ne comprenais pas. Montrant l'enrouleur et la voile déchirée, je lui dis en anglais :

— D'abord, nous allons réparer les dégâts, et ensuite nous partons pour les Philippines.

Le policier se faisait de plus en plus insistant : « *Migrasi, migrasi*. »

Moi, je m'en tenais mordicus à ce que je lui avais déjà dit. La conversation se poursuivit ainsi une dizaine de minutes, au bout desquelles, voyant qu'elle s'enlisait et que ce dialogue de sourds ne déboucherait sur rien, le policier choisit de se retirer, non sans nous avoir fait comprendre qu'il fallait vider les lieux le lendemain au plus tard. Je répondis en anglais que je ne partirais pas avant d'avoir fini la réparation, ce qui fit que le policier, nous ne savions pas si c'était par lassitude ou parce que réellement il n'y comprenait rien, remonta dans le canoë et s'en alla.

Ainsi en était-il de l'hospitalité des fonctionnaires indonésiens, lesquels, au lieu de prêter assistance aux personnes dans le besoin, s'ingéniaient à les importuner en leur demandant des papiers pour s'en débarrasser à tout prix. Deux jours après, tout étant parfaitement réparé, nous nous mettions en route pour Mindanao.

Aux Philippines

— Enfin ! L'Étoile polaire, m'exclamai-je le bras tendu dans la nuit qui venait à peine de tomber. Après toutes ces années sans la voir, elle faisait maintenant une timide apparition, à quatre doigts de hauteur sur l'horizon, à peu près huit degrés au-dessus du niveau de la mer. C'est là qu'elle nous attendait, là où elle était depuis toujours et où toujours elle resterait. C'était une grande nouvelle : nous étions sur un parallèle nord et nous approchions du bercail. Mais nous en étions encore très loin.

Les Philippines sont un chapelet de sept mille îles qui s'étendent de Formose à Bornéo, peuplées de soixante-sept millions d'habitants, aussi éloignés entre eux que peut l'être le fabricant de composants électroniques hypersophistiqués de l'homme du néolithique qui vit dans l'isolement le plus complet. Entre les îles se situe une des plus grandes fosses du monde, d'une profondeur de presque onze kilomètres, exactement dix mille sept cent quatre-vingt-treize mètres.

On pouvait déjà voir les rapides pirogues philippines, aux deux bords flanqués de balanciers, qui leur donnent l'air de grandes sauterelles, bien avant d'apercevoir la terre de Mindanao. Longues, construites en contre-plaqué d'okoumé, peintes de vives couleurs, elles sont pilotées par un seul homme. Pourvues d'un moteur central à essence, elles s'adonnent à la pêche au thon en groupes. Les noms de ces esquifs semblaient indiquer qu'ils venaient de villages de pêcheurs catholiques. Ils étaient écrits en très grandes lettres, comme pour bien marquer la différence avec les embarcations des bourgades musulmanes.

Durant une de nos haltes de la nuit tombante, nous avons reçu la visite d'un canoë de pêcheurs d'un village proche. Ils sortaient en mer à cette heure tardive, munis d'un système de pompe à air de leur conception. Un compresseur de freins de camion, lubrifié à l'huile de cuisine pour en amoindrir la toxicité pulmonaire, fournissait l'air comprimé, qui passait ensuite à travers un filtre à eau de ménage pour réduire la concentration en huile. Il n'y avait aucun réglage d'air, de tout ce qui leur arrivait dans la bouche, ils aspiraient le nécessaire et laissaient barboter l'excédent par la commissure des lèvres.

Ils pêchaient avec un fusil fabriqué avec plus d'ingéniosité que de moyens. Leur système d'éclairage sous-marin n'était pas banal non plus. À l'aide d'éléments couramment utilisés à la maison, ils avaient fait d'une vulgaire lampe torche un puissant projecteur halogène de douze volts. Ils avaient fourré tout cela dans une chambre à air de vélo pour en garantir l'imperméabilité.

Peut-être à cause de l'air vicié qu'ils respiraient, les pêcheurs lâchaient des rots entremêlés de pets sonores et odorants, sans paraître y attacher autrement d'importance. C'était pour eux un acte tout naturel. Ils formaient entre eux un solide orchestre d'instruments à vent.

Les patronymes de certains d'entre eux étaient Ruaya, Destajo, Morado, Enocenia, Marquizo. Un grand nombre de mots qu'utilisent les Philippins, particulièrement dans les provinces du sud, sont nettement castillans. Ils se saluent entre eux d'un *Cómo istás ?* Auquel l'autre répond, en tagalog, *Ma buti*, « bien ».

Quand on leur demandait s'ils parlaient tagalog, la langue indigène, ils répondaient :

— Le pêcheur de Zamboanga cause comme tout le monde.

Zamboanga est une grande ville du sud de Mindanao, où se concentre la tradition arabo-musulmane.

Entre Mindanao et Dinagat, le courant de la marée était très fort, d'une intensité au moins égale à celle de certains atolls du Pacifique, sinon davantage. Atteignant parfois plus de onze nœuds, il nous était favorable, et le moteur alors ne servait plus qu'à corriger le cap du voilier. Les transports locaux naviguaient en sens contraire, profitant des contre-courants côtiers, et bordant le rivage de très près, grâce à leurs moteurs surpuissants.

Lorsque le *JoTaKe* arriva au mouillage de Pintoyan, cette bourgade d'un millier d'habitants s'apprêtait à célébrer la Nativité. L'église, catholique, arborait ses plus beaux atours.

Le service de taxis urbains était constitué par une petite flotte de motos dont le siège arrière avait été élargi au moyen d'une grille, pour que trois passagers puissent y prendre place avec leurs marchandises.

Les canoës de la plage, les *bangkas*, étaient dotés d'ingénieux mécanismes qui rendaient hommage à l'imagination – entendez plutôt nécessité – des Philippins. Les hélices, en acier inoxydable et de fabrication artisanale, propulsaient les canoës à une vitesse de plus de vingt-cinq nœuds. Les manchons d'accouplement en caoutchouc entre le moteur et l'arbre de queue étaient des œuvres de haute technologie, réalisées par des gens qui ne savaient même pas écrire.

Sans nous avoir jamais vus, les habitants, d'une très grande amabilité, nous invitèrent à entrer chez eux et nous assaillirent de questions. Leur premier souci, en apprenant qu'Urko et Zigor étaient célibataires, était d'ameuter leurs filles et leurs voisines célibataires pour nous les présenter.

— *Selamat po.* « Merci », leur disaient Urko et Zigor, en balbutiant leurs premiers mots en tagalog.

Limasawa fut la première île des Philippines où les conquistadores espagnols plantèrent une croix. L'histoire raconte que le roi de l'île, non seulement avait prêté allégeance à la couronne de Castille, mais accompagné Magellan jusqu'à Cebú pour parlementer avec les rois de l'endroit.

Ils choisirent un lieu propre à recevoir l'enseigne de la chrétienté, une colline à laquelle on accède en escaladant quatre cent cinquante marches, bien entretenues, qui aboutissent à une croix d'une dizaine de mètres de haut. Au pied de l'escalier est blottie une petite chapelle musée, où sont exposés des tableaux représentant les conquistadores et des silhouettes en contre-plaqué d'okoumé, découpées et peintes, qui racontent des épisodes de l'aventure conquérante et évangélisatrice. Tout le temps passé à parcourir le quartier, du nom de Magellan, nous étions escortés par une cohue d'hommes et de femmes et, surtout, par une ribambelle d'enfants.

Après être montés à la colline sous un soleil implacable, nous avons cherché un bar où nous désaltérer, toujours accompagnés d'une importante escorte qui, ne nous ayant pas abandonnés durant notre promenade sous le soleil de plomb, n'allait pas le faire maintenant, à la terrasse ombragée du bistrot. Tout le village, auquel s'ajoutaient les gens venus des bourgades voisines, se joignit à nous pour vider les caisses de bière San Miguel, que les serveurs s'empressaient d'ouvrir alors que la précédente n'était pas encore vide.

La fête coûta une quarantaine de dollars américains, avec amuse-gueule pour petits et grands, biscuits, desserts, et tabac pour quelques profiteurs, sans oublier la marge bénéficiaire de cent pour cent encaissée par la patronne à titre de commission pour le change de devises.

Les habitants, à la mine réellement agréable malgré leur petite taille, se considèrent comme laids. Ils ont en horreur leur nez épaté et leurs cheveux noirs et raides, les mêmes que ceux de la race jaune si abhorrée. Ils sont mal dans leur peau bronzée, la race blanche européenne étant, selon la télévision omniprésente, le paradigme de la beauté. Tous convoitent ce qu'ils n'ont pas et ne savent pas apprécier leur propre richesse.

Le village de Maasin, à Leyte, était notre prochaine escale. Dans cet archipel, ce sont les hommes qui assument tout ce qui concerne la pêche, alors que, aux îles Vanuatu, Salomon et en Papouasie, c'est plutôt l'affaire des femmes. Bato, à une journée de navigation vers le nord, semblait appartenir à une autre île. Le grand trafic d'embarcations dénotait que nous nous trouvions dans une ville.

Les tricycles, vus mille et une fois à l'écran, pullulaient de toutes parts, avec, en guise de phares, leurs lampes à huile faites de boîtes de conserve. Les prostituées et les homosexuels offraient leur marchandise dans les rues, et les amis de rencontre vous accostaient avec des salamalecs à n'en plus finir pour vous demander toujours la même chose : de l'argent. Stéréotypes des grandes métropoles, copiés à moindre échelle par les bourgades aux prétentions citadines.

Sur le marché, on vendait des montagnes de poisson séché. Normal, sauf la taille du poisson, qui atteignait à peine deux centimètres. On saluait tous les Blancs de la même manière, d'un *Hi you*, souvenir évident de l'empreinte yankee sur les îles. Nous, l'équipage du voilier, répondions toujours en tagalog : *Magandan umaga po*, « bonjour ».

C'est dans l'île de Mactán, aujourd'hui centre commercial et port franc, que le chef Lapu-Lapu tua Magellan. Elcano prit alors le commandement de l'expédition et, parcourant la moitié du monde, guida les survivants à travers un territoire ennemi – portugais – puis, bordant le cap des Tempêtes, ou de Bonne Espérance, les conduisit jusqu'en Espagne. Sur le champ de bataille un monument est érigé à la mémoire de Magellan, et non loin de là, Lapu-Lapu a aussi le sien.

Dans l'île abondent les fabriques de guitares et d'ukélélés. Les tricycles, à pédales ou à moteur, sont le mode populaire de transport, à côté des *Jeepneys*, vieilles Jeeps de la guerre aménagées en microbus ; quoique microbus soit une façon de parler, parce qu'il y entre autant de passagers que dans un autobus de quarante places. La vie nocturne était des plus attrayantes : pour le prix d'une bière on pouvait assister à des numéros de strip-tease intégral, exécutés par de très jeunes adolescentes philippines, coréennes ou chinoises, à la peau brune ou blanche, toutes réellement belles. Les chauffeurs de taxi profitaient de l'occasion pour proposer leur « marchandise spéciale » sur catalogue, avec photos et spécialités incluses.

Dans le chenal entre Mactán et Cebú était ancré le voilier *Parsifal*, battant pavillon français, que nous connaissions depuis la Nouvelle-Calédonie, où nous avions travaillé ensemble. Il y avait une semaine que son moteur s'était déclaré en grève et il réparait. Jean-Jacques nous prêta des cartes des Philippines pour les photocopier et nous permettre ainsi de poursuivre notre visite des îles.

Vent en poupe et énormément de trafic sur le chenal, nous faisions route vers Tambobo, au sud de l'île de Negros, où nous avions prévu de relâcher. Les transbordeurs catamarans de la compagnie Aboitiz, dont les propriétaires sont des Basques de la seconde génération, passaient à une vitesse de plus de trente nœuds.

L'entrée de la baie ne se voit pas tout de suite, il faut d'abord dépasser les récifs, et là, enfiler le goulet pour deviner le splendide et sûr mouillage. C'est dans ce havre de paix que les Blancs, Allemands, Australiens, Néo-Zélandais, Suisses, etc., ont leurs résidences, écologiquement camouflées. À l'âge de la retraite, ils épousent de très jeunes et ravissantes Philippines, et s'installent ici pour le restant de leurs jours. Les Philippines, ainsi, assurent leur avenir et échappent à la misère.

Dumaguete, la capitale de Negros, est une grande ville, où le *JoTaKe* pouvait trouver tout ce dont il avait besoin. En allant de Tambobo à la capitale, nous avons traversé Siaton, petite ville provinciale, en moto-taxi, qui peut transporter trois passagers adultes. Partout, il y avait du riz mis à sécher. Toute surface de ciment, comme la cour d'une école en vacances ou le seuil empierré d'une maison, était avidement exploitée à cette fin.

Avec Niki et Arlène, propriétaires d'un petit bar, construit sur des pilotis de manglier et de bambou, nous nous sommes rendus à un hameau tout proche pour participer à la fête de l'Enfant Jésus. Les gens y arrivaient à pied, en moto-taxi, ou montés sur de petits chevaux, aussi petits qu'eux. Dès potron-minet, et selon les moyens de chacune, les ménagères cuisinaient dans toutes les maisons pour quiconque voudrait s'inviter à manger. De sorte que, à la sortie de la messe, nous avons défilé dans les maisons, simplement en curieux, pour voir comment ils vivaient.

Les festivités débutèrent par une messe dans la petite chapelle dédiée à l'Enfant Jésus. Vinrent ensuite les jeux de hasard, les combats de coqs, les jeux d'adresse, etc., jusqu'au soir, où s'ouvrit le bal avec un orchestre qui faisait un boucan de tous les diables et qu'on entendait à des kilomètres à la ronde.

Nous n'oublierons jamais le vieux père de Dorotea, la patronne du bistrot de la plage, ridé comme une vieille pomme, la vivacité de ses yeux bridés de Philippin, le grand chapeau conique de paille, la chemise et le pantalon bouffant, rentrant des champs de riz sur le dos d'un kérabau qu'il guidait avec une corde en guise de rêne, attachée à l'anneau qui traversait la cloison nasale de l'animal.

Après avoir réparé les dentures d'Arlène et des filles de Dorotea, nous levions l'ancre pour le nord-ouest, en contournant Negros. La baie de Campomanes, où le *Sara* était au mouillage, avec à son bord nos amis de Hong Kong, fut notre dernière escale. Les gens du bord de mer étaient d'une grande amabilité ; mais sur les collines qui entouraient la baie, les habitants vivaient presque à l'âge néolithique et prenaient la poudre d'escampette à la vue de l'homme blanc.

La traversée jusqu'à Cuyo fut assez secouée, en raison du fort vent, du peu de fond de la zone où la sonde marquait tout au plus trente mètres, et des contre-courants, qui mettaient la mer en folie avec des vagues déferlant de toutes parts. Le *JoTaKe* était secoué comme rarement auparavant. Une dizaine de milles avant d'arriver au port, on nous a fait signe d'un canoë. Nous avons eu peur d'avoir affaire à des malfaiteurs, mais néanmoins, nous nous sommes approchés pour leur prêter assistance. Tous les pêcheurs, cinq au total, avaient la tête couverte, les uns de chiffons, selon l'usage arabe, les autres de passe-montagnes. Impossible de les reconnaître au cas où ils commettraient quelque méfait. Je les pris en photo, puis nous les avons remorqués au port avec un vent debout de tous les diables. Reconnaissants, ils nous firent cadeau de poisson.

Cuyo est une petite agglomération où tout le monde se salue. Ses maisons sont en dur et elle compte une demi-douzaine de rues asphaltées dans lesquelles circulent des voitures aux carrosseries en acier inoxydable, authentiques curiosités, du jamais vu pour des yeux européens.

Vestige du passé, Cuyo conserve une forteresse, construite par les Espagnols au milieu du XVIIe siècle, c'est la première église de l'île. Le plus surprenant, ce sont les bombardes d'époque, à côté desquelles ont été placés des saints et des vierges grandeur nature, si bien qu'on croirait les voir allumer les mèches. Derrière l'abside, entre le mur du maître-autel et la muraille du chevet, de petits autels sont réservés aux fidèles qui viennent se flageller, revêtir le cilice, se donner des coups de fouet et se torturer physiquement.

Les funérailles se déroulent en grande pompe. En tête du cortège, un vieux camion de transport au plateau découvert, sans toit ni hayon arrière ; au milieu du plateau, on installe le cercueil du défunt. De chaque côté, assis sur de longs bancs posés contre les ridelles, les parents. Derrière le camion, à pied, suivent en longue procession amis et connaissances, tous en grande conversation, comme cela se passe dans les petits villages où tout le monde se connaît. Fermant la marche, un tricycle à pédales, équipé d'un mégaphone alimenté par une batterie d'automobile, qui répète inlassablement jusqu'au cimetière la chanson *No volverán tus ojos a mirarme, yo ya me voy*[1]... Impressionnant.

Ces derniers jours, la mousson soufflait fort, et l'équipage du voilier en profita pour visiter l'île. La mousson commençant à donner quelques signes d'accalmie, nous sommes repartis aussitôt pour Linacapan. Mais la mer étant toujours aussi démontée, la traversée fut secouée ; le fort vent de travers nous obligea à prendre de plus en plus de ris. Malgré tout, nous sommes arrivés vers minuit pour jeter l'ancre du côté opposé au vent, alors que j'avais

1. *Tes yeux ne me regarderont plus, je m'en vais pour toujours.* (N.d.T.)

prévu de n'arriver qu'au petit matin. La mousson soufflait encore très fort.

L'île, aux formes capricieuses, est dotée de mouillages sûrs. C'était la léproserie des Philippines et, bien que les lépreux y soient en voie de disparition, elle est toujours en butte à l'apartheid. Tongar, le petit village où nous avions accosté, comptait tout juste cinquante familles et aucune route ne le reliait aux autres villages. L'unique voie de communication était la mer. Beaucoup de gens étaient occupés à réparer les maisons détruites par le récent typhon, qui en avait rasé une grande partie. L'école avait été épargnée, et cent cinquante enfants la fréquentaient. Il y avait également un local, mi-cantine, mi-vidéoclub, où, pour une poignée de pesos, on passait des films sur un écran de télévision, comme au cinéma. La misère était palpable. Les villageois, très sympathiques et nous nous comprenions sans problème. La plupart ne parlaient que le tagalog, l'anglais étant seulement utilisé par une infime minorité.

À la différence de leurs congénères de Cuyo, atteints de gale, on voyait, à proximité des maisons, beaucoup de chiens au pelage sain, qui servaient pour la chasse. En mer, les pêcheurs s'encapuchonnaient pour se protéger du soleil, comme presque tout le monde aux îles Philippines.

Palawan est une île de forme allongée. Sa capitale a un nom castillan, Puerto Princesa. Sa façade ouest donne sur la périlleuse mer de Chine, par où le *JoTaKe* descendrait vers Bornéo, l'île des pirates, et de Sandokán.

Le voilier fit sa première escale à Diapila Bay, où les proues des canoës exhibaient de très hauts avant-becs. Toutes les constructions étaient en cannes de bambou, exception faite de la municipalité et de l'école, en blocs de béton, qui servaient d'abri durant les typhons.

Au début, les gens couraient se réfugier dans leurs cabanes dès qu'ils nous voyaient. Les jeunes filles se cachaient, délibérément, et ne risquaient un œil qu'au moment où le canot quittait la plage. Réminiscence de l'époque où les tribus côtières ravissaient les femmes pour améliorer la race avec du sang neuf ?

Sur la mer de Chine

Nous faisions voile, longeant Palawan, en mer de Chine, avec des vents portants et en esquivant d'innombrables récifs, en compagnie du *Sara*, car sur le trajet de Hong Kong aux Philippines, ils avaient vécu deux fâcheuses expériences avec des pirates et ne souhaitaient pas naviguer seuls dans cette zone. Entre-temps, à Surigao, par où nous étions passés peu de temps auparavant, la pluie torrentielle, les inondations et les éboulements avaient fait soixante victimes.

Nous nous sommes arrêtés à Albaguen et Capsalay pour y passer la nuit. Le récent cyclone leur avait également rendu visite. Elles n'avaient en revanche jamais eu celle d'un dentiste ; le plus proche, dont les tarifs étaient inabordables, se trouvait à deux jours de voyage. Un cabinet de consultation fut installé dans le cockpit du *JoTaKe*, et en une seule journée vingt-trois extractions de molaires ou de leurs chicots, cinq obturations et deux dévitalisations furent pratiquées. L'épouse – italienne – d'un haut représentant des Nations unies, qui vivait de l'autre côté de la petite île, envoyait les patients et nous secondait dans notre tâche. En quittant sa villa pour rejoindre le voilier, elle fermait les portes à double tour afin que les singes ne profitent pas de son absence pour y pénétrer et rendre visite au réfrigérateur.

Tout au long de la traversée jusqu'à Kudat, les bourrasques se succédèrent, plus particulièrement dans le détroit de Balabac où, par deux fois, le *Sara* donna de la gîte et finit par démâter. En Malaisie insulaire, à Bornéo, le *JoTaKe* eut son premier contact avec des villages musulmans malaysiens.

À Kudat cohabitaient Chinois, Malaysiens, Hindous et plusieurs tribus nomades. À côté des innombrables mosquées et temples hindous, nous voyions pour la première fois une vraie pagode chinoise, d'une fascinante beauté, avec un Bouddha énorme et ventru, et des dragons aux têtes multiples et aux griffes démesurées, tous peints de couleurs criardes, où prédominaient le rouge et le jaune. Sur l'autel principal, les trois dieux, tous plus laids les uns que les autres : du bien-être, de la richesse et de la longévité. Sur tous les murs, des représentations de la vie de Bouddha, également peintes de couleurs vives.

Tout comme à Cebú, aux Philippines, les villages lacustres côtoyaient les cités de béton. Les rues, en planches non équarries, s'appuyaient sur des poteaux de bois imputrescible qui n'avait jamais connu de peinture et alignaient, au cordeau, les maisons aux murs de bois et aux toits de fer-blanc, adossées les unes aux autres pour économiser murs et espaces. Dans chaque faubourg, l'une d'entre elles tranchait sur les autres par ses murs aux couleurs pastel et une tour surmontée d'un minaret qui rebiquait en pointant vers le ciel. C'était la mosquée, le centre névralgique de toutes les activités du quartier.

L'aube était encore indécise quand le muezzin, de sa voix tonitruante amplifiée de surcroît par un mégaphone dernier cri, appelait les fidèles à la prière, leur répétant *Allah wakbar*, « Allah est le plus grand ». Le *JoTaKe* était ancré face au village de palafittes, à deux pas de la mosquée, et nous nous délections des mélopées matinales et vespérales du muezzin, aux airs mi-arabes, mi-grégoriens, qui avaient pour nous la saveur des *Lamentations de Jérémie*, cantique de la Semaine sainte.

Le saucisson acheté sur le marché, fait par des Chinois, était d'un goût sucré très prononcé.

La navigation jusqu'à Kota-Kinabalu, la capitale du Bornéo malaysien, se déroula dans d'excellentes conditions. La zone était infestée de crevettiers qui pêchaient au chalut, mais ici, contrairement à ce qui se passe dans les pays dits civilisés, le désastre écologique causé par les bateaux était moindre car il n'y avait pas de gaspillage. La chaîne de récifs empêchait de mouiller l'ancre devant la capitale, ce qui nous dérouta sur la baie Gayana, à une heure de navigation. L'hôtel de luxe installé dans des bungalows d'allure indigène offrait, pour un prix modique, eau potable, douches et mouillage doté de corps-mort ;

avec en plus une navette vers la ville, sur un joli yacht, disponible à tout moment.

Labuan, voisine du sultanat de Brunei, est une île où tout respire l'opulence et l'argent du pétrole. Le litre de gasoil était à 0,17 cents de dollar US. Mais l'argent ne fait pas tout, et la qualité de vie laissait particulièrement à désirer. Côte à côte avec des complexes résidentiels dernier cri, on voyait des maisons de bois sur pilotis. Sur les principales avenues, les collecteurs et les égouts étaient à ciel ouvert, dans des tranchées profondes d'un mètre ou plus, ce qui représentait un risque évident pour les piétons. Les poubelles, dans l'arrière-cour des édifices publics et des hôtels, empestaient à des centaines de mètres à la ronde. Ainsi sont les nouveaux riches.

Durant la traversée de la mer de Chine, de Brunei à Singapour, il fallut constamment rester sur ses gardes en raison des innombrables puits de pétrole, pour certains, déjà abandonnés et sans aucun balisage. Au terme de cinq jours de navigation avec un vent mou, nous embouquions de nuit le détroit de Malaka, au milieu de centaines de navires de tout tonnage, pour la plupart des pétroliers qui entraient et sortaient.

Située à l'entrée du détroit, Singapour est une île moyenne, d'à peu près six cents kilomètres carrés. Ancien domaine de chasse du sultan de Johor, elle fut achetée par la Compagnie des Indes occidentales, et c'est aujourd'hui une des zones commerciales les plus riches du monde. Elle doit cette prospérité à ses immenses installations de raffinage de pétrole et au commerce des Chinois. On pourrait la définir comme un pays en plein XXIe siècle, partagé d'un côté entre ses raffineries de pétrole et de l'autre ses centres commerciaux et grands ensembles résidentiels. Des deux côtés, ce sont les Chinois qui donnent la note de couleur.

L'État, totalitaire, a réussi l'impossible en exigeant, des quartiers chinois et hindous, malais et tamils, une propreté méticuleuse. Les affiches montrent clairement comment il y a réussi : les fautes contre l'hygiène sont durement sanctionnées. S'embrasser en pleine rue, se promener en mangeant un sandwich, mâcher du chewing-gum ou jeter un mégot sur le sol, sont punis d'amendes frisant les mille dollars, payables sur-le-champ en liquide, faute de quoi le contrevenant est condamné aux travaux forcés ! En revanche, le code de moralité de n'importe quel commerçant européen s'arrête aux portes de Singapour. Au quatrième étage de la Sim Lim Tower, le centre mondial de l'informatique, nous avons essayé de faire réparer le disque dur de l'ordinateur, mais un Chinois et un Hollandais se concertèrent pour fiche en l'air la réparation et nous arnaquer sans vergogne.

Sur le panneau d'affichage du Changi Yacht Club, on pouvait lire une mise en garde contre les pirates. Au mois de janvier, sur le détroit, trois voiliers ont été pris pour cible, le premier à Pulau Tacon, le second à Philips Channel et le troisième à Buffalo Rock. Comme quoi, il y a toujours des pirates !

Après avoir navigué toute une journée à contre-courant pour faire le tour de l'île de Singapour, constamment contrôlés par des patrouilleurs côtiers qui se relevaient dans leur mission, nous poussions un soupir de soulagement en entrant à nouveau dans les eaux malaysiennes. Nous préférions les forêts vertes à celles de béton, nous nous y sentions mieux dans notre peau.

Quelques jours plus tard, nous recevions la première tempête du détroit, un vent très violent appelé sumatra. Un nuage, comme un énorme cigare noir, accompagné de vents à plus de cinquante nœuds. Nous affourchions sur quatre ancres, mais aucune d'elles ne voulut prendre sur le fond de fange molle, et une vague constante, très courte mais de trois mètres de haut, nous fit dériver sur plus d'un mille. Par bonheur, six heures après, le vent s'apaisa pour disparaître tout à fait.

Les coraux, abondants, devaient regorger de poissons. Il fallait les esquiver, car ils dénotaient des hauts-fonds. Le pire, c'étaient les filets flottants, rarement signalés par des fanions. Généralement, une bouée à fleur d'eau et cachée entre les vagues – une bouteille ou un morceau de polystyrène attaché avec une ficelle – était le seul indice de leur présence. Parfois la bouée, ou le morceau de polystyrène, était simplement remplacée par une canne de bambou, à laquelle on avait attaché une pierre à l'extrémité inférieure pour qu'elle flotte verticalement. Afin que les filets ne s'accrochent pas dans les quilles de dérive ou dans les hélices, la solution était de naviguer constamment en zigzag en essayant de vérifier où ils commençaient et dans quel sens ils étaient tendus.

Pétrole, pétroliers, navires marchands, gabares, grandes barcasses, remorqueurs gigantesques traînant des plates-formes de forage, tout cela circulant sur un couloir, parfois pas très large, jalonné du côté malaysien d'une infinité de casiers de pêcheurs, et du côté Sumatra, de pirates et de pêcheurs misérables, toujours sous la menace des sumatras, les terribles coups de vent, pourrait être le résumé d'une navigation sur le chenal le plus fréquenté du monde.

Le quartier chinois de Malaka est très étendu, et nombreux sont les vestiges qu'y ont laissés les Portugais. Le port, si tant est qu'on puisse l'appeler ainsi, situé à l'entrée du fleuve, est exigu et toujours rempli de jonques chinoises ventrues, dont les voiles ont été remplacées par d'énormes moteurs de camion adaptés à leur nouvelle fonction. La baie n'est pas bien abritée, ce qui ne l'empêche pas d'être celle de tous les trafics. Depuis la nuit des temps, mais surtout depuis 1402, année de sa fondation par le prince Paramesvara, sous ses aspects modestes, cette ville est le point de ralliement des meilleurs négociants du monde entier. Soieries, épices, tout le commerce passait par là.

C'est là qu'est mort saint François-Xavier, arrivé agonisant des portes de la Chine, d'où les autorités l'avaient repoussé. Postérieurement, ses restes furent transférés à Goa, où il avait demandé à être enterré.

Cette époque glorieuse est révolue et la Melacca d'antan a perdu de son importance mais son prestige historique demeure intact. Aujourd'hui les tricycles, les vélos à side-cars décorés avec goût, pullulent de toutes parts promenant leur lot de touristes, et ont remplacé les antiques chars à banc tirés par des kérabaus.

À Port Dickson, important terminal pétrolier, nous avons fait escale pour passer la nuit. Nous avons jeté l'ancre devant le village de pêcheurs, côte à côte avec des bateaux sans peinture, les tarifs par trop élevés nous interdisant le mouillage du yacht-club, le meilleur de toute la Malaisie et probablement l'un des plus luxueux au monde. Pour le même motif, par stratégie navale, Pelabuan Klang fut l'escale choisie pour le voilier. L'énorme port, le plus proche de Kuala Lumpur, la capitale de la Malaisie, est installé sur un grand fleuve. Pour la première fois depuis longtemps, nous avons mouillé dans un yacht-club ; il n'y avait nulle part ailleurs où jeter l'ancre et en plus il fallait acheter du gasoil.

En route pour Penang, les radios restèrent totalement bloquées, à cause de l'électricité statique. On n'entendait rien d'autre qu'une rumeur sourde ; les antennes, en haut des mâts, émettaient des bruits bizarres. À un moment donné, Mayi avança vers la proue, se saisit d'un hauban, ce qui eut pour effet de l'horripiler, au sens premier du terme, on aurait dit un porc-épic. Et elle le fut, tout court, quand elle se vit dans le miroir que je lui tendis, elle était méconnaissable.

Notre escale suivante fut Penang, une île où coexistent les quartiers chinois, majoritaires, avec les musulmans, les Hindous et les Malaysiens. L'île est reliée à la terre par un très long pont. Nous sommes passés sous la plus haute de ses arches pour mouiller en face d'un quartier de palafittes, où le jusant pouvait témoigner de la difficulté à embarquer quand le canot se laisse prendre dans un bourbier agrémenté d'un tas de ferrailles pourrissantes, cordages, câbles, boîtes de conserve et détritus en tout genre. Un temple chinois, dont le porche, plein de motos, exhibait la pancarte « Interdit aux motos », dominait le faubourg, auquel on accédait par un long couloir de planches sur des pilotis cloués dans la boue.

Le quartier chinois était impressionnant. Sur chacun des poteaux qui soutiennent les maisons, il y avait un autel où les divinités recevaient sereinement les offrandes, des fruits, le plus souvent, et inévitablement un petit tas de baguettes d'encens, dont les odeurs concurrençaient celles exhalées par les conduits nauséabonds et à ciel ouvert des égouts.

Malgré le fait que les Chinois s'y trouvaient en majorité, les voix amplifiées d'une demi-douzaine de muezzins n'en laissaient pas pour autant de magnifier les grandeurs d'Allah et d'inviter ses fidèles, matin et soir, à la prière.

Dans la grande tour commerciale de Georgetown, visible de plusieurs milles à la ronde, où les prix de l'électronique étaient moins élevés qu'à Singapour, nous fîmes l'acquisition du nouvel ordinateur pour le *JoTaKe*. Grâce à lui, nous pourrions emprunter aux bulletins météorologiques les cartes qui nous serviraient à prévoir les typhons pour effectuer la traversée de l'océan Indien dans les meilleures conditions de sécurité.

Langkawi – en malaysien, île de marbre – dispose d'une immense carrière de marbre et d'une école d'apprentissage pour les maîtres carriers. La partie nord présente des échancrures, d'origine volcanique, par lesquelles, à l'instar des fjords norvégiens, la mer pénètre les terres sur des kilomètres, entre des parois si encaissées qu'on ne s'attendrait pas à y voir tant de végétation. Les loutres, quelques dauphins et surtout les singes, sont les hôtes de ces forêts abruptes, où les cobras occupent également une place non négligeable.

Dès notre arrivée, il s'avérait que le renversement de la mousson était, cette année-là, avancé de deux mois, conséquence du phénomène météorologique connu sous le nom de La Niña. Ce qui ôtait à de nombreux voiliers, dont le *JoTaKe*, tout espoir de traverser l'océan Indien avec les dernières moussons de mars. Nous étions bloqués jusqu'à la fin de l'année, à moins qu'Éole ne change d'avis et ne souffle dans la bonne direction.

Kuha, la capitale de l'île, est une ville bâtie tout en longueur sur le bord de la mer. Un gigantesque aigle de mer en ciment domine la baie, au-dessus de grands jardins avec des bassins qu'on traverse sur des passerelles. Le fond de la baie n'offre pas un bon ancrage, et les bourrasques, assez fréquentes, font partir dangereusement les voiliers à la dérive.

L'horaire unique, en usage dans ce pays qui s'étire d'est en ouest, fait que tout le monde se trouve déphasé par rapport à l'heure solaire. Les commerces ouvrent très tardivement, entre 10 et 11 heures. Ils restent ouverts à midi, mais ferment à partir de 16 heures, à l'exception des épiceries chinoises qui, comme partout, sont toujours ouvertes. Le problème pour un étranger consiste à savoir quels jours de la semaine est ouvert tel ou tel établissement. Les magasins officiels ferment l'après-midi du jeudi et le vendredi toute la journée, conformément aux préceptes du Coran. Les Chinois, plus cosmopolites ou plus versés en affaires, ferment du samedi midi au lundi. Les Hindous ferment quand il leur en prend fantaisie. Restent les établissements aux employés islamiques et propriétaire chinois, ou vice versa, qui n'obéissent pas à une règle fixe ; résultat : une vraie pagaille.

En Malaisie, comme en Thaïlande, on circule à gauche, ce qui nous obligeait à faire très attention en traversant les rues au trafic abondant et totalement dépourvues de passages piétons.

Les restaurants populaires, où l'on peut déguster des plats authentiquement chinois, hindous, thaïlandais, musulmans ou non, étaient très bon marché, et c'était une occasion unique pour apprécier les cuisines exotiques orientales. Certaines fois, les goûts étaient franchement désagréables, d'autres, nous sortions en pleurant à chaudes larmes à cause de l'assaisonnement pimenté à outrance, caractéristique des plats hindous. Il fallait goûter à tout, même si on n'était pas très sûr de ce qu'on mangeait.

Chez les Malaysiens, on rend visite à quelqu'un pour égayer sa solitude. Par conséquent, au bout d'un certain temps, le maître de céans doit inviter ses visiteurs à s'en aller, c'est lui qui doit décider quand la visite se termine. Cependant, on nous avait dit, à Bornéo, que le cadeau qu'un invité chinois apporte doit garder son prix marqué pour que l'invitant sache à quoi s'en tenir sur l'estime que lui porte son visiteur. Autres cultures, autres mœurs.

En Thaïlande

Quelques jours plus tard, nous abordions la première île de la Thaïlande, Tarutao, pour jeter l'ancre devant un gros bloc de pierre qui, tel un rot voluptueux, surgissait des entrailles de la terre. Mais le merveilleux s'arrêtait là. Près du roc, il y avait un quai où l'on débarquait les prisonniers avant de les conduire au pénitencier de l'île, à quinze kilomètres à l'intérieur des terres. Les escarpements se multiplièrent, de plus en plus abrupts, de plus en plus impressionnants, tout le long de la côte de Thaïlande, jusqu'à faire quasiment partie intégrante du paysage. Quelques tables, érodées par la mer à leur soubassement, ressemblaient à des champignons de plusieurs milliers de tonnes.

Comme il fallait s'y attendre en raison de l'avance des moussons, le vent, quand il daigna se montrer, nous fut contraire la plupart du temps, mais heureusement il ne souffla pas fort.

Ko Lian Tai et Ko Lian Na, deux énormes rochers, mesurant respectivement deux cent quarante et deux cent dix mètres, étaient un abri sûr pour quatorze bateaux de pêche de moyen tonnage. Au pied et entre les deux rochers se blottissait un petit village saisonnier de pêcheurs. Les huttes, déjà minables par définition, se dégradent très rapidement quand elles ne sont construites que pour une saison de pêche. Pour gagner leur croûte, la femme et les enfants accompagnent, dans des conditions infrahumaines, le père de famille, qui à certaines époques de l'année se déplace en fonction des migrations du poisson. Au village personne ne savait un mot d'anglais, mais nous rentrions au voilier chargés d'étrilles, cadeau de gens dépossédés même du minimum, mais qui avaient le cœur sur la main. Nous leur faisions présent de nos tee-shirts.

Il est rare de voir des hors-bord du commerce sur la zone. Ils utilisent en revanche, comme système propulseur, un moteur souvent refroidi par air, auquel est accouplé un arbre extrêmement long, logé dans un tube porteur d'où sort une grande hélice semblable à celle d'un mixer. L'accouplement de l'arbre au moteur est réalisé au moyen d'une chaîne placée entre deux pignons de diamètre différent en fonction du couple que l'on veut obtenir. L'ensemble est fixé à la poupe de l'embarcation par un tenon auquel il est relié grâce à un ingénieux système de cardan. Il y a toutes sortes de moteurs, du six cylindres de poids lourd au plus modeste des monocylindres. Dépourvus de silencieux, et à échappement direct, leur bruit est assourdissant.

Ko Muk, expérience inoubliable. Il y a une grotte, uniquement accessible par mer et à la nage. L'entrée est basse, difficile à localiser. Les vagues y pénètrent par la bouche pour se briser contre la paroi du fond avec un bruit de tonnerre. Ensuite, dans l'obscurité totale déjà à une vingtaine de mètres de l'entrée, la grotte amorce un virage de soixante-dix degrés vers la droite ; continue dans cette direction sur une quinzaine de mètres, et du nouveau virage à gauche, on entrevoit à une cinquantaine de mètres une petite lumière, celle de la sortie du tunnel vers l'intérieur de l'île. Au milieu du bruit assourdissant, la traversée à la nage, une lampe torche à la main, sous les voluptueuses cavités du plafond, formées par les gaz émanés durant l'éruption de la roche, où des familles de chauves-souris avaient leur résidence, fut impressionnante. Et que dire des formations calcaires de stalactites pointées comme des épées de Damoclès, vers les nageurs.

La sortie de la grotte était extraordinaire. La vision, presque incroyable, commençait sur une plage ronde, de sable blanc et d'une quarantaine de mètres de diamètre, sur les bords de laquelle croissait une luxurieuse végétation, d'un vert intense, enfermée dans un cylindre rocheux de cent soixante mètres d'altitude. Les parois du cylindre, sombres et presque lisses, étaient garnies d'arbres qui luttaient pour chaque centimètre carré afin d'obtenir une fente où se fixer, et dont les racines, de couleur claire, escaladaient en rappel la paroi circulaire où elles dessinaient des cartes incompréhensibles pour les humains. Comme voûte, le ciel bleu, inaccessible, tout en haut des noires parois.

L'arrêt suivant fut pour Ko Phi-Phi Don. Un voilier français nous avait prévenus que nous allions nous y retrouver comme à Saint-Tropez. Mais toute comparaison était impossible malgré le fait que, sur l'isthme qui relie les deux petites îles montagneuses, il y avait une multitude de touristes européens ; des plages avec des femmes *topless* en veux-tu en voilà, des hôtels aux chambres indépendantes aménagées dans des paillotes, des salons de massage thaïlandais, une infinité de restaurants de type européen et des boutiques de *souvenirs* qui se disputaient chaque centimètre carré de terrain. D'autres filons consistaient à emmener les touristes plonger et à les promener en bateau. Les transports de l'île s'effectuaient sur des motos avec side-car qui prenaient toute la largeur du chemin.

Nous avons trouvé un quartier de pêcheurs un peu à l'écart où nous avons dégusté pour la première fois le *pai-thai*, le populaire plat thaïlandais des pêcheurs.

Nous avons remonté le fleuve jusqu'à Krabi, une petite capitale de province où on ne manquait de rien. Ao Nam Mao ou Raylay Bay, à l'embouchure du fleuve, est un autre haut lieu de tourisme. Les hôtels de paillotes occupent tous les bords de mer. Les grottes, merveilles naturelles très nombreuses sur le site, constituent un des charmes de l'île. L'abondant carbonate de calcium fait qu'à la moindre gouttière, dans les grottes ou sur les concavités des rochers, foisonnent stalactites et stalagmites aux formes très capricieuses. Les rochers versent des larmes, pleurent. Les parois verticales de l'île ont été exploitées pour y tracer des voies d'escalade, de divers degrés de difficulté, afin d'attirer les touristes, source de richesse de l'île.

Mais c'est surtout à Patong, sur les plages de l'autre côté de l'île, que le tourisme acquiert toute sa force. Des milliers de kiosques s'alignent le long de la côte. À la tombée de la nuit, les affaires, en léthargie aux heures caniculaires de la journée, reprennent vigueur. Des milliers de touristes du monde entier se déversent alors dans les rues. Ils reviennent de voyages organisés durant la journée, ou de se faire griller sur les plages, moment où les restaurants de tous ordres ouvrent leurs portes à la clientèle. Sont également ponctuelles au rendez-vous des flopées de jouvencelles, et d'autres plus mûres, qui font commerce de leurs corps pour gagner leur pitance. Il est vrai qu'il est difficile, pour les Européens, de donner un âge aux personnes de cette race. Les homosexuels font eux aussi leur beurre en exhibant des attributs parfois plus féminins que nature. Des rues entières se transforment en lupanars. La nuit se change alors en une fourmilière de gens de tous acabits qui essaient de se frayer un passage dans les rues.

Vers les 3 heures du matin, alors que l'équipage du *JoTaKe* se distrayait dans les rues, le ciel se déchaîna et il plut à verse, sans arrêt jusqu'au petit matin. On aurait dit qu'il voulait faire un peu de ménage.

Les jours suivants se passèrent à parcourir le dédale des îles désertes de la baie de Ao Phangnga, peu d'entre elles dignes de ce nom. D'autres, en revanche, sont de simples rocs, énormes, les uns monolithiques ; les autres, composés de blocs adossés, comme des plaques de domino posées debout, et dont les parois abruptes pleurent dans la mer des stalactites de carbonate de calcium. Certaines sont comme des morceaux de gruyère, trouées par les gaz d'un volcan, lequel, dans sa course éperdue pour faire surface, creuse des galeries aux formes imprévisibles dans n'importe quelle direction. Toutes les îles s'ornent d'un panache d'exubérante végétation d'un vert soutenu qui tranche sur la couleur sombre de la roche, jadis calcinée par les entrailles de la terre et aujourd'hui par les torrides rayons solaires des sept degrés de latitude nord.

Le temps empira à mesure que le mois touchait à sa fin. La mousson, tapie jusqu'alors, commença à dévoiler son cœur impitoyable, et le ciel prit une couleur gris ardoise. Il pleuvait à toute heure, avec acharnement, et l'eau pilonnait tout.

Les victimes, comme d'habitude : les déshérités. Ceux qui, peu de temps auparavant, souffraient de la soif, se retrouvaient maintenant sur des terres inondées sous les tourbillons, les typhons et les fleuves sortis de leurs lits ; ceux qui vivaient dans la plus misérable des cabanes n'avaient même plus de toit de paille où s'abriter.

Nous sommes revenus en Malaisie en visitant plusieurs petites îles désertes pour y pêcher quelques langoustes dans des eaux assez claires. À Kuah nous avons dégusté à nouveau les plats typiques produits par le mélange de races que le pays reçoit sur son sol. Les restaurants populaires y foisonnent, et il revient moins cher d'y manger que chez soi. Il y en a de toutes sortes : chinois, thaïlandais, hindous, malaysiens... On y mange généralement avec les doigts.

Quand le soleil passe à l'hémisphère Sud et chauffe plus la masse continentale sud-africaine que l'asiatique, l'air chaud monte et crée un vide sur la partie africaine qui donne naissance aux vents appelés moussons du nord-est, lesquels, en provenance du nord-est asiatique, à l'hivernage occupent le vide créé en Afrique. Les Portugais naviguaient en profitant de ces moussons, créant ainsi la route du même nom, qui bordant l'Afrique du Sud, arrivait jusqu'aux îles des épices.

Les premiers jours d'octobre, la mousson commença à donner des signes de changement... De temps à autre, soufflaient les vents tempétueux du nord-est qui disputaient leur territoire aux vents qui, avant, venaient du sud-ouest. Les voiliers dérivaient fréquemment, et lors d'un de ces assauts, les installations du yacht-club de Kuah furent gravement endommagées.

Les jours s'écoulaient à préparer le voilier pour la traversée de neuf mille milles qui nous séparaient du golfe de Gascogne. Au voisinage de l'équateur, la transition entre le jour et la nuit est extrêmement rapide : entre la pleine nuit et la pleine lumière du jour, il se passe à peine quinze minutes. À mesure que nous nous écartons de l'équateur, l'aube et le crépuscule s'allongent très sensiblement, et nous offrent un spectacle des plus remarquables.

Pour nous, les journées commençaient vers les 5 heures du matin, avant l'aube, les muezzins réveillaient les fidèles, mais les moins fidèles n'étaient pas épargnés pour autant. Si le vent soufflait de terre, le chant diffusé par les haut-parleurs arrivait jusqu'au voilier et nous réveillait, quoique, habituellement, nous nous rendormions.

Moi, je me levais sur le coup de 7 heures, encore dans l'obscurité la plus totale, pour recevoir par radio le premier *weather fax* – les cartes météorologiques –, en provenance de Bangkok. Ainsi je savais à quoi m'en tenir sur le temps, où se localisaient les hautes et basses pressions, la distance entre isobares, ce qui me permettait de connaître la force du vent et, surtout, de localiser la présence de quelque typhon en puissance, non encore déclaré comme tel. Ensuite, tout le long de la journée, nous restions attentifs aux bulletins météorologiques d'autres pays, étudiions les données des uns et des autres, les comparions entre elles et les confrontions avec celles de la veille pour suivre leur évolution.

Dans un premier moment, nous chargions le voilier des vivres et du matériel dont nous aurions besoin durant les trois mille milles qui nous séparaient d'Aden, dans la République du Yémen. Nous nous inquiétions de savoir si, là-bas, nous pourrions acheter le nécessaire pour poursuivre notre voyage, et les produits qu'il nous faudrait ensuite pour remonter la mer Rouge, et à quels prix il nous serait possible de les obtenir. Si le produit était un dérivé du pétrole, on pouvait sans doute se le procurer à très bon prix, ce qui nous éviterait d'avoir à le transporter sur trois mille milles, à travers tout l'océan Indien. D'autre part, nous pourrions probablement nous réapprovisionner sur quelque atoll des Maldives, en combustible nécessaire pour arriver jusque là-bas, dans le cas contraire, il faudrait lui trouver une place à bord.

Il était par ailleurs fondamental de calculer la quantité d'eau à charger dans les citernes pour que quatre personnes puissent boire, cuisiner, se laver et se doucher durant toute la traversée. En prendre trop compromettrait la sécurité de la navigation, et nous freinerait considérablement. Mais en prendre peu serait aussi déraisonnable car ce serait au détriment du minimum exigible de confort pour une si longue navigation. Ne serait-ce que pour les douches – au moins deux par jour –, il fallait tabler sur deux litres d'eau par personne. Le processus était le suivant : se mouiller à l'eau salée ; se rincer avec un petit peu d'eau douce pour que le savon accroche : s'ôter le savon à l'eau salée, très efficace ; et se rincer à l'eau douce restante. De cette manière, la consommation d'eau se voyait réduite à un litre par douche.

Les légumes frais et les œufs furent chargés au dernier moment. Nous rangions les œufs la partie la plus large vers le haut, pour que la poche d'air reste au-dessus et les protège. La viande était déjà enfermée dans des bocaux à conserves stérilisés. Nous avons acheté du bœuf indien, et l'avons salé et séché au soleil sous forme de saucissons enduits de curry, obtenant finalement un très bon ersatz de jambon de montagne.

Durant le carnaval musulman, qui précède le ramadan, la période de purification des croyants, l'équipage du *JoTaKe* eut l'occasion d'assister à un spectacle de danses très colorées, originaires de toutes les régions de Malaisie, tant péninsulaire qu'insulaire – Bornéo. L'influence arabe pour les unes ou hindoue pour les autres était très nette.

Et peu à peu, alors que nous équipions le voilier en

vue d'une traversée de plus de sept mois, arrivèrent les fêtes de Noël, qui en terre musulmane ne jouissent pas d'une faveur spéciale, quoiqu'on y célèbre aussi la naissance de l'autre prophète, Jésus ; comme partout dans le monde, quand il s'agit de faire la fête, on trouve toujours un prétexte.

Arriva également la fin de l'année, qui coïncidait avec la fin du siècle et la fin du millénaire. L'équipage du *JoTaKe* célébra les festivités avec la très nombreuse communauté chinoise de Kuah. Les dragons, aux couleurs voyantes, marquèrent le passage au nouveau millénaire en dansant avec frénésie au milieu des feux d'artifice, des pétards et des cris des très nombreux assistants. Ce qui n'empêcherait pas, en février, la communauté chinoise de célébrer l'arrivée d'un autre Nouvel An, celui du calendrier chinois.

Les préparatifs sur le voilier touchaient à leur fin, et il en était de même du séjour du *JoTaKe* dans les eaux malaysiennes. Le 3 janvier de l'an 2000 dans la soirée, après avoir effectué les formalités de sortie, nous avons mis le cap sur l'océan Indien.

9.

L'océan Indien, un océan plein de surprises

Le golfe du Bengale

Les eaux du détroit de Malacca sont troubles sur sa partie septentrionale, et surtout au centre, où elles ne sont pratiquement pas renouvelées et reçoivent de surcroît tout l'apport de limon des fleuves de la péninsule malaysienne et de l'île de Sumatra. À la sortie du détroit, le trafic était si intense qu'il nous fallut redoubler de vigilance plusieurs jours durant.

À notre arrivée aux îles de Nicobar, qui appartiennent à l'Inde, les bateaux de pêche, curieux comme des ouistitis, venaient tourner autour du *JoTaKe*, comme les Malaysiens quand nous revenions des commissions. Leur curiosité naturelle devait être irrésistible, car ils regardaient tout ce qu'on portait. C'était pareil chaque fois que nous allions au restaurant. Sans aucune retenue, en contradiction avec les règles du savoir-vivre européen, les passants restent là, à regarder ce que vous avez dans votre assiette. Au début, nous étions gênés par ce comportement.

Une nuit de garde

Le vent a tourné alors que Mayi était de quart, et nous sommes sortis pour changer les voiles, mainte-

nant tout est OK avec la grand-voile, l'artimon, le génois et le foc.

J'ai pris le quart à la suite de Zigor. R.A.S, tout baigne. « On n'a même pas besoin du txotxua, *ça marche tout seul », m'a-t-il dit.*

Je m'installe à la barre. Par cette nuit tranquille et étoilée, le voilier va bon train et tient le cap. Je jette un coup d'œil au compas pour en avoir le cœur net. Je me repère alors sur une étoile. Sans doute la constellation d'Orion ou les Trois Maries. Elle se présente juste par tribord, devant moi. La mer est tranquille, chose assez rare, avec des vagues d'un mètre, et le vent souffle d'est-nord-est.

Je prends une autre étoile comme point de repère, car de temps à autre les nuages les cachent et nous perdons le nord. Mais je ne sais pas comment elle s'appelle. J'espère qu'elles ne se cacheront pas toutes les deux en même temps, sinon on peut toujours faire appel au compas, mais c'est comme un jeu, comme un défi.

De temps en temps je surveille l'arrière, pour voir s'il vient un bateau ou si quelque grain arrive dans mon dos, de poupe, pour nous prendre en traître. J'ai vu une lueur à l'horizon, dans notre sillage. On dirait les feux d'un bateau. En regardant mieux, je me rends compte que c'est Jupiter qui se lève sur l'horizon, comme à l'accoutumée. Comme il brille !

C'est la nouvelle lune. Il fait très noir ; non, il y a une lumière diffuse, polarisée : c'est celle des étoiles.

Des coups répétés sur le pont, juste à côté de moi, attirent mon attention. Braquant ma lanterne, je vois un poisson volant de la taille d'une grande sardine qui se débat, essayant de prendre son vol, de nager, pour rejoindre l'eau coûte que coûte. Mais tous ses efforts restent vains à cause du bordage.

Un coup d'œil aux étoiles qui me guident, et je mets pied à terre du poste de pilotage. Le poisson volant se débat tant et plus et il est très difficile de l'attraper sans que les mains empestent le poisson. Je parviens à saisir une des longues ailes, qui lui arrivent presque jusqu'à la queue, et je le rejette à l'eau. Je m'imagine la joie qu'il éprouve à retrouver son élément. Tout de suite, se laver les mains qui puent le poisson volant. Comment se fait-il que sur mer, les odeurs prennent une telle intensité ?

Le jour tardera à se lever ; l'horizon est obstrué d'énormes nuages noirs. J'espère que ce ne sera rien de sérieux. Tout au plus une averse.

Hé ! Hé ! Les étoiles qui me guident jouent à cache-cache, toutes les deux ! Retour au compas. Bon, tout est OK. Il y a deux jours, j'ai installé une diode rouge pour illuminer le cadran, le voyant d'origine étant mort de vieillesse. La couleur rouge n'éblouit pas, ainsi l'œil ne perd rien de son acuité nocturne. Elle éclaire parfaitement, encore que je n'étais pas très sûr de la valeur de la résistance à utiliser pour qu'elle ne grille pas... Mais elle fonctionne.

Nous avons de la visite. Je ne les vois pas, mais on perçoit très clairement le souffle bruyant de leur respiration : c'est une bande de dauphins qui en pleine obscurité est venue aux nouvelles. Ils n'ont pas besoin de leurs yeux pour voir ; leur radar à ultrasons leur permet de voir aussi bien que nous à la lumière du jour. Ce n'est pas souvent qu'un voilier doit passer par là ! Ils m'ont accompagné dans la nuit pour disparaître comme ils étaient venus.

Les gros nuages qu'on voyait de poupe nous sont arrivés dessus, plus exactement à côté, par bâbord. Ils apportent du vent, pas trop fort, espérons-le. Ils se sont déjà délestés de leur pluie.

Orion vient de disparaître à l'avant et c'est au tour de Jupiter de se lever derrière moi. Le noir du ciel se transforme insensiblement en un gris de plus en plus clair, et les étoiles s'effacent peu à peu sur le tableau noir du firmament ; d'abord, les plus faibles ; ensuite, les plus puissantes, comme si leurs batteries se vidaient. La dernière à disparaître est Sirius. Très puissante, très brillante, elle s'estompe vers l'ouest alors qu'elle est encore à quelque vingt degrés au-dessus de l'horizon.

Aujourd'hui non plus nous ne sommes pas entrés en collision pendant la nuit. La journée d'hier, nous sommes passés près d'une grande pirogue, construite avec des cannes de bambou, qui allait à la dérive. On dirait que par ici il n'y a pas de troncs d'arbre dans ce cas, comme en Papouasie ou à Bornéo. Encore heureux ! Ces jours-ci nous avons croisé plusieurs jonques chinoises à moteur. Drôle d'allure ! On dirait n'importe quoi sauf un bateau de pêche : on dirait des boîtes à biscuits mal faites. C'est horrible comme elles tanguent. Vers le milieu, comme s'il leur manquait un morceau, la mer embarque et balaie tout le pont, et leur château de poupe, énorme, carré, remue en tous sens.

À la faveur d'une éclaircie, je filerai les lignes, au cas où... L'aube commence à poindre et les nuages peu à peu se découpent nettement sur le ciel. Aucun n'est menaçant.

Nous sommes dans le golfe du Bengale. Le vent me frictionne d'abord le visage avant d'aller souffler dans les voiles. Il vient de l'Inde. Combien de sueurs et de larmes aura-t-il séchées sur son chemin ? Combien de corps aura-t-il caressés ? Parce qu'en Inde, il y a un monde fou.

Le jour se lève. Visiblement, aucun thon ne s'est laissé prendre à nos leurres. Il est vrai qu'au point du jour, le vent a bien molli ; nous filions à peine quatre nœuds, il en faudrait six ou sept pour avoir quelque chance de pêcher.

Il reste encore quatre cents milles jusqu'au Sri Lanka, et autant de là jusqu'aux Maldives.

Mayi montre sa frimousse par l'écoutille : Egunon, aitá ! Zer moduz ? *Maintenant commence un nouveau jour en mer, à bord du* JoTaKe. *Je vais m'allonger un moment.*

Pirates à l'abordage au XXIe siècle

Comme si en avoir évoqué la possibilité était prémonitoire, le lendemain soir, nous heurtions un objet flottant, quelque chose de solide, comme un tronc, dont nous ne connaîtrions jamais la nature, n'ayant pas réussi à l'identifier. Mais les ennuis nocturnes ne faisaient que commencer. Durant ma première heure de garde, vers les 3 heures du matin, j'observai au loin les feux d'un bateau droit devant et à bâbord. Les feux grandissaient peu à peu, laissant deviner qu'il s'agissait d'un grand bateau de pêche.

Pour qu'il n'y ait pas matière à confusion, je vérifiai le parfait fonctionnement des feux de navigation. Le bateau de pêche changea de cap, puis s'approcha de nous au point de se mettre à naviguer parallèlement au *JoTaKe*, à environ soixante-dix mètres, quoique de nuit il soit difficile d'évaluer la distance. Alors il braqua ses projecteurs sur nous, et je commençais à m'inquiéter quand, lui ayant répondu avec le projecteur du *JoTaKe*, la jonque chinoise effectua d'étranges manœuvres sous la lumière de notre projecteur.

Je l'appelai à plusieurs reprises par radio, mais personne ne répondit. Je virais de bord quatre-vingt-dix degrés, et la jonque fit de même pour revenir se placer parallèlement au voilier en pointant sur nous ses projecteurs.

Rapidement, j'ameutais à grands cris le reste de l'équipage, qui se réveilla et tout de suite se rendit compte de la situation. Sortant le fusil et dégainant les machettes, nous nous sommes préparés au pire.

La jonque a accéléré et, nous contournant, s'est placée à quelques mètres de notre poupe, manœuvre qui ne laissait aucun doute quant à l'imminence d'un abordage avec toutes les chances de réussir. Son équipage, composé de huit hommes armés, préparait déjà les cordages pour amarrer la proie.

Le très puissant moteur de la jonque rugit. Les moteurs de trente-sept chevaux du *JoTaKe* firent de même. Nous ne pouvions rien faire de plus, sauf vendre chèrement nos vies.

Suivirent cinq minutes d'extrême tension, au cours desquelles, comme la souris devant le chat, j'ai essayé de deviner les manigances des félins jaunes aux yeux bridés. Pendant ce temps, mon équipage faisait un peu de théâtre, mettait un chapeau à une fenêtre, allumait la lumière de la cabine de proue, pointait un rayon laser sur la passerelle de la jonque, sortait par une écoutille et revenait par la porte, ressortait avec d'autres vêtements.

La jonque poursuivait son harcèlement, mais ne se décidait pas à donner le coup de patte final. Elle décida soudain de virer par tribord pour s'éloigner d'une cinquantaine de mètres ; nous ne devions pas sembler une proie facile. Je n'y comprenais goutte. Passèrent encore dix minutes, avec l'adrénaline à fleur de peau. Pendant ce temps, les équipages des deux embarcations se mesurèrent jusqu'à ce qu'un brusque et providentiel coup de vent lance le *JoTaKe* à une vitesse de treize nœuds. Peu à peu, la jonque chinoise fut distancée et, voyant sa proie perdue, repartit tribord amures pour s'éloigner définitivement, sous le regard incrédule de l'équipage du voilier, qui à tout moment avait craint le pire.

— Pourquoi n'auraient-ils pas tiré s'ils étaient deux fois plus nombreux ? Nous l'avons échappé belle ! nous disions-nous en notre for intérieur.

Tout cela se passait à quatre cent cinquante milles de la côte la plus proche (Sri Lanka), dans les eaux internationales de la baie du Bengale, à mi-parcours entre Sumatra et Ceylan.

Le français *Eudes d'Aquitaine* n'eut pas la même chance en esquivant l'abordage d'un pêcheur-pirate qui venait lui fermer le passage ; bilan de la rencontre : génois en lambeaux, coque endommagée à tribord et six impacts d'une rafale d'arme automatique. Mais le sort voulut que, lors de l'accrochage des deux coques entre elles, la bôme du français heurte et flanque à la baille trois des pirates qui, pourtant, étaient persuadés de pouvoir arrêter le voilier.

Heureusement, à l'époque, de tels ennuis n'étaient pas si fréquents, et le *JoTaKe* poursuivit sa route vers l'ouest.

Entre le Sri Lanka et les Maldives, le vent connut des fortunes diverses mais par bonheur aucune ne nous fut jamais contraire. Certains jours la mer se ridait, d'autres elle se tendait, lisse comme un tambour quand le vent disparaissait ; il y avait plusieurs années que nous ne voyions pas les étoiles se refléter aussi nettement à la surface de la mer. Les courants furent versatiles, tantôt favorables, tantôt contraires.

Lors d'une de ces accalmies impressionnantes durant lesquelles, passant du gris au bleu sans transition apparente, ciel et mer se confondent sur l'horizon, et où le silence absolu est seulement interrompu de temps à autre par un bruit du bateau, le pilote automatique se mit à faire des bêtises. Il fallut le démonter, examiner les pièces détériorées et, comme il était hors de question d'obtenir des pièces de rechange au milieu de l'océan Indien, recourir au système D pour remplacer les pièces qui avaient trépassé.

Après toute une matinée passée à inventer et à élaborer, puis couper, souder, tourner, limer et ajuster, *txotxua* ressuscita, pour reprendre aussitôt avec une énergie nouvelle ses fonctions de « matelot le plus présent à la barre ». Avec les nouvelles pièces, il devait se sentir un peu comme le pirate à la jambe de bois.

Quatorze jours après avoir quitté Langkawi, quatorze jours à ne voir que ciel et mer ; d'une navigation inégale, tantôt très secouée, tantôt dans un impressionnant calme plat, nous étions, au moment où l'aube commence à poindre, en vue des premiers atolls des Maldives.

Ceux-ci sont différents des atolls des Tuamotu et de ceux que nous avions visités en traversant le Pacifique en long et en large. Les eaux, par leur transparence, contrastaient avec celles de la côte de Langakwi, et plus généralement avec celles du détroit de Malaka. L'ancre était parfaitement visible du pont. La chaîne s'accrochait, paresseusement, dans les coraux, allégeant le travail de l'ancre. Plongeant et pêchant comme nous ne l'avions fait depuis longtemps, en moins de dix minutes, nous avions des poissons tout frétillants en train de griller au barbecue.

Au lever du jour, le vent souffla fort une heure durant, oscillant entre les trente-cinq et les quarante nœuds, dans les soixante-dix kilomètres/heure. Ensuite arriva la pluie, puis les fortes rafales se calmèrent. Nous avons recueilli de l'eau pour remplir les réservoirs, ce qui nous permit de faire une lessive. Au milieu de la matinée, on aurait dit que le voilier s'était déguisé, à le voir ainsi couvert de linge séchant au soleil.

Le vent garda sa force les jours suivants. Nous levions l'ancre, continuant à jouir des atolls, pour mouiller dans la partie nord d'Ihawandiffulu Atoll, dernière des Maldives. Nous passâmes notre dernière nuit à quai avant d'attaquer le dernier tronçon, de 1680 milles nautiques, qui nous séparait d'Aden, dans la République arabe du Yémen.

Dans nos cœurs, il y aura toujours une petite place pour Ismaïl Udaheed et sa compagne. Depuis deux ans qu'ils vivaient seuls sur un minuscule atoll, Honda-Fuji, qui ne mériterait pas qu'on l'appelle île, quatre-vingt-dix minutes suffisant à en faire le tour. Leur cabane, de feuilles de cocotier tressées, était édifiée sur une dalle de blocs de corail pour éviter le contact avec le sable. Une marmite d'aluminium, deux machettes, une paire de nattes de pandanus, un rouleau de nylon et quelques hameçons, constituaient tout leur patrimoine ; ils n'avaient besoin de rien d'autre. Le reste était superflu, ils pouvaient tout à fait s'en passer.

Very easy ; really, very easy ! « Très facile, vraiment très facile », ainsi répondait Ismaïl aux multiples questions qu'on lui posait sur la vie et la survie dans l'île. Nous avions presque honte de posséder tant de choses « superflues » sur le voilier.

À la pointe d'un bâton qu'il avait trouvé sur la plage

qui fait le tour de l'île, il attachait le fil muni d'un petit hameçon, qu'il amorçait avec la chair d'un coquillage ramassé dans les coraux. Avec cet attirail, il pêchait un petit poisson, d'environ cinq centimètres de long, qu'on y trouve en abondance. L'utilisant comme appât sur un plus gros hameçon, il prenait les gros poissons, les coryphènes, les daurades, les thons, qui constituaient leur ordinaire. Ils cuisinaient à l'huile de coco.

De temps à autre, il se rendait avec son canoë sur l'atoll voisin pour échanger des cocos contre des hameçons ou des fruits. Il profitait du voyage pour visiter ses amies de l'atoll, étant donné que la femme qui vivait avec lui n'était pas son épouse ; de toute manière, le Coran et les lois de son pays lui permettaient d'avoir jusqu'à quatre épouses. *Very easy !* c'était ça la vie pour Ismaïl.

— Ç'a été un réel plaisir de te connaître, ami, lui avons-nous déclaré avant de partir.

Pour nous dire au revoir, Ismaïl arriva avec un chargement d'une trentaine de cocos. Ces gens, qui ne possèdent rien, ont le cœur sur la main, donnent ce qu'ils ont. Ils sont ainsi les plus heureux de la terre.

La mer d'Arabie. Vers le Yémen

Nous avons appareillé vers 8 heures du matin par un temps splendide et une mer calme. Le courant se présentait de travers, du nord au sud, ce qui ne favorisait pas la traversée. Le lendemain, même calme plat comparable à ceux que nous avions connus sur l'équateur. Mais le vent finit par arriver et le voilier se prit à trotter, puis à galoper pour finalement bondir de lame en lame.

En mer on a du temps pour tout, pour la contempler et l'admirer, la sentir vivre, faire du tricot ou du crochet, penser, lire, et se poser beaucoup de questions.

Parfois, de but en blanc, ces contemplations se brisent en mille morceaux et il faut se précipiter pour exécuter une manœuvre, remettre en place une voile, se bagarrer contre une daurade ou un thon qui prétend esquiver les leurres des lignes de fond, ou voir pourquoi le chien aboie. Ou, simplement, une douche aussi inopportune que fortuite, d'eau salée, nous tire de notre rêverie.

Les heures de radio également brisaient la routine. Il fallait parler avec les amis qui voyageaient avec nous sur les ondes hertziennes, comme José Luis Domínguez, l'ami inconnu de Málaga, qui attendait incessamment un donneur pour une greffe de poumons, et entre-temps, était tout à son poste émetteur. Nous n'avions pas le droit de le décevoir ; dans sa soif de vivre, il comptait beaucoup sur notre appui moral et vivait avec nous chaque moment du voyage, pointant à l'aide d'un petit bateau sur son atlas les positions que je lui signalais.

Si loin et pourtant si près ! Parfois, ne pouvant pas communiquer en direct, nous avions recours à Adolfo, notre ami commun d'Adélaïde, la capitale du Sud de l'Australie, comme il disait, pour assurer la liaison entre nous et informer José Luis de la nouvelle position du voilier, lui permettant ainsi de pointer un nouveau petit bateau sur son atlas.

Les dauphins de l'océan Indien se montraient plus amicaux que ceux d'autres mers. Parfois, ils restaient une demi-heure à faire des passes et des écarts à n'en plus finir avec les proues du catamaran. Ils en étaient arrivés à un tel degré de confiance qu'une fois, alors que le chien aboyait contre ces visiteurs importuns, une mère avec son petit s'approcha en curieuse, ce qui selon notre expérience devait être extrêmement rare, car les femelles qui allaitent se tiennent en général un peu à l'écart. Les dauphins ne mordent jamais à l'hameçon.

Il arrivait aussi que la routine de la vie à bord soit rompue par le carillonnement d'un des moulinets de pêche, dont les leurres parcouraient des milles et des milles à la traîne. Mayi sautait alors à la roue du gouvernail et virait de bord pour ralentir, tandis que nous étions brusquement rappelés à la réalité pour nous précipiter vers la poupe.

Le premier arrivé se chargeait de donner deux petites secousses pour ferrer le poisson, et les autres couraient remonter les autres lignes, pour qu'elles ne s'emmêlent pas à la première, se saisissaient de la gaffe, prêts à asse-ner le coup de grâce à la proie pour la hisser à bord. Certaines fois, deux poissons mordaient en même temps, surtout quand nous passions au-dessus d'un banc de petits thons qui suivaient les dauphins. C'était parti ! les lignes s'entrecroisaient ou s'enroulaient dans les safrans du gouvernail, ce qui posait un vrai problème pour les sortir de là.

Finalement, la poupe se salissait d'écailles et de sang, mais ce jour-là, nous avions du poisson frais. Zigor et moi affichions une nette préférence pour le *saximi*, poisson cru à la japonaise, mais Mayi et Urko préféraient le poisson frit à l'ail. Le thon à nageoire jaune gagne à être consommé cru alors que l'espadon est meilleur à la poêle, on peut également en faire des boulettes ou des hamburgers comme avec la viande de bœuf. Notre premier espadon de l'océan Indien pesait cinquante-cinq kilos, il fut mis en dix bocaux stérilisés et un seau de vingt litres.

Nous n'étions pas près d'oublier notre entrée dans le golfe d'Aden. Quelques jours avant, nous avions appris par la radio l'attaque d'un voilier, qui fut mis à sac et dont l'équipage fut blessé. Et puis nous avons dû nous dérouter de cinquante milles nautiques pour éviter l'île Socotra que sa réputation en matière de pirates rendait particulièrement dangereuse. Les cent derniers milles nous les avons passés à esquiver les filets et les embarcations totalement dépourvues de signalisation. Finalement, à l'exception d'un filet qui s'accrocha à la quille, nous avons quitté le secteur sans problème majeur, et un beau matin nous sommes arrivés au port d'Aden entourés de boutres arabes, les uns à voile, la plupart à moteur. Par quarante-cinq degrés de longitude, il fallut avancer les montres de trois heures. Trois heures de plus nous séparaient encore du méridien de Greenwich, qui passe par Barcelone.

Nous avons trouvé bizarres les premières questions

formulées par les marins des yachts mouillés dans le port d'Aden :

— Comment s'est passé votre voyage ?

— Vous n'avez pas eu de problèmes ?

Trois des cinq voiliers ancrés dans la baie avaient eu de sérieux problèmes avec les pirates.

Le catamaran *Gone Troppo* avait été mitraillé au fusil d'assaut AK47, et le couple australien qui le pilotait s'était vu obligé à mettre en panne et à amener la voile. Alors que Gail Dawson était en train de demander de l'aide par radio, une balle perdue, pourtant amortie par la traversée de quatre ou cinq épaisseurs de coque, l'atteignit à la jambe, lui fracturant le fémur. Au moment où Stephen Phillips portait secours à son épouse, ils furent abordés par cinq pirates, armés de fusils d'assaut, tandis que le sixième attendait dans l'embarcation. Dépouillés de tout, ils avaient eu la vie sauve et pouvaient nous le raconter.

Le lendemain, et à vingt milles du lieu de l'agression, le même bateau pirate essaya de s'attaquer pareillement à un voilier finlandais, lequel, heureusement, s'était prémuni en conséquence contre ce genre de calamité, et ses cinq hommes d'équipage montèrent sur le pont armés jusqu'aux dents. Durant dix minutes, les deux bateaux naviguèrent en parallèle, et les pirates finirent par abandonner.

Un troisième voilier détecta une nuit, grâce au radar, qu'il était suivi par une embarcation, dont le comportement, lors des changements de cap que le voilier effectuait pour le semer, indiquait qu'elle aussi disposait d'un radar. La poursuite se termina lorsqu'un navire marchand, répondant à son appel, accourut au secours du voilier, qui lança une fusée éclairante pour signaler sa position, ce qui provoqua la fuite de la tache qui apparaissait sur l'écran du radar. L'année précédente, huit actes de piraterie avaient été recensés dans le golfe d'Aden.

Les autorités du Yémen furent aimables, et les formalités d'entrée, réduites au minimum ; mais naturellement, il nous fallut cracher au bassinet, c'était notre premier bakchich, une sorte d'impôt volontaire. Dans le port, plusieurs bateaux coulés témoignaient de la guerre civile qui avait ravagé le territoire cinq ans auparavant. Le Yémen du Nord et le Yémen du Sud formaient désormais un seul pays, mais il sautait aux yeux que la population du sud, à une écrasante majorité, n'en était pas d'accord.

Les gens du Yémen du Nord étaient facilement identifiables car au-dessus du costume traditionnel arabe, ils portaient à la ceinture, à hauteur du nombril, un poignard recourbé orné d'une quantité d'argent variable en fonction des moyens du propriétaire.

Sur la frange côtière, à la géographie tourmentée et à l'orographie comparable à celle de Fuerteventura, le paysage est sec et désertique, d'une couleur marron tirant sur le rouge. Les légumes frais que nous achetions sur le marché provenaient des vallées vertes et fertiles de l'intérieur.

Le monde arabe n'est en rien comparable à l'ouest asiatique que nous venions de quitter, surtout s'agissant d'un pays comme le Yémen, situé sur la ligne la plus dure de l'islamisme militant. D'un point de vue européen, il semble que la principale victime de cette culture soit la femme, qui, invariablement, ne se montre dans la rue qu'affublée de noir des pieds à la tête. Quatre-vingt-dix-neuf pour cent d'entre elles ont la tête complètement couverte d'un voile, à l'exception d'une fente de cinq millimètres devant les yeux. Il arrive même que ce demi-centimètre soit, chez certaines, couvert lui aussi d'un autre voile moins épais. Tous les kiosques, au marché et dans les rues, sont régentés par des hommes. Dans la rue, les femmes ne sont que de passage quand elles ne demandent pas l'aumône sur le marché ou aux feux rouges.

Neuf hommes sur dix portent une espèce de jupe courte, et, comme dans le Pacifique, sont adeptes du paréo. Du classique costume arabe, le turban est le moins prisé, il ne recueille l'agrément que d'une faible moitié de la population.

Tenant de la ligne dure de la religion islamique, ce monde a ses moments pour la prière. À heures fixes, les Yéménites étendent leurs tapis ou leurs nattes sur le sol poussiéreux, et après les ablutions rituelles, agenouillés en direction de La Mecque, ici vers le nord, adressent leurs prières à Allah.

Malgré son islamisme, cette culture, comme toutes celles que nous avons côtoyées au cours de notre périple, n'est pas exempte de la drogue : un arbuste nommé *kath*, dont les feuilles, au goût assez amer, sont mastiquées au coucher du soleil par les hommes comme par les femmes, sous forme de boule qu'ils gardent en bouche, sans l'avaler, et qui leur gonfle une joue de manière spectaculaire. Selon la communauté masculine, le *kath*, doté des mêmes vertus que la caféine, a par ailleurs de puissants effets aphrodisiaques. En revanche, l'opinion des fatmas à cet égard devait nous demeurer inconnue, car durant notre séjour au Yémen, il nous fut totalement impossible de parler avec aucune d'elles, exception faite d'une conversation que nous avions eue, en présence de leur chef, avec les deux secrétaires de la compagnie qui commercialisait le gasoil sur le port d'Aden.

Au soir tombant, les trottoirs se tapissaient de sommiers rouillés recouverts de cartons, sur lesquels s'allongeait, par groupes de trois ou quatre, l'élément masculin, les joues gonflées du *kath* que chacun ruminait à qui mieux mieux, tout en exposant sa méthode à lui pour améliorer le monde ; au même moment, les fatmas recevaient chez elles leurs amies et voisines pour s'adonner en commun au même sport masticatoire.

Plus rares étaient ceux qui chiquaient la *betel nut*, comme cela se pratique dans les cultures de l'ouest du Pacifique et dans les communautés indiennes des Maldives.

Les dédales inextricables de ces pays arabes sont inoubliables. Les rez-de chaussée de la mosquée sont occupés par des milliers de petites échoppes, où l'on peut trouver n'importe quoi, du fusil d'assaut Kalachnikov à la dernière petite vis cachée au fond d'un mixer d'il y a vingt ans, en passant par un foulard de soie tissé en Inde.

Pour les étrangers, le gasoil était à trente-quatre pesetas le litre ; pour les autochtones, à dix. Le prix de l'essence était égal pour tous : cinquante pesetas le litre, et cela en plein an 2000 !

Les embarcations arabes modernes ont la poupe mutilée, comme si elles avaient reçu un coup de machette, et au lieu du majestueux safran accroché à leur très haute poupe, elles arborent un hors-bord à essence dernier cri accroché là où leur belle ligne est tronquée par le coup de machette. On pouvait compter les boutres qui rentraient au port comme jadis, à la voile. Presque tous étaient motorisés. Certains, cependant, en plus petit nombre, avaient leur moteur au centre, gardant intactes leurs poupes altières, où le capitaine de l'embarcation est quasiment suspendu à la barre du gouvernail.

Les boiseries intérieures de ces vétustes embarcations sont enduites d'une épaisse couche d'huile de requin solidifiée, qui, unie au sable que le vent du désert incruste dans le bois, convertit leur surface en une véritable toile émeri. L'extérieur des navires est peint d'une infinité de couleurs criardes, et sur les franges dessinées qui le parcourent de la poupe à la proue, les croissants arabes prédominent, avec des mitraillettes et des insignes marqués de la faucille et du marteau.

Nous avons mis le cap sur le détroit de Bab el Mandeb, ce qui en arabe signifie « la Porte des Lamentations ». Un vol de flamants roses nous accompagna. La brise fraîchit peu à peu pour se changer en un vent de poupe de trente-cinq nœuds, qui nous propulsa à travers le détroit jusqu'à l'intérieur de la mer Rouge. Nous avons mouillé près de la côte pour passer la nuit, et subi un premier « contrôle » des « autorités », qui exigeaient leur bakchich. La soirée se terminait quand le « contrôle » suivant fit son apparition, demandant lui aussi son bakchich, et à onze heures du soir, alors que nous dormions depuis trois heures, ce fut le tour d'une patrouille militaire, armée jusqu'aux dents, à la tête de laquelle se trouvait un commandant bardé d'étoiles et d'insignes, qui nous réclama son bakchich, cette fois sous forme d'alcool, une mauvaise habitude sans doute acquise auprès d'autres voiliers. Bons musulmans en public, ils consomment en privé tout l'alcool qu'ils peuvent se procurer de cette manière, puisqu'ils ne peuvent en acheter sans se voir accuser de violer les préceptes du Coran.

De très bonne heure, et avant de nous exposer à de nouveaux contrôles, nous avons mis le cap sur l'Érythrée, sur la côte africaine. Le vent, toujours aussi fort, nous fit voyager parfois à plus de dix-huit nœuds, la grand-voile au minimum et, en poupe, d'énormes déferlantes.

L'Érythrée

La première escale dans la nouvelle République d'Érythrée ne fut pas géniale. Deux énormes radars tournaient sur l'unique colline qui, à l'orée du désert, pouvait constituer un abri sûr pour le voilier. Le vent était trop fort pour poursuivre la route dans de bonnes conditions.

Les militaires de l'embarcation qui nous avait accostés nous indiquèrent qu'il s'agissait d'une zone interdite depuis peu – on voyait partout des constructions récentes en béton armé – et que nous ne pouvions pas y stationner. Finalement, ils se laissèrent attendrir par les supplications de Mayi et nous donnèrent l'autorisation de passer la nuit sur une zone retirée, où mouillaient déjà plusieurs bateaux de pêche. L'endroit était ravissant : de noires montagnes de lave depuis lesquelles on accédait à un banc de sable où de verts palmiers dattiers en grappes serrées luttaient laborieusement pour leur survie.

Le lendemain le jour se leva avec beaucoup moins de vent, et nous poursuivîmes notre route sans incident jusqu'au nouveau mouillage, nommé Beraisole Bair Selate, que les cartes signalaient comme bon. Sur la couleur rougeâtre du paysage se détachaient les ossements blanchis des dromadaires, que le soleil implacable se charge de momifier et le sable du désert de ronger, si les renards et les hyènes ne se sont pas déjà rassasiés de toutes leurs parties molles.

Au début, les militaires se montrèrent peu compréhensifs, retenant nos passeports jusqu'au lendemain, parce qu'en débarquant nous avions bavardé avec des gens qui, paraît-il, étaient des Éthiopiens, donc, des ennemis en puissance... Comme si nous étions capables de faire la différence entre un Noir éthiopien et un Noir érythréen.

Sur le *JoTaKe*, c'est à peine si l'on put fermer l'œil.

— Et si réellement les Noirs avec qui nous avons parlé étaient des espions ?

Au cas où, mis en état d'arrestation, nous ne reviendrions pas, Mayi avait reçu des consignes précises : « Tu contactes cette nuit par radio le Cercle des Navigateurs, même si ça ne sert pas à grand-chose. Si on te laisse débarquer et que tu réussisses à trouver un téléphone, ce dont je doute, tu appelles à Asmara, la capitale, mon lointain cousin, qui habite là, et tu le mets au courant de la situation. »

Mais le lendemain matin, les militaires avaient totalement changé d'attitude. Ils s'excusèrent et nous invitèrent même à partager leur petit déjeuner. De toute manière, on sentait bien que l'ambiance était à la guerre, et les militaires, du mouillage de la veille comme ceux-ci, affichaient une réelle nervosité.

Nous leur avons fait cadeau de médicaments, vérifié plusieurs bouches militaires, et arraché quelques dents à la population civile.

L'eau du village provenait d'un puits situé à trois kilomètres. Deux fois par jour, un groupe de femmes et d'enfants aux vêtements multicolores et une troupe composée d'une douzaine d'ânes se chargeaient de transporter l'eau potable au village dans des bidons de plastique logés dans des besaces confectionnées avec des sacs en raphia. Les dromadaires sauvages du secteur avaient coutume de venir à la colonne s'abreuver de l'eau qui débordait des bidons et ainsi remplir leur bosse.

La dernière escale avant d'arriver à la capitale fut pour Shumma, une île déserte, seul endroit possible pour mouiller, dénommé Port Smith. Appeler port ce modeste refuge parmi des récifs faisait irrésistiblement penser à une plaisanterie de mauvais goût. Au mouillage nous avons été devancés par une barque de pêcheurs qui vinrent nous demander des aspirines et de l'eau.

Sur une petite éminence, se trouve le phare, le seul que nous ayons vu fonctionner dans toute l'Érythrée. Tout près, dans les ruines, nous avons découvert plusieurs canons de 1918 qui n'avaient jamais servi, des obus, des douilles et d'innombrables bouteilles vides de Birra de Exportazione, 1936, ce qui confirmait que la zone avait été occupée, d'abord par les Italiens, de 1889 à 1941 ; et ensuite par les Anglais, de 1941 à 1952, date à laquelle les Nations unies eurent la brillante idée de fédérer l'Erythrée et l'Éthiopie.

Plus loin, de rares arbustes dénotaient la présence d'eau souterraine. Plusieurs puits avaient été grossièrement creusés, sans soutènement, et certains étaient obstrués. À l'entour, on pouvait voir des ossements humains parmi plusieurs centaines d'ossements de dromadaires, de quelques vaches et de chèvres, qui probablement, voyant leurs forces diminuer, étaient venues finir leurs jours près de l'eau douce.

Nous sommes entrés à l'aide du moteur à Masawa, le plus grand port d'Érythrée.

Le pays est indépendant depuis 1993, année du référendum pour l'indépendance, et vit dans un état d'alerte permanent parce que ses voisins éthiopiens veulent gagner une sortie sur la mer. Sa population est constituée de plusieurs ethnies ; tigriya, cinquante pour cent ; tigre, quarante pour cent ; afar, quatre pour cent ; kunamas, saho, bilien, nara, hedareb et rashaidas, pour les six pour cent restants. Parmi les gens d'un certain âge, nombreux sont ceux qui parlent correctement l'italien. Comme cinquante pour cent de la population est d'ethnie tigrisi, la plupart d'entre eux parlent au moins trois langues ; l'arabe, le tigriya et l'anglais. L'éducation secondaire se fait en anglais ; cependant, la population continue à utiliser la langue maternelle pour expédier les affaires courantes. L'indice de mortalité infantile atteint quatre-vingt pour mille, et quatre-vingt-dix pour cent des femmes sont excisées.

Après la capitale, Masawa est la ville la plus importante. Avec ses vingt mille habitants, elle se remet lentement de la mort et de la désolation provoquées par la guerre d'indépendance contre l'Éthiopie, qui a duré trente ans, de 1961 à 1991. C'est le 24 mai 1991 que l'armée éthiopienne a signé sa reddition.

— Pourquoi devrions-nous être éthiopiens si nous sommes érythréens ? Les Éthiopiens veulent nous faire perdre notre identité, nos langues et notre culture ; en définitive, notre liberté, notre façon d'être, pour gonfler les effectifs d'un pays dont le gouvernement ne nous est en rien favorable.

— Hé ! Il me semble que j'ai déjà entendu ça quelque part ! leur répondis-je.

Les bateaux coulés dans la baie témoignent d'une guerre sans merci. De même que les maisons en ruine, dont quatre-vingt-dix pour cent ont été détruites sous les bombardements, au milieu desquels les gens ont survécu à grand-peine.

Beaucoup d'estropiés sur des chaises roulantes fabriquées artisanalement avec des pièces de vélo, et de vieilles femmes demandent l'aumône avec beaucoup de dignité.

À l'arrêt d'autobus, les gens font la queue en se protégeant du soleil sous un haut lampadaire, et la queue tourne à mesure que l'ombre change de place. Matin et soir des vedettes armées patrouillent dans le port, exhibant d'impressionnantes mitrailleuses parmi des boutres arabes qui traversent posément la baie, avec leur incroyable cargaison.

Description du cérémonial du café

Sous chaque porche, les femmes de la maison, ou celles des nombreuses ruines, sortent une minuscule table-armoire, un petit fourneau portatif et une cafetière en terre au cul renflé qui s'ajuste parfaitement à un trou pratiqué dans la tablette. J'ai accepté l'invita-

tion d'une femme d'une trentaine d'années à l'allure désinvolte et dont j'ai appris qu'elle est commandant de réserve de l'armée érythréenne.

Elle et plusieurs autres jeunes femmes, assises sur de petits tabourets, ont allumé un feu de charbon de bois. Dans une boîte métallique basse et large, qu'elles ont munie d'un manche (appelé mecash-cash*), elles grillent le café juste à point puis l'écrasent dans un mortier en bois (*mocoti-bun*). Elles placent ensuite la mouture dans la cafetière en terre au long col et au cul renflé (*djebala*) et ajoutent de l'eau froide. Elles posent le récipient sur les charbons ardents d'un brasero, un petit fourneau fait normalement d'une grande boîte de conserve, et le portent à ébullition. Elles versent un peu de café dans un verre, et le reversent dans la cafetière quand il a refroidi. Entre-temps, elles ont mis des morceaux de viande graisseuse directement sur les braises, et quand la graisse s'est mêlée aux cendres, elles nous les ont servis, avec la main, bien sûr, après en avoir ôté la graisse avec les doigts. Il va sans dire que c'est un luxe qu'elles ne peuvent pas se permettre souvent. Elles ont aussi préparé et servi un délicieux pop-corn.*

*Durant un quart d'heure elles répètent le processus de refroidir l'écume du café, qu'ensuite elles laissent reposer un bon moment. Filtré dans le bec de la cafetière à travers un faisceau de fils de raphia provenant d'un vieux sac, elles le servent finalement dans des petites tasses, mais en le versant d'une hauteur de trente centimètres pour qu'il mousse, comme s'il s'agissait de cidre. Et toute la cérémonie se déroule sous l'arôme de l'encens (*hud*), qui brûle dans des cassolettes de céramique en forme de sablier. Au milieu des nuages d'encens, il y a des mouches (*hamamah*) par milliers.*

Tout le rituel, excepté la torréfaction et la mouture, se répète trois fois, si bien que la cérémonie du café, trois en réalité, se prolonge plus d'une heure durant. Le premier est très fort, le second un peu moins et le troisième du jus de chaussette. Les familles se sentent honorées au plus haut point quand on accepte leur invitation. Mais il n'est pas possible de prendre 20 × 3 = 60 cafés par jour, ni de disposer de vingt heures en une seule journée pour contenter ceux qui vous invitent.

Wenishet, ainsi se nomme notre commandant, n'a pas voulu se laisser photographier hier par peur de je ne sais quoi, car ça sent la guerre. Mais aujourd'hui, c'est elle qui nous l'a demandé quand elle a vu que nous n'avions aucune arrière-pensée.

Trois mois plus tard, alors que le *JoTaKe* était dans les eaux grecques, l'Éthiopie déclarait la guerre à l'Érythrée, et c'était la fin de la période de réserve pour Wenishet, qui fut rappelée sous les drapeaux. Les horreurs de la guerre recommençaient de plus belle. De par sa supériorité numérique, quarante millions d'Éthiopiens face aux six millions d'Érythréens, l'Éthiopie écraserait ses voisins.

J'écrivais dans mon journal :

L'ONU et toutes les personnes de « bonne volonté » qui donnent de l'argent pour qu'en Éthiopie on ne meure pas de faim, financent les dépenses de l'armée éthiopienne et l'équipent pour lui permettre de massacrer ses voisins érythréens. Quelle honte pour le monde, regardez comme on nous trompe ! Que les choses sont différentes, vues d'Europe ou vues d'ici !

Notre amie tombera-t-elle en combattant ou, pis encore, restera-t-elle pour toujours invalide sur une chaise roulante ? Que deviendra sa fillette de dix ans ? Je lui écrirai dès que j'aurai des nouvelles me disant que la guerre est finie, en espérant que la lettre et les photos lui arriveront.

Au terme d'un voyage de cent vingt milles, mi à moteur, mi à voile, nous arrivions à la limite des eaux territoriales entre l'Érythrée et le Soudan... C'était là que

Pedro, du *Furka*, croisé entre les Galápagos et les Marquises, avait fait naufrage. Un accès de malaria lui fit perdre le contrôle de l'embarcation qui s'écrasa sur les récifs. Il gagna la côte, presque nu, sur son canot de survie. Recueilli par la guérilla soudanaise, il fut habillé, soigné, et finalement conduit jusqu'à un voilier ancré à deux ou trois milles du rivage.

La côte du Soudan apparaissait, comme la frange côtière d'Érythrée, sèche, aride, désertique et rougeâtre. La politique changeait, mais la terre restait toujours la même. La civilisation égypto-grecque fondée par Alexandre le Grand était arrivée jusqu'ici. Nous parvenions à visiter les derniers vestiges d'un village, que déjà l'on devinait à peine et que le désert allait se charger de faire disparaître. La plage et le désert adjacent étaient couverts de restes des grandes conques marines dont les villageois se nourrissaient depuis la nuit des temps.

À terre, ou plus exactement sur le sable, nous prenions contact avec notre premier habitant du désert de Nubie. Nous l'avons vu arriver de loin, alors qu'il n'était encore qu'un point à peine perceptible sur l'horizon. Il voyageait assis en tailleur sur le cou de son dromadaire, lequel était de la même couleur que le sable poudreux du désert. D'environ vingt-cinq ans, noir de peau et de poil, le nez long et effilé, il était vêtu d'une chemise sombre à manches longues et d'un léger fourreau de toile, d'un bleu indigo, ajusté à la taille par un ceinturon orné de petites boules de couleur d'où pendait une dague. Le fourreau était taillé comme un sac, avec deux trous pour les pieds.

Jurant avec l'ensemble, une sangle de matière synthétique, de la même couleur que le dromadaire, serrait le ventre de l'animal, retenant une selle rudimentaire faite de gros bâtons non dégrossis liés entre eux, rembourrée d'une couverture de pure laine, tissée à la main. Les couleurs criardes de la couverture égayaient quelque peu l'image monochrome du dromadaire.

La nuit venue, le vent commençant à s'essouffler, le

JoTaKe, moteurs ronflants, se dirigea vers Tala-tala, une île déserte située à une vingtaine de milles au nord. La mer grosse n'avait pas lâché prise, mais la houle, qui normalement se superpose aux lames de fond, avait presque disparu, ce qui nous permit de naviguer dans une relative tranquillité jusqu'au lever du jour.

L'île, de presque cinq kilomètres de long, est déserte et dépourvue de toute végétation. Elle culmine à douze ou treize mètres au-dessus du niveau de la mer. Ce bout de terre est en grande partie constitué de lave volcanique de couleur sombre et de coraux que les forces tectoniques poussent millimètre à millimètre hors de l'eau. De cette dernière, aucune trace. La seule forme de vie, outre les crabes, ce sont les éperviers, hautement appréciés en fauconnerie, qui procréaient dans l'île sur des nids de branchages posés à même le sol.

Port-Soudan

Après avoir contacté par radio la tour de contrôle du port, les formalités commencèrent avec l'arrivée du « docteur » de la quarantaine, sorte d'inspecteur de santé, qui apparut assis à califourchon sur l'énorme moteur qui occupait le milieu d'une embarcation, en réalité un vrai bloc de rouille qui flottait grâce à la volonté de fer du patron. Le reste des formalités fut effectué par un consignataire moyennant cinquante dollars auxquels il fallut ajouter cent autres dollars pour les droits de ports, etc. Bref, du vol organisé.

La ville, si on peut l'appeler ainsi, était une assez grande bourgade, éparpillée et très sale, avec un très bas niveau de vie. Comme nous étions à la saison froide, le marché regorgeait de légumes. Les marchands, arabes pour la plupart et masculins pour leur totalité, tous vêtus de djellabas blanches, vendaient leurs produits assis sur le comptoir. Il y avait toutes sortes de graines et de légumes. Et des tomates. Tout comme le café érythréen est, à notre avis, le meilleur du monde, la meilleure tomate de la planète est sans nul doute la soudanaise.

Le réseau d'eau potable laissait énormément à désirer, et pour pallier l'état déplorable du réseau électrique, chaque édifice était doté d'un groupe électrogène fixe, installé devant la maison. Les centaines de vieux moteurs Lister à un seul cylindre tournant tous en même temps faisaient, la nuit, un boucan infernal. Les poubelles étaient absentes ; ou, plus exactement, toutes les rues étaient une vraie décharge. Nous n'arrivions pas à nous expliquer comment les Arabes étaient capables de travailler au milieu de tant d'immondices sans tacher leurs blanches djellabas.

Hommes et femmes descendaient le matin de bonne heure, en groupes séparés, se laver dans l'eau du port, et se déshabillaient sans aucun complexe. Venait ensuite le tour des troupeaux de brebis, que les bergers lavaient une à une pour en revaloriser la laine.

Pour faciliter les ablutions que les musulmans doivent effectuer avant les prières, il y avait des jarres de terre cuite remplies d'eau, placées sur des supports de bois, sous les arcades des maisons qui dataient de l'Empire ottoman. À la gare routière, ils étaient nombreux à porter, dans le dos, ou à l'épaule, de longues épées, de plus d'un mètre de long, et un poignard à la ceinture.

Au mouillage, il y avait plusieurs bateaux italiens qui proposaient des voyages charter de plongée aux touristes européens.

Ayant fait le plein de vivres frais et de gasoil, nous étions fin prêts pour poursuivre notre remontée de la mer Rouge. Après tant d'années sous les tropiques, nous commencions à ressentir le froid ; dans cette partie du désert, la température descend certaines nuits jusqu'à quatorze degrés.

La côte du Soudan était déserte et bordée d'innombrables récifs, les plus beaux du monde selon les dépliants pour touristes. Y ayant nous-mêmes plongé, après tous ceux que nous avions pratiqués, nous ne pouvons souscrire à cette affirmation. Sur des centaines de kilomètres, le paysage ne change guère : une première frange, parallèle à la côte, d'une dizaine de kilomètres de plat, avec de temps à autre une dune jaunâtre ; derrière, une chaîne de montagnes, ocre ou marron foncé, en contraste avec d'autres montagnes, beaucoup plus hautes et de couleur pastel, qui s'estompent à perte de vue. Jusqu'à la frontière égyptienne, rien ne vient rompre la monotonie du paysage, pas le moindre hameau, pas le moindre bateau de pêche. En revanche, au voisinage de la frontière, la terre s'ouvre sous forme de petits fjords entourés parfois de montagnes rougeâtres, laissant entrer la mer jusqu'au cœur du désert.

La ligne de démarcation entre le Soudan et l'Égypte est floue. La frontière administrative monte au-dessus des vingt-trois degrés nord ; celle des atlas géographiques internationaux se situe bien plus bas ; mais les Égyptiens, dans leur soif de domination, situent leur frontière à la Marsa Humbeila, en territoire soudanais, sur les 21° 58′ 5″, où une garnison militaire, assiégée, ne peut recevoir de matériel que par mer.

Le vent nous fut toujours contraire. Tantôt impétueux, entre trente et trente-cinq nœuds, tantôt, plus rarement, autour de dix ; mais jamais favorable. Il fallait donc essayer de l'éviter, et à cette fin nous courions nous réfugier près d'un récif ou dans quelque *marsa*, entendez golfe, plutôt rare sur la côte est-africaine. De l'autre côté de la mer Rouge, sur la côte d'Arabie Saoudite, la navigation de plaisance était interdite, et c'est dommage car le sens des vents et l'orographie, parsemée d'îles, en faisaient la plus privilégiée. Les rares embarcations qui se risquaient à entrer dans les eaux territoriales saoudiennes étaient invariablement contrôlées par radar, et en moins d'une demi-heure survenait un patrouilleur qui les invitait courtoisement mais fermement à quitter les lieux, et raccompagnait l'intrus jusqu'à la frontière maritime. Mais pour ne pas être injuste, je dois avouer que, quand le navire d'un couple ami eut une grave avarie, on les accompagna jusqu'à un mouillage saoudien, et la marine de guerre se chargea personnellement d'effectuer toutes les réparations nécessaires et de faire le plein de carburant, et tout cela absolument gratis.

Peu avant la ville de Safaga, déjà bien au nord, une forte rafale de vent nous bloqua plusieurs jours dans un petit *marsa*. Heureusement, nous n'étions pas pressés d'atteindre la Méditerranée, car, selon les nouvelles qu'un autre voilier nous avait transmises par radio, à Chypre il y avait de la glace sur les ponts des bateaux.

Safaga

Nous avions déjà parcouru les trois quarts de la côte égyptienne de la mer Rouge, pour arriver à Safaga, le premier port d'entrée légale en Égypte. Le village était assez insignifiant, et vivait sur les nombreux touristes attirés par les plongées dans les récifs de la mer Rouge.

Le gasoil qu'on nous vendit sur le port était à ce point innommable qu'il nous fallut le filtrer quatre fois avant de pouvoir l'utiliser.

Nous avons visité Louqsor, la Vallée des Rois et plusieurs temples vieux de milliers d'années. Il n'y a aucune commune mesure entre la vie actuelle des Égyptiens et la splendeur de l'époque des Pharaons. La plupart des gens rencontrés en dehors des grandes villes étaient des bergers, généralement des femmes, qui conduisaient des troupeaux de chèvres. Elles étaient vêtues de noir, avec des parures rouges. Les hommes portaient la jupe courte et le turban, quelques-uns s'habillaient à l'européenne.

En route pour le canal de Suez, nous avons profité d'une accalmie du vent pour attaquer le dernier tronçon de la mer Rouge.

— Oh ! là là ! Une bande de poissons volants !

Ils existent encore. Cela faisait bien longtemps que nous n'en voyions plus. Ils seraient les derniers que nous verrions de notre tour du monde.

Par tribord, on apercevait le mont Sinaï, celui des dix commandements, une montagne rougeâtre et dépouillée de toute trace de végétation. À la difficulté d'y trouver un buisson s'ajoutait celle qu'il soit ardent, mais sans se consumer. S'agissait-il d'un puits de pétrole ?

Deux jours plus tard, naviguant au milieu de plates-formes de forage, les unes illuminées et en exploitation, les autres éteintes et abandonnées, nous arrivions au lever du jour à la ville de Suez. Durant la navigation nocturne, le *Barracuda* nous ouvrait le passage avec son radar, et le *JoTaKe* le suivait pour ne pas se prendre une plate-forme. Récemment le pilote automatique était passé de vie à trépas, si bien que, les dernières étapes sur la mer Rouge, nous avons gouverné à la main jour et nuit.

Il fallut nous amarrer aux bouées du Suez Yacht Club, le vent, resté calme durant les deux jours de navigation, s'étant mis à souffler fort, et à Suez, rien n'est prévu pour les petits navires en péril. Port Ibrahim n'offrait aucun abri contre le vent impétueux du nord-est.

10.

Retour à la maison

Suez et le canal

Le club nautique de Suez consistait en un groupe de bouées d'amarrage et un petit baraquement où siégeait un club d'aviron. Un ponton permettait d'y amarrer le youyou, et on ne pouvait manquer d'y rencontrer l'omniprésente police touristique, à laquelle, infailliblement, il fallait présenter le passeport chaque fois qu'on posait pied à terre, quand bien même c'eût été cinq fois par jour et au même policier.

De Suez nous nous sommes déplacés vers Le Caire pour visiter les pyramides et le musée d'Égyptologie. Le chauffeur de taxi qui nous avait pris en charge s'arrangea, au prix de mille arguties, pour nous y faire arriver à l'heure où l'on fermait l'enceinte des pyramides, de manière que nous ne puissions faire autrement que de les visiter à dos de chameau.

L'astuce consistait, en plus des cinq dollars d'entrée, à verser quinze dollars au chamelier, qui à son tour renvoyait l'ascenseur au chauffeur de taxi. Mais nous ne nous sommes pas laissé avoir et sommes parvenus grâce aux bons offices d'un autre « guide » à nous glisser dans l'enceinte par des chemins détournés. Une heure après est arrivée la police touristique pour réclamer son bakchich, essayant de s'emparer de lunettes de soleil, d'appareils photo ou de n'importe quel objet de valeur que les touristes avaient sur eux. Ils devenaient franchement agressifs s'ils n'obtenaient pas ce qu'ils voulaient. Nous avons fui ce lieu avant de nous laisser plumer. De retour à Port-Saïd, bien que nous lui ayons payé le prix convenu, le taxi nous réclama encore un bakchich.

En attendant notre tour pour traverser le canal, nous voyions défiler, signe d'une activité fébrile, d'énormes blocs d'acier, des porte-conteneurs, des tankers, des pétroliers... Dès les premières lueurs de l'aube jusqu'à 17 heures, c'était une procession à n'en plus finir. La nuit, toute l'activité cessait, et l'armée patrouillait sur le canal.

Notre tour arrivait quand l'*Antares*, un voilier allemand qui, nuitamment, avait heurté une plate-forme de forage abandonnée et sans signalisation, se présenta. Nous avons décidé alors de retarder de deux jours notre passage en Méditerranée pour l'aider à calfater la voie d'eau de proue. Le travail fut rude mais le coffre du bord n'eut pas à s'en plaindre.

Nous avons également porté secours au voilier *Amica*, à bord duquel un couple allemand entamait une nouvelle vie, comme celle qui pour nous était sur le point de s'achever. Nous les avons aidés à arranger leur enrouleur de génois, un winch, les terminaux de l'étai de proue... En outre, nous leur avons fourni des renseignements et des trucs qui leur seraient probablement utiles dans leur nouveau cadre de vie. Nous avons bavardé jusqu'au petit matin, des mille problèmes que représente la vie sur un bateau : être attentif à la nourriture, au gaz ou à l'eau.

Et arriva enfin le jour d'emprunter le canal. Le matin de bonne heure, se présentèrent les techniciens pour prendre les mesures du bateau. La veille, les ingénieurs de la compagnie chargée du trafic sur le canal nous avaient rendu visite. Ce fut quasiment une visite de courtoisie car, se fiant à ma parole, ils ne se donnèrent même pas la peine d'inspecter quoi que ce soit.

Quatre voiliers étaient à l'origine programmés pour le

passage, mais au dernier moment seul le nôtre y fut autorisé. Un vent fort, de plus de quarante nœuds, obligea à annuler les laissez-passer des trois autres, deux français et un suisse.

Le pilote qui nous accompagna jusqu'à Ismaïlia, bourgade située à la moitié du canal, jadis base d'opérations de Ferdinand de Lesseps durant les travaux de construction, s'appelait Mohamed. C'était un jeune homme de vingt et un ans, étudiant en sciences économiques au Caire, qui n'entendait pas grand-chose à la navigation et fut le pilote idéal pour ce genre de voyage.

Sur quelques tronçons du parcours, le sirocco souleva des nuages de sable si épais, qu'il limitait la visibilité à une centaine de mètres et rendait l'air presque irrespirable. Le sable et la poussière du désert pénétraient jusqu'au dernier recoin du voilier. Nous avons passé la nuit sur le Bitter Lack, devant le club nautique d'Ismaïlia, avec des rafales de vent de plus de quarante nœuds et des vagues impressionnantes.

Le pilote suivant arriva à 6 heures du matin, avec deux heures d'avance sur l'horaire prévu. Petit, gros, ventru et âgé, il croyait probablement avoir affaire à un bateau de plaisance comme les autres, car il s'empara d'emblée du gouvernail et partant de là se mua, jusqu'à la fin, en quémandeur impénitent.

À la fin du parcours c'est par miracle que nous n'avons pas accroché un filet ; je crus tout d'abord à un moment d'inattention, dont nul n'est à l'abri, leur présence n'étant signalée que par de simples bouteilles de plastique. Mais la seconde fois, le doute n'était plus permis, l'intention était trop visible. C'était une pratique courante qui visait les touristes fortunés. Le pilote cherchait le filet et s'y empêtrait ; il appelait alors plusieurs complices à la rescousse pour se dégager, et présentait au patron du bateau la facture, salée, qu'ensuite ils se partageaient entre eux. Mais, dans notre cas, ce fut raté. J'avais pu percer à temps ses manigances et, d'une bourrade, l'arrachant au gouvernail, j'esquivai le filet d'extrême justesse.

Mais le pilote fit l'innocent et, au moment de nous séparer, alors que je lui donnais le sacro-saint bakchich qu'il n'avait pas mérité, mécontent, il nous réclama davantage, disant que ce n'était pas suffisant, poussant l'outrecuidance jusqu'à nous demander un pourboire pour le conducteur de la barque qui le ramènerait à terre. Je l'aurais étranglé. Dans un mouvement de colère, je vouai tous les Égyptiens aux gémonies, à l'exception des momies du musée, seules parmi eux à ne pas avoir cherché à abuser de nous (encore faut-il préciser qu'une fois dans le musée, on nous avait fait payer un supplément de vingt dollars US). Heureusement que le reste de l'Égypte est différent des zones touristiques. Les habitants de Suez, par exemple, sont sympathiques, vous aident quand ils le peuvent, et n'ont rien à voir avec ceux de Safaga, du Caire ou les fonctionnaires corrompus du canal de Suez, dressés à spolier le touriste, qu'ils considèrent comme un pigeon à plumer.

L'Europe ne se trouvait plus qu'à trois cents nautiques plus au nord ; l'Afrique, par bâbord ; et l'Asie, par tribord. À aucun d'entre nous ne passa par la tête, pas même vaguement, de faire halte au yacht-club de Port-Saïd. Nous n'avions plus qu'une seule idée en tête : quitter l'Égypte au plus vite.

En Méditerranée

Nous avions peine à le croire, mais après avoir navigué pendant dix-sept ans sur toutes les mers du globe, nous retrouvions le Mare Nostrum. En face de nous, Chypre et la Turquie ; à droite, Israël. Le faible vent d'ouest, entre proue et travers, nous permettait de cingler vers la Turquie, les cordages raidis de sel, de sable et de poussière. Au lever du jour, une légère bruine mouilla à peine le pont du voilier mais, se mêlant à la poussière et au sable du gréement, elle le teignit d'une boue rouge. Il faisait un froid de canard ; accoutumés que nous étions à la chaleur des tropiques, quinze degrés étaient pour nous une température glaciale. Et comme pour nous donner raison, à la tombée du jour, les hirondelles se glissaient sous le pont, allant même, certaines nuits, jusqu'à investir les cabines. D'abord, il en arrivait une, en éclaireur, qui inspectait les lieux, volait à quelques centimètres de nos visages éberlués, ressortait pour revenir aussitôt avec un nouvel oiseau, si bien qu'un jour, il y en eut jusqu'à sept voltigeant dans la cabine.

Quelques jours plus tard, nous arrivions au port de Finike, en Turquie. Après les formalités d'entrée dans le pays, nous avons parcouru la ville. Ouf ! Ça faisait plaisir de nous retrouver en un lieu propre et soigné. Les gens vivaient en grande partie du tourisme, mais n'essayaient pas, comme en Égypte, d'en profiter ni de vous escroquer. Notre réaction ne se fit pas attendre, pour nous exclamer, presque à l'unisson :

— Enfin retrouver ses semblables ! Ce n'est pas trop tôt !

Parmi la population, presque personne ne parlait anglais, mais nous pouvions quand même nous débrouiller. J'ai toujours pensé que pour acheter il n'y a pas de problème, et que le difficile c'est de vendre. Il y avait des salons de coiffure partout. Beaucoup de coiffeurs essayaient, du seuil de leur échoppe, de dégoter des clients parmi les passants.

Au Setur Finike Marina, nous avons pris des douches, comme depuis des années nous n'en n'avions pas pris : eau chaude à volonté et sans regarder à la dépense. Jusque-là où le tuyau portait, le voilier reçut lui aussi sa ration d'eau douce ; pour débarrasser de la poussière et du sable les parties hautes du mât et des cordages, il faudrait attendre quelques jours de plus et une bonne averse s'en chargerait. Malgré quelques réticences, le chien lui aussi finit par se soumettre à ce délicieux supplice.

Les eaux turques avaient beau être limpides et transparentes, le poisson y était plutôt rare. Nos lignes de poupe naviguèrent des milles et des milles, sans résultat probant. Les sommets des montagnes des alentours étaient enneigés et il faisait froid. La nuit le thermomètre frisait les dix degrés, et nous avions de la peine à nous y habituer.

Pour une grande part, le tourisme nautique dont la Grèce, auparavant, avait le monopole se déplace insensiblement vers la Turquie, en raison des lourds impôts dont le gouvernement grec grève les plaisanciers étrangers. Dans l'Antiquité, les navires qui transitaient par la zone payaient aux pirates une espèce de redevance pour qu'ils assurent leur protection sur leur fief ; de nos jours, les navires s'acquittent de cet impôt, mais cette fois envers les gouvernements, version moderne des protecteurs, ce qui revient pratiquement au même, sous peine de se voir infliger une lourde amende, ou, en cas de non-paiement, la confiscation pure et simple. Il n'y a pas une telle différence entre les deux formes de piraterie, sauf que cette dernière est « légale ».

Sur la zone, abondent les châteaux et les ruines, des tombeaux millénaires dont les sarcophages, taillés en un seul bloc de pierre, s'élèvent du sol sur une niche où l'on déposait les outils dont le défunt aurait besoin dans l'autre monde. Kekova mérite une mention spéciale pour ses sarcophages des Keliar, impressionnants, sculptés dans le roc et avec des inscriptions en grec.

Par 36° 27' de longitude Nord et 29° 01' de latitude Est, le chien est tombé à l'eau en aboyant après les dauphins. Comme la mer était au calme plat, il ne s'est pas méfié et a dû glisser par-dessus bord. Rapidement nous avons amené le canot et nous l'avons récupéré. Son regard était on ne peut plus éloquent : Au secours, sauvez-moi ! Heureusement que nous l'avions vu tomber !

Fethiye : des tombeaux, tant et plus. À l'époque, les pompes funèbres devaient être, comme de nos jours, un négoce florissant.

Les femmes du village portent traditionnellement de très amples pantalons bouffants, comme ceux des cosaques ou ceux d'Aladin. Nous avons assisté à un drôle de mariage, rien que des femmes ! Eh oui ! Chez les musulmans, les hommes célèbrent les noces entre eux, à l'écart des femmes, chaque groupe de son côté. Plutôt fade, cette nouvelle mode de l'islam !

Tourisme omniprésent avec ses ingérences, et la saison qui n'a pas encore commencé !

Des châteaux forts en veux-tu en voilà... Tout le monde dit qu'il faut régler les problèmes au mieux, mais les années passent et on n'en tire aucune leçon puisqu'on commet toujours les mêmes erreurs. Apparemment, les forces armées ne passeront jamais de mode. Tous les problèmes continuent à se résoudre suivant la loi du plus fort.

Gröcek, Tersane' Adasi, toutes les villes ont leurs châteaux et leurs tombes à l'entour. On dirait que la postérité voue un culte particulier aux pierres sous forme de châteaux et de nécropoles, comme nous l'avons bien vu en Égypte.

Dalyan. Pour arriver aux ruines de Kaunos, il faut en canot remonter le fleuve sur quatre ou cinq kilomètres en amont d'un immense delta, où il se ramifie dans toutes les directions. Pour des ruines, elles sont impressionnantes ! Des châteaux, des temples, des amphithéâtres, des bains, des autels sacrificiels...

Marmaris, sur une baie magnifiquement protégée, se prépare pour la saison touristique. Comme de juste, elle possède également sa forteresse.

Nous avons salué l'Avalon, le catamaran des Allemands qui, en quatre ans, vient d'achever ici son tour du monde. Il me semble que c'est bien peu pour profiter à fond d'un pareil exploit.

Datça. On ne nous a fait payer que deux dollars pour nous donner l'autorisation d'appareiller. À vrai dire, je ne crois pas qu'ils aient beaucoup de départs parce qu'ils ont mis un temps infini à remplir deux feuillets.

Ça y est, nous sommes en Grèce. Cette île s'appelle Kos, et c'est là qu'Hippocrate avait son école de médecine. Depuis lors, le serment hippocratique des méde-

cins s'est toujours maintenu. Au moins, on lui a dédié un petit jardin, avec sa statue, au centre ville. Nous nous faisions peu à peu à l'idée que nul n'est prophète en son pays.

Le port est trop petit, compte tenu de son activité. Il est encombré de bateaux qui jettent leurs ancres les unes au-dessus des autres et amarrent leurs poupes au quai. Il s'ensuit une pagaille monstre, et je ne vous dis que ça, quand quelqu'un veut partir, et que toutes les ancres s'accrochent les unes aux autres.

Après l'île de Kos, ce fut l'île d'Astypalaia, aux côtes escarpées. Nous avons passé la journée dans une baie étroite et très profonde. Plusieurs hameaux abandonnés et en ruine ornaient les flancs de la baie. Une maison avait survécu, tenant encore debout grâce à un vieux couple de bergers, qui nous relatèrent, moitié en grec, moitié en italien, les souffrances qu'ils avaient endurées pendant la dernière guerre, et nous firent cadeau de fromage du lait de leurs brebis. Leurs enfants habitaient la ville, si bien que, quand eux-mêmes ne seraient plus là, leur maison connaîtrait le même triste sort que ses voisines.

L'île d'Anaphi. Au sud-est, une falaise d'environ trois cents mètres, tombe à pic sur la mer. Au sommet, comme c'est souvent ici le cas dans les campagnes, un petit oratoire orthodoxe. Nous étions frappés de constater que les églises rurales grecques ont le même tracé extérieur que les tombes des Likeos, premiers habitants connus sur le site.

Les villages, aux maisons peintes en blanc et aux portes de couleur bleue, se détachent sur le noir des roches basaltiques.

Thira s'appelle aussi Santorin. Les maisons blanchissent les pentes des montagnes en bordure d'un cratère où la mer s'engouffre par une ouverture latérale. C'est le volcan, encore en activité, dont on possède le plus ancien témoignage écrit.

On accède au village de Thira de l'intérieur du volcan par un chemin qui serpente au bord de la paroi, sur lequel des troupes de mulets et d'ânes véhiculent des flopées de touristes. Le village est un dédale de maisons recyclées en boutiques de souvenirs et d'hôtels.

L'autre côté de l'énorme cratère est constitué par l'île Thirasia. Le *JoTaKe* dut s'amarrer à un corps-mort, car il était presque impossible de mouiller à proximité du cratère, dont les trois cents mètres s'élèvent à pic au-dessus de la mer.

Nous sommes partis vers l'ouest, et avons fait escale dans l'île de Pholegandros. Le vent ne voulant pas se manifester, nous avons mouillé dans le petit port de Karavostasi, tranquille et peu fréquenté par les touristes. Urko put s'adonner à l'aise aux joies du parapente.

Il faisait nuit quand nous sommes arrivés au Péloponnèse. Le trafic était intense et nous pouvions compter dans notre voisinage immédiat jusqu'à quatorze navires marchands.

Le vent étant tombé tôt ce matin-là, nous nous sommes dirigés vers le mouillage d'Ormos Mezapos. Un groupe d'historiens grecs, qui s'étaient donné pour tâche de reconstituer le voyage de retour au foyer que, la guerre de Troie terminée, le héros de l'*Odyssée* entreprend vers Ithaque, cite ce port comme l'endroit où la galère d'Ulysse fut coulée par les rochers lancés par Polyphème, le Cyclope anthropophage, qui captura les survivants et les enferma dans une grotte pour les manger les uns après les autres. Homère raconte qu'Ulysse offrit un vin très fort au géant, et que ce dernier sombra dans un profond sommeil, ce qui n'a rien d'étonnant compte tenu du degré d'alcool des vins du cru. Ulysse alors se saisit d'un énorme pieu, le fit rougir au feu, puis l'enfonça dans l'œil unique du Cyclope, recouvrant ainsi la liberté. Cet acte lui valut la haine de Poséidon, dieu de la mer et père de Polyphème, qui va lui multiplier les obstacles sur son chemin de retour.

Pilos est une petite bourgade, d'environ quinze mille habitants, dont les enceintes fortifiées attirent bon nombre de touristes. C'est ici que Marc Antoine perdit, dans une bataille navale, son pouvoir de général romain, avant de s'enfuir vers le sud, vers l'Égypte, pour se réfugier dans les bras de Cléopâtre.

Plus récemment, l'Empire turc perdit dans cette même baie sa dernière bataille navale contre l'Occident : 89 bateaux et plus de 2.450 canons. Cela se passait en 1827, et peu après la Grèce accédait à l'indépendance. La baie est remplie de restes de naufrages, et il y a un institut qui s'occupe de la récupération des épaves.

Les autorités portuaires, après nous avoir fait payer des tarifs inexistants, nous installèrent dans une marina dont les travaux semblaient arrêtés depuis belle lurette. À ce qu'il paraît, tout l'argent de la subvention de la CEE était épuisé.

— Quel culot ! disaient les gens des voiliers – Non contents de manger au râtelier de la Communauté économique, ils nous arnaquent en nous faisant payer des tarifs abusifs pour une marina qui n'existe pas... et ils poussent l'outrecuidance jusqu'à nous délivrer un reçu.

Nous avons appareillé de Pilos sous les auspices d'une bonne météo, mais la haute pression annoncée se fit attendre, ce qui nous força à faire escale sur deux petits îlots, Strophades et Nsidhes, où il n'y avait qu'une barque de sympathiques pêcheurs. Strophades s'enorgueillit de posséder un monastère fortifié, énorme bâtisse cubique aux petites fenêtres, qui impressionne par la sobriété et la robustesse de son architecture. Les annexes, comme dans les monastères médiévaux, abritent diverses dépendances, les écuries, les réfectoires, etc. Par ailleurs Nsidhes n'a qu'une petite chapelle, qui ne tient encore debout que par miracle et est infestée de lapins qui courent se cacher dans la garrigue, gibier très convoité par les nombreux chasseurs qui viennent de terre ferme.

En deux jours de navigation agréable, nous sommes arrivés en Sicile, non sans avoir été visités au préalable par un avion militaire italien, qui survola le voilier, puis le lendemain matin, par une vedette garde-côtes qui, après nous avoir identifiés par radio, nous souhaita la bienvenue dans les eaux italiennes. Ce contrôle, pointilleux, vise surtout les immigrants des pays de l'Est. Nous étions désormais en Sicile, comme qui dirait, à deux pas de chez nous.

Une grande partie de la côte est couverte de serres où l'on cultive des tomates. Il ne pleuvait pas, et de ce fait, nous ne pouvions pas recueillir d'eau douce pour notre consommation. Pris dans un brouillard à couper au couteau, le premier depuis de longues années, nous cherchions l'entrée de Licata. Zigor, posté à la proue, découvrit à moins de trente mètres le brise-lames de protection du port. Nous avons eu juste le temps de faire demi-tour pour chercher l'entrée.

Le cimetière s'étendait sur toute la colline qui domine le port. Ses mausolées semblaient rivaliser de magnificence.

— Ici aussi, mourir n'est pas à la portée de toutes les bourses, s'exclama Mayi.

Au port, les pêcheurs achetaient de l'eau minérale pour leur consommation, raison pour laquelle nous avons levé l'ancre en direction d'Agrigente. Là non plus pas d'eau potable à quai, par ailleurs totalement en réfection. Nous avons fini par en trouver à Empédocle, à cinq milles de là.

La nuit précédente, à 3 heures du matin, nous avions été contrôlés par une vedette de la douane, la Guardia de Finanza, et avant d'arriver, à un mille du port, nous étions à nouveau contrôlés, très courtoisement, par les mêmes douaniers.

Divers services de la Guardia de Finanza revinrent par deux fois nous faire remplir des formulaires. La Police d'État ne vint qu'une fois, des gens très corrects. Après nous avoir, eux aussi, fait remplir des montagnes de formulaires, ils nous fichèrent la paix.

Siacca, le port suivant, est un village de pêcheurs qui escalade une colline très escarpée. Le port est vaste et, comme c'était samedi, rempli de chalutiers en colonne par quatre. Le vieux village, en haut de la montagne, attire l'attention par ses nombreuses églises, les unes très anciennes, les autres plus modernes. Beaucoup de boutiques de mode, aux vitrines décorées avec goût, occupaient les rez-de-chaussée de vieilles maisons en pierre de taille. Visiblement, la pêche au chalut doit être très rentable.

Nous avons mis le cap sur Mazara del Vallo, mais le vent nous étant favorable, nous avons changé d'avis pour nous diriger vers la Tunisie. D'est en ouest et d'ouest en est, il y avait pas mal de trafic sur la route de la Méditerranée.

L'aventure se termine

Au terme d'une délicieuse traversée, le lendemain à midi nous arrivions au port de Bizerte, en Tunisie, non sans avoir été nouvellement visités, cette fois, par un patrouilleur tunisien.

Les formalités, correctes ; quoique, s'agissant d'un pays arabe, il ne pouvait manquer le sacro-saint bakchich ni le zèle – infructueux – des douaniers à la recherche de la moindre bouteille d'alcool.

Les vieux quartiers se présentent comme de véritables labyrinthes. Leurs rues, d'à peine deux mètres de large, protègent les habitants des rayons d'un soleil implacable. Les toits des maisons sont en pierre et leurs arcs en plein cintre de toute beauté ; certains possèdent des auvents qui débordent sur la rue.

Le costume traditionnel arabe est tombé en désuétude, les gens s'habillent à l'européenne. Les rares femmes qui portent le voile, de couleur ivoire, ne s'en couvrent pas le visage et l'utilisent comme fichu qu'elles nouent sous le menton, et si leurs mains sont occupées, elles se servent de leurs dents. Nombreux sont les hommes qui ont une fleur à l'oreille, comme en Polynésie.

Profitant d'une embellie de vingt-quatre heures annoncée par la météo qui pronostiquait des vents favorables, nous avons navigué à la voile jusqu'en Sardaigne avec une tonne de carburant en surcharge. Nous l'avions acheté au prix arabe, c'est-à-dire, à moins de soixante pesetas le litre. J'avais, pour ma part, supposé que nous ferions le tour de la péninsule par vents contraires et au moteur.

À Carloforte, en Sardaigne, les vents contraires et les pluies torrentielles se déchaînèrent. Il convenait d'attendre un peu.

Ciudadela, à Minorque, nous reçut avec les fêtes de la Saint-Jean, festivités médiévales où le cheval est roi. Le *JoTaKe* naviguait enfin dans les eaux espagnoles. Il commençait à sentir l'écurie. Dix-sept ans, c'est toute une vie. Qu'allions-nous trouver ? Comment se présenterait notre retour à la vie « civilisée » ? Ce qui d'emblée me surprit, c'est qu'à Minorque il était difficile de trouver quelqu'un parlant l'espagnol, voire le catalan. Dans la rue, les gens ne s'exprimaient qu'en allemand ou en anglais. Une jeune fille de Majorque m'affirma qu'à l'issue des prochaines élections le maire de son village serait allemand et que tout le monde finirait par parler l'allemand. Nous étions déjà très près de chez nous et anxieux d'arriver au plus tôt. Depuis la Malaisie, le voyage avait été riche de sensations fortes et particulièrement risqué dans l'océan Indien et en mer Rouge, où nous n'avions fait que les haltes obligatoires. Nous avions même sauté les arrêts dictés par les agents météorologiques, qui la plupart du temps nous auraient été salutaires. Nous nous étions fixé un objectif : revenir, et dernièrement, j'en brûlais d'impatience.

Je me suis rendu compte, aux Baléares, qu'au cours de ces trois lustres, même les yachts ne naviguaient plus comme avant. Ou peut-être est-ce moi qui avais changé ? Autant qu'il me souvienne, les gens naviguaient plus lentement et surtout plus tranquillement. Je me suis payé quelques belles peurs à la vue des yachts arrivant sur nous à toute vitesse. Venus voir de quoi il retournait, ils repartaient une fois leur curiosité satisfaite. C'est peut-être parce que les moteurs dont ils disposent sont plus puissants que ceux d'il y a vingt ans et qu'ils vivent plus stressés. Aurais-je appris à naviguer différemment ? Autre motif d'étonnement, l'intense vie nocturne de Majorque.

Aux îles, nous avons commencé à voir des voiliers battant pavillon espagnol. Je pourrais compter sur les doigts de la main les bateaux arborant le drapeau sang et or rencontrés toutes ces années. Il paraît incroyable qu'un pays aux traditions maritimes aussi anciennes, ait une flotte de plaisance si réduite quand la Suisse en possède une importante.

Plus nous nous rapprochons de chez nous et plus je m'inquiète de la possibilité de commettre une faute de navigation ; c'est pourquoi je prends mille précautions. Tout à la joie de se trouver si près du but, on relâche sa vigilance sans s'en rendre compte et c'est ainsi qu'arrive l'accident.

30 juin

Jour de la Saint-Martial, nous arrivons à Torrevieja. Pedro Alarcón, une vieille connaissance de la radio, nous a accompagnés pour visiter Elche et toute la Manga del Mar Menor. Le poids de tous ces immeubles sur le bord de mer pourrait un beau jour faire pencher la péninsule de ce côté-ci. Ce que j'ignore, par contre, c'est d'où ils vont tirer toute l'eau potable pour tous ces lotissements. C'est le boom de l'immobilier. Mais d'où vient tout cet argent ? Nous sommes éberlués d'entendre dans la rue les gens parler espagnol et de pouvoir téléphoner à nos familles pour un tarif aussi modique.

Nous arrivons à Barbate, ravissant petit port de pêche, typique du sud de la péninsule, et nous rendons à Jérez de la Frontera pour retrouver Javier Soto, Maribel, Miriam et Antonio, avec qui nous avions séjourné aux Galápagos. Ils viennent d'achever leur tour du monde. Avec la voiture de Javier, nous partons à Cordoue rendre visite à José Luis, le radioamateur qui a reçu une greffe des poumons. Quelle joie de le connaître personnellement et de savoir qu'il va bien après une telle opération !

Une des choses qui nous ont le plus surpris, ce sont les nuisances sonores, omniprésentes ; on dirait que les gens, désormais habitués à tous ces bruits inutiles, ne les entendent plus. Et cependant, nous, qui sommes mouillés à plus d'un kilomètre, ne pouvons pas dormir à cause du tapage nocturne des discothèques de la plage.

Le 21 juillet, nous arrivons à Sagres, au Portugal, d'où nous avions largué les amarres dix-sept ans auparavant vers les Canaries.

Je me rappelais très vaguement la configuration du port mais il m'a paru ravissant. Les dunes ne m'ont pas semblé aussi hautes, mais le sable est aussi blanc que dans mes souvenirs. Autrefois solitaires, les plages sont maintenant jonchées de vacanciers, pour la plupart des véliplanchistes, alors que pour nous il fait terriblement froid. Les plus intrépides font des largues par vent de travers, un vent fort qui nous est contraire et ne nous aide en rien.

Le reste du trajet vers Hondarribia sera de refaire en sens inverse la route que nous avions faite au début de notre long voyage.

Nous avons dû redescendre à terre et prendre un autobus jusqu'à Portimão, car à Sagres il n'y avait pas moyen de réparer le moteur de bâbord, qui, depuis quelques jours déjà, faisait un drôle de bruit. Par chance, nous avons trouvé à la casse la culasse d'un moteur pareil au nôtre, très bon marché. Il a fallu rectifier quelques orifices de refroidissement, forer à l'aide d'une perceuse à colonne, mais une fois monté, il s'est remis à ronronner normalement. Il nous ramènera à la maison ! Nous laissons par tribord l'embouchure du Tage pour nous diriger sur Cascais, à côté d'Estoril. Au Portugal, nous avons trouvé la vie plus chère qu'en Espagne. Tout est horriblement cher, ou alors, serions-nous complètement déphasés ?

Le séjour à la Marina Nazaré nous coûte six mille six cents escudos par jour, donc, c'est tout réfléchi : nous mouillerons au-dehors, face à la plage. Toutes les nuits, de nombreux canots, pilotés par des gens d'un âge avancé, mouillent à proximité du voilier, ils viennent pêcher des calmars pour arrondir leur maigre pension de retraités. La plage est très bien protégée des vents dominants. Au large, ça souffle très fort et en sens contraire de notre route, si bien qu'il va falloir nous résigner et attendre que ça se calme un peu.

Avec très peu de vent, nous en profitons jour et nuit pour avancer au moteur vers le nord, brûlant le carburant que nous avons acheté en Tunisie. Aveiro, Leixões. Ça se raccourcit de plus en plus...

Un brouillard impressionnant nous enveloppe depuis trois jours, et naviguer sans radar est très dangereux. Nous avions eu le même problème il y a dix-sept ans sur la côte du Portugal. Cette fois c'est au sud de la Galice ; et, même s'il s'agit du même secteur, nous disposons maintenant de GPS et nous savons à cinq mètres près où nous sommes. Quand nous sommes partis, les jours de brouillard, il fallait naviguer à l'estime et, si j'arrivais à prendre deux hauteurs, l'erreur pouvait se situer autour de deux nautiques.

10 août

Aujourd'hui, le brouillard perd peu à peu de sa densité sous la pression d'un vent qui mériterait plutôt le nom de douce brise. Toutes voiles déployées, nous économisons du gasoil, le peu qui nous en reste.

11 août

Le vent, quoique doux, se stabilise et va nous être favorable. Il nous a déjà fait gagner quelques milles en direction de l'est, la maison n'est pas loin.

Santander nous reçoit avec une régate de chalutiers.

Santoña Nord 43° 25'. Ouest 2° 56', 9".

Un peu avant l'entrée de Gorlitz nous avons rattrapé un fringant navire-école, de Bilbao.

— *Where are you from ?* demande le capitaine dès que nous sommes à portée de voix.

— Nous sommes de Hondarribia. Et tous les élèves ont pouffé de rire quand je lui ai répondu en basque.

— Nous venons de faire le tour du monde...

— Et le chien...

— Non, lui c'est don Truck, et il vient de Tahiti. Il n'a fait que la moitié du chemin.

Nouveaux rires. Ils restent un moment avec nous ; puis, avec style, courent une impeccable bordée. Tous s'activent à la manœuvre pour gagner le large, la haute mer. Le *Berriz JoTaKe* se dirige vers Gorlitz. Nous jetons l'ancre à l'abri du brise-lames. De nombreuses petites embarcations veulent nous voir de plus près. Tout le monde s'étonne du nom basque du voilier, alors qu'il a plutôt l'air étranger. Certains d'entre eux, qui ont suivi mes échanges radio avec Roge Blasco ou, éventuellement, nous ont vus à la télé, nous reconnaissent et nous saluent avec effusion. Nous aussi, nous sommes émus.

Nous sommes maintenant tout près, et nous nous faisons peu à peu à cette idée. J'ai peine à croire que ce voyage de dix-sept ans touche à sa fin. Arrecife, Dakar, Fortaleza, l'Amazone, Cayenne, Martinique, La Guajira, Panamá, Costa Rica, Buenavista, Galápagos, les Marquises, Phœnix, Samoa, Nouvelle-Calédonie, Vanuatu, Papouasie-Nouvelle-Guinée, Cebú, Singapour, Thaïlande, Érythrée, Suez, Turquie, Tunisie, Sardaigne... Lequeitio. De la cabine téléphonique du port, nous appelons nos familles respectives et nos amis pour leur communiquer que nous arrivons le 19 août, soit dans deux jours. Ils n'arrivent pas à le croire. Surtout les mères n'arrivent pas à se convaincre que leurs enfants sont là, tout près, ce qui signifie la fin de leurs souffrances.

Sous la statue de Juan Sebastián Elcano, qui domine la baie de Guetaria, l'équipage du *JoTaKe* a rendu hommage au premier homme qui fit le tour du monde à bord de son bateau, la *Victoria* et revint à Séville avec seulement dix-huit hommes d'équipage après avoir parcouru quatorze mille lieues et traversé quatre fois l'équateur.

La dernière nuit, à San Sebastián, sur la Conche, nous étions aux premières loges pour voir les feux d'artifice. Nous avons pavoisé le voilier de tous les fanions de courtoisie des pays que nous avons visités. Demain, c'est le grand jour !

À hauteur du cap Higer, j'aperçois de nombreuses embarcations de plaisance. Ils sont probablement en train de pêcher des encornets. Même de loin, j'en vois une qui se sépare du groupe et se dirige sur nous à toute allure. C'est Goiko qui, comme toujours, fignole tout jusqu'au moindre détail. Par signes, il nous demande d'allumer la radio.

— *Ongi etorriak*. « Bienvenus. »

— Reste à l'écoute jusqu'à notre arrivée, et entretemps, je vais t'exposer le programme de la réception.

— Qu'est-ce que tu me racontes ?

Il nous annonce qu'une foule de gens nous attendent, et au même moment une sirène se met à hurler dans le port d'Hondarribia, bientôt suivie des sirènes de tous les yachts qui nous ont rejoints et nous escortent. Les tirs de feux d'artifice s'ajoutent au hurlement des sirènes pour faire encore plus de bruit.

Quand le *JoTaKe* enfile le goulet d'entrée du port de pêche, les cris et les vivats fusent de toutes parts. Le président de la Confrérie des Navigants de Saint-Pierre et le président du club nautique d'Hondarribia sont parmi la foule et ont prévu un programme chargé.

Famille et amis se pressent les uns contre les autres au bord du quai. Pratiquement toutes les chaînes de télévision et toutes les radios sont présentes. Nous sommes assaillis par les journalistes.

Il y a des larmes à bord, et j'ai un nœud dans la gorge qui n'est pas précisément celui de ma cravate.

Après les interminables embrassades de bienvenue, arrive l'*Aurresku* d'honneur et des *bertsolaris*, ils nous couvrent d'énormes *txapelas* de champions. Le tout sous des flots de champagne.

Je rends au président du club nautique le fanion qui m'avait été remis il y a si longtemps et qui a fait le tour du monde. Le Nautique, de son côté, m'a fait l'honneur de me remettre un nouveau fanion du club.

La poussière de la mer Rouge finira un jour par disparaître du gréement du voilier et avec elle l'empreinte marquée des fortes expériences vécues durant dix-sept ans.

Insensiblement, sans hâte ni précipitation, comme le voyage lui-même, tout se diluera peu à peu dans le temps, comme les contrastes sur une vieille photo. Mais même si, à la longue, les contrastes s'estompent, la photo restera à jamais gravée dans la personnalité de nos fils.

Remerciements

À Pedro (EA5BJ) d'Elche, qui nous fit visiter tout le Levant espagnol ; à Adolfo (VK5PP), le Gitan d'Australie, qui vint voir le *JoTaKe* à El Puerto de Santa María ; à Pepe (EA7CMP) de Chiclana, qui nous avait souhaité la bienvenue en nous offrant le vin de son terroir et qui malheureusement est décédé alors que ces notes prenaient le chemin de l'imprimerie ; à José Luis (EA7AOR) de Málaga la Phénicienne, à qui nous avons rendu visite à Cordoue après la greffe de poumons tout neufs, qui lui permettront de poursuivre ses harangues radiophoniques avec une énergie décuplée, et à Salbortxo (EA2BDI), qui nous attendait à notre retour au Pays basque.

Et plus généralement à tous les radioamateurs qui nous ont encouragés et accompagnés, car sans eux et leur tchatche, sans leurs stations de radio et leur aide spontanée et désintéressée, notre voyage aurait été beaucoup plus difficile.

Table des matières

Photocomposition Nord Compo
59650 Villeneuve-d'Asq

Impression réalisée sur CAMERON
par BRODARD ET TAUPIN
La Flèche
en octobre 2002

Imprimé en France
Dépôt légal : octobre 2002
N° d'édition : 32492 – N° d'impression : 15264